体育强国建设中的女性力量

全国高校第三届女子体育研讨会论文集

马良 刘波 主编

中国妇女出版社

图书在版编目（CIP）数据

体育强国建设中的女性力量 ：全国高校第三届女子体育研讨会论文集 / 马良，刘波主编. -- 北京 ：中国妇女出版社，2024. 11. -- ISBN 978-7-5127-2422-8

Ⅰ. G807.4-53

中国国家版本馆CIP数据核字第2024TW0520号

项目统筹：万立正
责任编辑：陈　元
封面设计：李　甦
责任印制：李志国

出版发行：中国妇女出版社
地　　址：北京市东城区史家胡同甲24号　　邮政编码：100010
电　　话：（010）65133160（发行部）　　65133161（邮购）
网　　址：www.womenbooks.cn
邮　　箱：zgfncbs@womenbooks.cn
法律顾问：北京市道可特律师事务所
经　　销：各地新华书店
印　　刷：北京虎彩文化传播有限公司

开　　本：170mm×240mm　1/16
印　　张：18.5
字　　数：283千字
彩　　插：4面
版　　次：2024年11月第1版　　2024年11月第1次印刷
定　　价：68.00元

第三届全国高校女子体育研讨会暨北京高校第八届女子体育科研报告会
全体参会人员合影

第三届全国高校女子体育研讨会暨北京高校第八届女子体育科研报告会
开幕式现场

本书编委会

主　编：马　良　刘　波

副主编：曹春梅　梁　妍　亓　昕

编　委：马　良　万　梨　韦晓康

亓　昕　王庆军　王伟光

李树旺　刘　波　刘　壮

杜晓红　杜　超　周惠娟

梁　妍　崔迎春　曹运华

曹春梅　黄萍婷　赫忠慧

潘朝阳　臧海群

序　言

习近平总书记强调："体育强则中国强，国运兴则体育兴。"在人类历史的长河中，体育作为一种独特的文化现象和社会活动，始终承载着促进健康、凝聚人心、展现精神风貌的重要使命。随着时代的进步和社会的发展，体育的边界不断拓宽，其内涵也日益丰富，而女性在体育领域中的崛起与贡献，更是成为推动体育强国建设不可或缺的力量。本书汇编了 2023 年 10 月召开的第三届全国高校女子体育研讨会上来自不同领域学者的智慧与洞见，深入剖析了女性在建设体育强国中的独特作用与深远影响。

第三届全国高校女子体育研讨会突出了"体育强国建设中的女性力量"主题，也关注到了女性在健康中国建设中的重要作用。此次研讨会由中国妇女研究会妇女教育专业委员会、中华女子学院（全国妇联干部培训学院）、北京市大学生体育协会联合主办，清华大学体育部承办。研讨会的召开体现出我国顶尖学府和女性研究智库对于女性与体育的关注。研讨会邀请了我国冬奥会首枚金牌获得者、中华女子学院（全国妇联干部培训学院）女性与体育研究中心主任杨扬，全国妇联妇女研究所副所长姜秀花，以及来自清华大学、上海体育学院的知名女性学者进行主旨报告，是近年来女性体育研究方面的一次盛会，达到了凝聚女性力量、助力体育强国的目标。

首先，体育精神是体育文化的精髓，而女性体育精神则以其独特的坚韧、细腻与包容，成为时代价值的重要体现。本书探讨了体育强国背景下女性体育精神的时代价值及弘扬路径，旨在激发社会各界对女性体育精神的认同与尊重，共同营造支持女性参与体育、享受体育的良好氛围。

本书从生理性别与社会性别的双重视角出发，审视了当代高校青年女性体育教师所面临的职业发展困境。这不仅是对个体命运的关怀，更是对整个体育教育体系性别平等问题的深刻反思。通过剖析现实困境，我们期待能为女性体育教师的职业发展开辟更为广阔的天地，让她们的才华与热情得以充分释放，为体育强国建设贡献更多巾帼之力。

此外，本书还关注了不同年龄层次、不同社会角色的女性群体在体育领域的实践与探索。从高校女大学生到老年女性，从校园女子足球到体育产业发展，每篇文章都充满了生动的案例与深入的分析，展现了女性在不同领域中的创新与突破。这些研究不仅丰富了我们对女性体育参与现状的认识，更为我们理解女性与体育之间的复杂关系提供了新的视角。

尤为值得一提的是，本书还特别关注了女性领导在体育领域的发展。通过"旗手"的诞生这一独特视角，我们探讨了女性领导在体育领域中的成长路径与面临的挑战，并试图为女性领导的发展提供可行的策略与建议。这不仅是对女性个人成长的关注，更是对体育领域性别平等与多元化发展的有力推动。

在建设健康中国与体育强国的时代大背景下，女性体育健康促进成为一个备受关注的议题。本书基于项群训练理论等前沿理论，对女性睡眠质量、身心健康等问题进行了深入研究，为女性体育健康促进提供了科学的依据与有效的路径。

本书不仅是对女性参与体育领域现状的全面梳理与深入剖析，更是对未来女性体育发展方向的展望与期许，能够激发更多人对女性体育的关注与支持，共同推动体育强国的建设与发展。同时，我们也希望本书能够为学术界、体育界乃至社会各界提供有益的参考与借鉴，共同促进女性与体育的和谐共生与繁荣发展。

综上所述，本书精心编纂了来自各领域专家在专题研讨会上深入交流的科研硕果，这些成果不仅闪耀着智慧的光芒，更承载着推动女性与体育事业交叉融合、相互赋能的深远意义。研讨会的成功举办，不仅是学术思想碰撞的盛宴，更是女性体育发展蓝图绘制的重要契机。本书的出版，正是对女性体育研究成果的一次集中展示和传承。它不仅记录了当前女性体育研究的最新进展和前沿动态，更为未来女性体育事业的发展提供了宝贵的参考和借鉴。我们相信，随着这些研究成果的广泛传播和深入应用，必将有力推动体育在女性人才培养上的积极作用进一步显现，为体育强国建设贡献巾帼力量。

展望未来，我们期待更多学者、专家和从业者加入到女性体育的研究与实践中来，共同推动女性体育事业的繁荣发展，为实现中华民族伟大复兴的中国梦和体育强国的伟大使命贡献智慧和力量。

全国高等学校体育教学指导委员会公体组副组长

北京市大学生体育协会主席

教授

2024 年 9 月

目 录

CONTENTS

促进女性在建设体育强国中的作用：机遇与挑战

曹运华　张　妍*

摘　要： 本论文的目的是研究如何推动女性在建设体育强国中发挥作用，通过分析女性在体育强国建设中所遇到的机遇和挑战来探讨。通过文献资料法，剖析女性在体育强国建设中的重要作用，深入探讨女性在管理与领导层的角色，讨论女性在竞技体育中的突破。强调提高女性参与体育活动的有效途径是至关重要的，关注的焦点是支持女性开展体育活动方面的现状以及未来的发展。通过分析女性在建设体育强国中的作用，以及在过程中所遇到的机遇和挑战，推动性别平等，为促进女性在体育强国建设中得到全面发展奠定基础。研究结论为女性在竞技体育中具备巨大潜力，值得重视并提供相应的培训和支持；女性在体育管理层的参与有助于提升整个体育事业的效率与公平性；为促进女性参与体育，需要从基础设施、教育宣传等方面进行综合改革。

关键词： 女性作用；体育强国建设；体育教师

一、女性与体育强国建设

（一）女性在体育强国建设中的重要性

女性在体育强国的发展中起着不可或缺的作用。女性在体育领域展现出的才华和能力为国家的体育事业贡献了丰富的资源，证明了她们具备巨大的

*　作者单位为华北电力大学体育教学部。

潜力和能量。女性参与体育可以展示平等和包容的观念，促进社会的进步和发展。女性的参与不仅可以为更多人带来体育机会，还能激发更多人的兴趣和参与度。

2005 年进行的“中国女性生活质量问卷调查”揭示，女性的健身觉悟普遍超过男性，约有 82.6% 的女性会定期参与锻炼。研究表明，喜爱注重体形美的女性会选择参与适合自己的运动。在传统的体育产业领域中，女性并非被认为是主要的消费群体。女性运动服装行业正在蓬勃发展，因为越来越多的人开始接触全民健身文化，对时尚运动装备也变得更加敏感。全球各大体育品牌都在关注这个趋势。女性参与跑步的人数和女子路跑比赛从 2012 年开始以惊人的速度增长，年龄范围也从过去的 50 岁以上下降到 25 ～ 40 岁，这一情况被《羊城晚报》报道过。吸引更多女性参与体育活动赛事的最大亮点在于为女性跑步者提供服务。我们应该在社会各方面开发潜力，满足女性的多元需求，提供多样化的体育产品，推动休闲体育、体育旅游和运动体验的发展，促进女性对体育的消费。虽然中国女性的健身意识相对于欧美女性仍有所欠缺，但现在越来越多的中国女性正在转变思维，接受更加健康和健美的自我形象。女性对购物偏向于选择名牌、高品质和实用性兼备的商品，特别是在体育产品领域，她们更加注重品位。地理环境对女性的消费观念有一定影响，运动中心区域的居住女性与郊区和边缘地区的女性在消费欲望方面存在显著差异。

（二）女性在其他国家体育强国建设中的作用

女性在其他国家体育强国建设中也扮演着关键角色。如美国，女性在体育活动方面取得了令人瞩目的成就。美国女子足球队多次在世界杯上夺冠，而美国女子职业篮球联赛也备受瞩目。女性在管理层和教练员职位上同样享有较高的地位和发言权。类似荷兰、瑞典等欧洲国家也积极努力促进女性在体育领域的参与和发展，并取得了令人瞩目的成绩。

2009 年 7 月 16 日至 19 日，南非成功主办了第 16 届国际女子体育运动协会（成立于 1949 年）的世界大会。200 多位来自 22 个国家和组织的代表参加了一项以“体育运动的实践和研究在仁慈（UBUNTU）精神的指导下”为主题的学术活动。会议的议题包括体育科学和技术、终身学习、多样性以及方针制定和领导力，在这些方面展开了讨论。有98位女性代表在这四个议题上提交了她们的论文并作了报告（不包括以墙报形式的报告）。

鼓励女性参与体育运动，提供平等机会和资源，推动性别平等政策和措施是实现体育强国建设的重要要素，这是从这些国家的成功经验中得出的结论。我们可以借鉴这些国家的经验，进一步加强对体育领域中女性的支持和关注，共同推动我国体育事业的全面发展。

二、女性在体育管理与领导层的角色

（一）女性担任体育管理和领导层的比例与地位

我国的女性体育领导层比例相对较高，但与男性相比仍然存在一定的差异。据教育部数据显示，大约有60%的体育教师为女性。中小学阶段女性体育教师很多，但在高等教育机构和专业体育培训机构中，女性体育教师却不多见。女性在体育领导和管理中面临职业地位和社会认可方面的不平等。在某些社会环境中，女性体育管理和领导层的话语和权威通常不如男性，这会制约她们在教学和决策中的发言权和影响力。

虽然女性占比较高，但是女性在体育组织和管理层中的地位相对较低，存在一定的不平等。女性在体育运动中虽然获得了重要的成就，但在体育组织、协会和管理层中，她们的代表性和参与程度仍有待提高。女性在体育高层领导岗位上的比例较低，而且她们在决策权和资源分配方面的参与也较为有限。

（二）女性领导者面临性别偏见、晋升机会限制等挑战与困境

这种现象背后其实隐藏着一系列问题。首先，最引人注目的是性别歧视问题。人们对于体育界普遍存在一些传统观念和刻板印象，仍然坚持传统看法，普遍认为男性在领导和管理方面更具优势。有些人认为体育管理应以男性为主导，对女性体育领导层的能力和专业性有所质疑。其次，女性在晋

升和选拔的过程中因性别歧视而面临不公平待遇，很难获得同等的机会和资源。在一些学校和机构中，女性晋升到管理层的机会较为有限，这导致了她们在职业发展中的阻碍。另外，女性在体育领域的进步受到了某些社会和文化因素的阻碍。有些人觉得女性应该集中精力在家庭和传统角色上，而不是追求领导地位。

（三）提升女性在体育组织和管理层的地位

我们需要采取以下措施，提升女性在体育组织和管理层的地位，推动女性体育事业发展。一个是要提供公平的待遇和福利，另一个是要创造良好的工作环境和增加职业发展空间。

首先，增加女性领导者的比例。社会各界应该制定和执行推动平等就业的政策，以保障女性在体育管理岗位上享有公平竞争的机会。我们还应该提高学校、社会赛事对性别平等的认知和实践，以便为女性体育领导层的职业发展创造一个更公正和平等的环境。

其次，发展女性的决策能力和团队建设。通过提供相关的培训和教育机会，协助女性培养领导才能，增强她们在决策过程中的影响力和能力。应该加强女性领导者的培训和支持，包括提供专业知识和技能的培训机会，以帮助她们提高个人能力、教学水平和领导能力。

最后，还应当积极促进女性在参加体育组织时进行团队的构建与合作，以增强她们的团队意识和沟通能力。我们应该推动性别平等，并反对性别歧视。我们需要加强性别平等的宣传和教育，可以通过组织宣传活动、教育课程以及社会宣传，以改变人们对女性担任领导和管理的固定看法，并消除性别偏见。通过采取上述措施，可逐步推进女性在体育组织和管理层的地位，激发她们的潜力和创造力，为体育强国建设作出更大贡献。由此，女性在体育组织和管理层所处的地位将有更大的发展空间和更多的机会。

三、女性在竞技体育中的突破

（一）女性在竞技体育中的地位与贡献

女性在竞技体育中发挥着关键的作用，并为其发展作出了巨大的贡献。女性参与各个领域的体育活动日益增多，其中包括具体竞技运动、教练、裁判和管理等。她们以出色的专业技能和高超的运动水平，在国际比赛中获得了荣誉和奖牌。此外，女性在体育媒体和宣传方面具有重要的角色和影响力。她们从事解说、采访、拍摄等工作，报道和宣传各类体育赛事，向观众传递了全面、客观的信息和观点。女性的参与为体育产业带来了多样性和增长，让更多人能够享受到体育的乐趣和价值。

女性在传统竞技体育项目中具有一些独特优势与潜力。首先，女性在某些体能指标上可能具备优势。例如，在柔韧性和灵活性方面，女性通常比男性更具优势，这对于柔道、体操等项目非常重要。其次，女性在技术性和协调性方面往往表现出色，比如花样游泳和体操等项目，女性选手所展现的优美和灵活的动作往往令人惊叹。

（二）不同国家的女性选手在国际比赛中取得的成就和影响力

美国女子足球队是世界上最成功的女子足球队之一；美国的女子篮球队也是国际比赛中的佼佼者，多次夺得奥运会和世界杯冠军；中国女子乒乓球队在世界乒乓球竞技舞台上独领风骚；中国女子游泳队、羽毛球队和排球队等在国际赛事中也取得了一系列的优异成绩；挪威女子越野滑雪队在冬季奥运会和世界锦标赛中连续多年表现出色，并赢得了众多的奖牌。她们的成功激励了更多的女性投身于这些运动。

（三）鼓励更多女性参与竞技体育

推动女性在竞技体育中的发展需要采取下列措施。首先，要鼓励女性积极地参与各类体育活动，让她们能够享有平等的参与机会和资源。应该鼓励女性在学校和社会中培养兴趣和专业技能，为她们在体育行业寻求职业发展机会打下良好基础。其次，改善工作环境和平等待遇。要实现女性在招聘和晋升中的公平竞争环境和机会，应建立一个公开、公正的招聘和晋升制度。关注工作环境中的性别平等问题，营造一个安全、和谐的工作氛围。

未来的发展趋势是将不同学科的理论应用于女性体育研究，并加强跨学科的融合。加深对理论研究的探索，并促进与其他学科的交叉融合，从而形成符合中国社会发展现状的女性体育研究理论。女性体育研究已被纳入社会学、医学、统计学和心理学等学科，应用跨学科的理论来实践女性体育研究，使理论与实践相结合，形成符合中国社会发展现状的女性体育研究理论。近年来，学者们越来越重视跨学科融合研究，特别是关于女性体育的研究。女性体育消费、传媒和观念传播等领域的研究逐渐受到关注，为女性体育研究的丰富作出了重要贡献。回顾近 20 年来，我国在女性体育研究领域取得的显著成就，为该领域的发展提供了理论支持。但总体看，我国对女性体育的研究相对较晚，还处于初级阶段，作为一个独立的研究课题，要将女性体育研究融入中国式现代化进程中，不仅需要国家政策的支持，更需要研究者不断提升研究水平，借鉴和融合其他学科和多元研究视角。

四、提高女性参与体育活动的有效途径

（一）提高女性参与体育活动的重视程度

女性积极参与体育活动对健康具有重要而积极的影响。运动对女性身体素质和心肺功能起到积极推动作用，不仅可以增强身体的抵抗力和免疫力，还能有效减少患病风险。运动能够促进女性的新陈代谢，维持良好的体形和健康状态。运动对女性的心理健康有很多好处，可有效进行自我放松，减轻压力，排解负面情绪，提高自信和积极性，改善自我形象和自尊心。团队活动还可以帮助女性培养社交技巧，增强团队合作意识，为她们提供建立深厚友谊和促进社交互动的机会。通过参加体育锻炼，女性能够增强身体的柔韧性和协调性，改善身体的姿势和体态，减少腰背疼痛以及其他身体不适的感觉。进行规律的运动可以帮助调节睡眠，提高睡眠质量，让女性感到更有活力和精力充沛。

女性参与体育活动仍然面临许多挑战。首先，传统观念对女性的体育参与存在偏见和限制。一些人认为女性应该以家庭和照顾子女为重，而忽视了她们个人的身体健康和发展需求。其次，时间和资源的限制也是一个问题。女性通常承担更多的家务和照顾责任，导致她们的时间和精力有限，难以参与到体育活动中。此外，缺乏适当的场地、设施和经济支持也限制了女性的体育参与。

（二）探索改善女性体育基础设施和场馆建设的办法

为了应对上述难题，有必要采取一系列政策和实践措施，以促进女性参与体育运动。首先，公平投入资源。确保足够的资源被投入到女性体育基础设施和场馆建设中，这包括投资资金、土地、设备和设施等。政府、体育组织和私人机构应该平等地对待女性体育，提供相应的支持。其次，设计适合女性的场馆。在场馆设计和规划阶段，考虑到女性的需求和特点。例如，在更衣间和洗浴设施方面提供足够的私密性和安全性，确保场馆内有足够的洗手间和休息区等。创造多元化的运动环境，为不同类型的体育项目和训练提供多元化的场地和设施。鼓励开设女子专项运动和训练课程，吸引更多女性参与。最后，提供专业培训和指导。培养更多的女性教练、裁判和管理人员，在体育基础设施和场馆中提供专业的培训和指导。这不仅可以提高服务质量，还能为女性选手提供更好的支持和发展机会。

（三）扩大女性体育赛事和活动的途径和策略

扩大女性体育赛事和活动的途径和策略有助于激发女性对竞技体育的兴趣和参与度。首先，开展多样化的体育项目。扩大女性体育赛事和活动的首要目标是提供多样化的项目选择。除了传统的项目，需要推广和支持更多针对女性的运动项目，如女子足球、篮球、冰球、举重等。其次，赛事宣传和推广。有效的宣传和推广是扩大女性体育赛事和活动的关键。一方面，通过各种渠道（如媒体、学校和社区），普及运动知识，加强宣传和教育，以改变传统观念，鼓励女性积极参与其中，并树立女性健康意识，以促进女性参与体育活动。另一方面，通过提升观众和媒体对女性比赛的关注度，可以增加参与者和支持者的数量。最后，增加奖金和奖励。提高女性体育赛事的奖金和奖励，可以吸引更多优秀的女性选手参与。通过激励机制，激发运动员的动力和热情，提高比赛水平和竞争力。还可以通过健康教育和管理、加强基层培训和选拔、打造精彩赛事体验等方式以促进女性体育赛事和活动的开展。扩大女性体育赛事和活动需要综合考虑几方面的措施，通过多方合作和综合策略的实施，可以提高女性体育的知名度和影响力，鼓励更多女性参与竞技体育。

五、结 论

女性在发展体育强国的过程中具有重要地位，但是依然面临着机遇和挑战。通过对女性在体育强国建设中的作用进行综合分析，我们可以得出以下结论：女性在竞技体育中具备巨大潜力，值得重视并提供相应的培训和支持；女性在体育管理层的参与有助于提升整个体育事业的效率与公平性；为促进女性参与体育，需要从基础设施、教育宣传等方面进行综合改革。通过这些努力，我们将实现性别平等与全面发展，为实现体育强国的目标奠定基础。

【参考文献】

[1] 周健，冯强，王林．近二十年我国女性体育研究现状及未来展望 [C]// 中国体育科学学会体育社会科学分会 .2023 年体育社会科学分会年会论文集 .2023:277-279. DOI:10.26914/c.cnkihy.2023.023363.

[2] 吴鹏曦．展望新时代体育产业高质量发展 [J]. 冰雪体育创新研究 ,2023(10):19-21.

[3] 李寿明．体育领域中性别议题的研究热点、趋势与展望——基于 CNKI(2000-2022 年) 知识图谱分析 [J]. 福建体育科技 ,2023,42(2):62-66.

[4] 凌弘，梁波．新时代女性体育教师核心素养现状调查研究 [J]. 中国成人教育 ,2022(3):71-75.

[5] 邱亚君，周文婷，田海波．女性深度休闲体育特征的研究 [J]. 中国体育科

技,2020,56(8):76-81.DOI:10.16470/j.csst.2019118.

[6] 尹伊.同一与差异:体育参与中的性别属性认同[J].体育与科学,2016,37(2):50-54+79.DOI:10.13598/j.issn1004-4590.2016.02.009.

[7] 王健,董国永,王涛,等.人文主义视野中的美国体育教师专业标准研究[J].北京体育大学学报,2013,36(7):93-98.DOI:10.19582/j.cnki.11-3785/g8.2013.07.018.

[8] 董进霞.21世纪世界妇女体育研究动态:对我国妇女体育现状和未来的思考[J].体育科学,2010,30(11):79-85.DOI:10.16469/j.css.2010.11.011.

[9] 董进霞.新世纪我国女性体育研究概观[J].体育与科学,2007(1):29-32+64.

[10] 陈锡尧,吴惠明.对当今国际性重大体育赛事的价值认识及其发展趋势的研究[J].体育科研,2003(4):25-27.

女性参与体育产业对于促进体育强国建设的作用探析

刘振华　陈天庚　梁　霄*

摘　要：本文运用文献综述法和逻辑分析法，围绕女性参与体育产业对于促进体育强国建设的作用展开探讨。首先分析了女性参与体育产业的现状，指出其在专业技能和管理层面的不足。随后，从多个角度阐述了女性参与体育产业的促进作用，包括推动体育产业的多元化和全面性发展，提高国家的国际影响力和软实力，以及促进女性在体育领域的认知和参与度。最后探讨了女性参与体育产业的发展路径，强调了从个人素质提升到品牌塑造再到产业引领的全方位发展。通过研究表明，女性在体育产业中的参与可以推动产业的多元化和全面性发展，促进体育事业的发展和国家体育强国建设，但女性参与体育产业的现状仍有一定的困境和挑战，需要政府、企业和社会各界的共同努力和关注，让更多的女性在体育产业中充分发挥自己的价值和作用。

关键词：女性；体育产业；体育强国建设

一、引　言

体育产业是现代社会不可或缺的一部分，是推动国家全面发展的重要组成部分。体育强国建设是近年来我国提出的战略目标之一，其重要性不言而

* 作者单位为首都经济贸易大学体育部。

喻。然而，随着社会的发展和经济的快速增长，体育产业的发展也面临着新的挑战[1]。其中，女性参与体育产业的程度和水平是一个重要的问题。

众所周知，体育产业一直是男性主导的领域，而女性的参与度和地位一直受到限制。然而，随着社会的变革和观念的改变，女性参与体育产业的趋势已经愈加明显。女性参与体育产业不仅是一种时代的呼唤，更是推动国家体育强国建设的重要力量。女性参与体育产业对于促进体育强国建设的作用不容忽视[2]。女性在体育产业中具有广泛的参与和发展空间。随着国家对于体育产业的投入和政策的扶持，女性在体育产业中的角色越来越重要。女性不仅可以参与到体育教育、运动员培养、竞技赛事等各个方面[3]，还可以从事体育品牌的营销、管理、策划等工作，使得体育产业更加多元化和健康发展。女性参与体育产业对社会的影响也是十分深远的。体育产业不仅仅是一项商业活动[4]，更是一种社会文化。女性的参与可以促进体育产业更加注重人文关怀，弘扬积极向上的文化价值观[5]。女性在体育产业中的地位和影响也可以为广大女性群众树立健康、积极的形象和信仰，从而促进社会健康、文明的发展。女性参与体育产业对于国家建设的作用也是不可忽视的[6]。随着中国国际地位的提升和国际影响力的增强，体育交流和合作已经成为我国国际交流的重要途径，而女性在体育交流中的参与和作用也越来越显著。女性的参与可以增强我国在国际体育事务中的话语权和影响力，推动我国体育产业的国际化和全球化发展[7]。女性参与体育产业对于促进体育强国建设具有十分重要的作用。通过女性参与体育产业，可以提高体育产业的发展水平和竞争力，促进社会发展。因此，加强女性参与体育产业的支持和推广，将会是促进体育强国建设的重要途径。

二、女性参与体育产业的现状

随着社会的进步和观念的改变，女性参与体育产业的程度和水平正在逐渐提高。然而，与男性相比，女性在体育产业中的地位和机会仍然存在差异。下面将对女性参与体育产业的现状进行探讨。

（一）女性参与体育竞技的现状

体育竞技一直是体育产业中的重要领域，而女性在这个领域中的表现越来越出色。在国内外的各大体育比赛中，女性运动员也在各个领域中展现出了自己的实力。例如，中国的体操运动员何雯娜、举重运动员郭婷婷、乒乓球运动员丁宁、田径运动员刘虹等，都是在国际上享有盛誉的女性运动员。

（二）女性参与体育教育的现状

体育教育是培养体育人才的重要途径。然而，女性在体育教育中的参与度和机会也存在差异。在我国的学校体育教育中，尽管教师队伍中有大量的女性教师，但是在体育专业学科中，女性的比例较低，这导致女性在体育教育领域的机会有限。另外，女性在体育教育中的地位和待遇也存在差异。有些学校对于女性学生的体育教育不够注重，甚至存在歧视。在一些学校的体育课程中，女生的体育内容和难度都比男生要低，这导致女生的体育水平得不到有效的提高。

（三）女性在体育产业中的职业分布

在体育产业中，女性在不同职业领域中的分布也存在差异。一般来说，女性在体育产业中的从业比例较低，而且女性更多地从事管理、策划、营销等非竞技领域的工作。在高层管理人员、教练员、裁判员等方面，女性从业比例较低，这也限制了女性在体育产业中的发展和发挥作用的机会。另外，女性在体育产业中的职业发展路径和晋升机会也存在一些问题。一些女性从业者往往会面临职业发展上的瓶颈和性别歧视问题，导致她们无法获得应有的晋升和发展机会。

（四）女性在体育产业中的待遇问题

在体育产业中，女性从业者的待遇也存在一定的问题。由于女性从业者在一些职业领域中的从业比例较低，因此在工资、福利、保障等方面往往会存在差异。此外，一些体育产业企业在招聘和录用女性从业者时也存在歧视问题，导致女性从业者在职业发展中面临一定的挑战。女性参与体育产业的现状存在一定的差异和问题。尽管女性在体育产业中的地位和机会正在逐渐提高，但仍需要加强女性在体育产业中的支持和发展，为女性从业者提供更多的机会和平等的待遇，推动体育产业的发展和壮大。

三、女性参与体育产业的促进作用

女性作为社会的重要组成部分，参与体育产业不仅可以丰富体育产业人才队伍，提高体育产业的创新能力和竞争力，还能够推动体育强国建设。女性参与体育产业的促进作用是多方面的，可以为体育产业的发展和进步带来更多的机遇和挑战。随着社会的不断进步和发展，女性参与体育产业的意识和需求将会不断增强，女性在体育产业中的作用和贡献也将会越来越重要和显著。因此，我们应该加强对女性在体育产业中的支持和培养，为中国体育产业的发展和进步提供更加坚实和可靠的保障。

（一）丰富体育人才队伍

随着社会的不断进步和发展，女性参与体育运动和体育产业的意识和需求也不断增强。女性的参与不仅可以丰富体育人才队伍，提高体育产业的技术水平和专业素质，还可以促进体育产业的创新和发展。例如，在体育科技领域，女性科技人才可以为体育产业带来更多的创新理念和技术方案，提高体育产业的竞争力和发展潜力。在健康管理领域，女性医疗从业者可以更好地满足女性运动员和运动爱好者的健康管理需求，为体育产业健康发展提供有力保障。女性在体育产业中也扮演着重要的角色。作为一种以体育活动为核心的产业，体育产业的发展需要大量的人力、物力和财力的支持和参与。女性在体育产业中的作用逐渐凸显，不仅是参与体育运动的人群，还涉及许多职业领域，例如体育赛事组织、场馆建设、体育营销、体育教育、体育媒体等。在这些职业领域中，女性的卓越贡献有目共睹。女性在体育人才培养中的贡献是不可忽视的。在过去，由于传统的社会观念和限制，女性参与体育运动的机会相对较少，体育人才的培养和选拔也往往偏重于男性运动员。随着社会的进步和观念的改变，女性在体育运动中的地位逐渐得到提高，越来越多的女性开始参与体育运动并取得了优异的成绩。这些女性不仅为中国体育事业的发展注入了新的活力，也为中国体育人才的培养和选拔提供了新的机遇和可能性。女性参与体育运动，为体育人才的培养提供了更多的人才资源。随着女性参与体育运动的不断增加，女性运动员也逐渐成为中国体育事业中不可或缺的一部分。她们通过自己的努力和实力，为中国体育队伍增添了许多荣誉和成就。女性在体育人才培养中还可以为培养后备人才提供支持。她们可以担任教练、裁判、管理人员等，为年轻的体育人才提供专业的指导和支持，帮助他们发掘潜力，锻炼实力，提高竞技水平。

（二）提高体育产业的创新能力

女性在体育产业中的参与可以促进体育产业的创新和发展。由于女性在性别、生理特点、运动方式等方面与男性存在一定的差异，因此在体育产业中的参与也会为体育产业带来更多的创新和发展机会。例如，女性运动员的训练和比赛需要更多的细致和精细化的管理，因此女性在体育产业中的参与可以推动体育产业更加注重个性化、差异化的训练和比赛管理，从而提高运动员的竞技水平和表现。女性参与体育产业可以提高女性地位和权利。在传统社会中，女性地位较低，受到了很多不公平待遇和限制。女性参与体育产业可以为女性争取更多的自由和权利，提高女性在社会中的地位和影响力，为实现性别平等和社会公正作出贡献。

（三）促进体育产业的国际化发展

女性参与体育产业还可以促进体育产业的国际化发展。随着国际交流和合作的加强，国际体育产业的发展已经成为一个趋势。女性参与体育产业可以为国际体育交流和合作提供更多的机会和平台，推动中国体育产业与国际体育产业的深度融合和互动。例如，在国际赛事组织、体育项目推广等方面，女性从业者可以为中国体育产业开拓更多的国际市场和合作机会，促进中国体育产业的国际化和全球化发展。在国际和国内的各种体育比赛中，女性运动员的表现越来越出色。从北京奥运会上的“铿锵玫瑰”女子体操队，到里约奥运会上的女排精神，女性运动员用自己的实际行动向世界展示了中国女性的实力和自信。女性运动员在体育竞技中所表现出的顽强拼搏、坚韧不拔、顾全大局的精神，不仅是对体育事业的贡献，更是给整个社会带来积极影响。女性在体育人才培养中还可以为提高国际竞争力作出贡献。她们在体育运动中的优异表现和成绩，可以为中国赢得更多的国际赛事荣誉和声誉，提高中国的国际地位和影响力。这对于促进中国成为一个体育强国具有重要的意义。

（四）增强社会发展的多元性和包容性

女性参与体育产业可以促进社会发展的多元性和包容性。在体育领域，男女运动员之间存在一定的差异和特点，女性参与可以促进体育领域的性别平等和多元化。女性从业者的参与也可以促进体育产业的职业多元化和多样化，为社会的职业发展提供更多的机会和选择。女性参与体育产业可以提高社会健康水平。随着人们生活水平的提高，健康意识也越来越强烈。体育运动作为一种健康的生活方式，受到越来越多人的追捧和重视。女性参与体育产业可以为社会健康事业作出贡献，促进社会健康水平的提高。

（五）推动体育强国建设

女性作为社会的重要组成部分，在体育强国建设中发挥着重要的作用。通过积极参与体育运动、推动体育产业的发展和培养未来的体育人才，女性参与体育产业可以推动体育强国建设。随着中国体育产业的发展，体育强国建设已经成为一个重要的发展方向和目标。女性的参与可以促进中国体育产业的发展和进步，为实现体育强国建设提供更多的动力和支持。例如，在体育产业的人才培养和人才储备方面，女性的参与可以为中国体育产业提供更多的人才资源，为中国体育产业的发展提供更加充分和全面的保障。女性参与体育产业可以传承和弘扬中华体育文化。作为一个有着悠久历史和深厚文化底蕴的国家，中华体育文化在中国人民心中有着特殊的地位和影响力。女性参与体育产业可以传承和弘扬中华体育文化，为保护和发扬中华文化事业作出贡献。女性参与体育产业可以增强国家形象和文化软实力。在国际舞台上，体育运动是一种重要的国际交流和合作方式，也是增强国家形象和文化软实力的重要手段。女性参与体育产业可以在国际交流和合作中扮演重要的角色，为增强国家形象和文化软实力作出贡献。

四、女性参与体育产业的发展路径

女性参与体育产业的发展是一个长期的过程，需要政府、社会组织、企业和个人多方共同努力。

（一）初期阶段：打破传统束缚

在中国，由于传统文化和社会观念的影响，女性参与体育活动长期被限制和束缚。女性很难在传统体育项目中得到发展和认可，这也导致女性在体育产业中的参与和地位相对较低。但是，随着时代的变迁和社会观念的逐渐开放，女性开始逐渐摆脱传统束缚，参与更多的体育活动和项目。

（二）发展阶段：开拓新领域

随着女性在体育领域中的不断参与和努力，越来越多的女性开始涉足更广阔的体育领域，如体育教育、体育娱乐、体育文化等。女性开始在这些领域中积极探索和开拓，为体育产业注入新的元素和活力。

（三）成熟阶段：崭露头角

在这个阶段，女性开始在体育产业中崭露头角。越来越多的女性在各个体育领域中获得了突破和成就，成为体育产业中的佼佼者。这些女性不仅在传统的体育项目中表现出色，还在新兴的体育领域中展现出强大的创新和开拓能力，为体育产业带来了新的发展机遇和可能性。

（四）巩固阶段：打造品牌形象

在这个阶段，女性开始注重自身的品牌形象和个人价值的打造。她们通过自身的成就和贡献，逐渐建立起品牌形象和知名度，成为体育产业中的代表和标杆。这些女性的成功和领导力，为更多的女性在体育产业中取得成功和发挥价值提供了榜样和参考。

（五）引领阶段：带领产业发展

在这个阶段，女性不仅成为体育产业中的成功者，更成为产业发展的引领者。她们通过自身的领导力和创新能力，推动体育产业的不断发展和进步。她们不仅影响着体育产业的方向和发展趋势，还带领更多的女性在体育产业中发挥价值和作用，推动体育强国建设取得更加显著的成效。

在女性参与体育产业的发展路径中，每个阶段都是相互衔接和支撑的。只有不断打破传统束缚，开拓新的领域，崭露头角，巩固个人品牌形象，并最终成为产业引领者，才能真正实现女性在体育产业中的价值和作用的最大化。

在这个过程中，政府、企业和社会各界都需要给予女性更多的支持和关注，为她们提供更加公平和广阔的发展平台和机会。同时，女性也需要不断学习和提升自身的专业技能和素质，为自己在体育产业中的发展打下坚实的基础。

女性参与体育产业对于促进体育强国建设的作用是不可忽视的。通过女性的积极参与和贡献，体育产业得以更加全面和多元化的发展，为国家的体育强国建设注入了新的动力和活力。希望未来能有越来越多的女性在体育产业中发挥自己的价值和作用，为中国体育事业的发展作出更加卓越的贡献。

五、结　论

女性参与体育产业对于促进体育强国建设的作用是显著的。女性在体育产业中的参与可以推动产业的多元化和全面性发展，促进体育事业的发展和国家体育强国建设。女性参与体育产业的现状仍有一定的困境和挑战，需要政府、企业和社会各界的共同努力和关注，为女性提供更加公平和广阔的发展机会和平台。女性参与体育产业的发展路径需要从个人素质提升、产业技能学习到品牌塑造和产业引领的全方位发展，每个阶段都需要打破传统束缚，开拓新的领域，崭露头角，巩固个人品牌形象，并最终成为产业引领者。

【参考文献】

[1] 吴勇 . 经济背景下新生代女性产业工人体育参与优化模式的构建 [J]. 营销界 ,2020(51):79-80.

[2] 吴勇 . 湖南省新生代女性产业工人体育参与现状分析 [J]. 商业文化 ,2020(32):110-111.

[3] 李雪玮 . 供给侧改革背景下女性体育消费特征及影响因素研究 [D]. 河南：河南大学 ,2018.

[4] 赵昱 . 美国女性体育参与发展历程研究及对中国的启示 [C]// 中国体育科学学会体育社会科学分会 .2016 年全国体育社会科学年会论文集 .2016:353-354.

[5] 吕琪 . 真实的建构与消解美国电视真人秀中的身体与社会 [M]. 成都：四川大学出版社 ,2016:279.

[6] 夏青 . 中国女性体育文化管理研究 [D]. 山东：山东大学 ,2015.

[7] 霍笑敏 , 王硕 , 秦伟 . 女性体育旅游的社会经济特征与发展潜力研究——基于北京市女性居民体育旅游有关情况的考察 [J]. 武汉体育学院学报 ,2011,45(7):75-79.

生理性别与社会性别视阈下当代高校青年女性体育教师职业发展困境分析及对策研究

陈　媛　徐丽萨*

摘　要：本文采用文献资料法、逻辑分析法，从生理性别与社会性别解读高校青年女性体育教师职业发展现状，分析了当前高校青年女性体育教师在职业发展中面临的困境，主要包括以下几方面。1. 生理性别视阈下：女性生育能力对身体素质、体型产生负面影响；2. 社会性别视阈下的困境分析：政策的落实情况存在偏差，社会对女性具有刻板印象，体育对女性有偏见；3. 女性渐渐接受了性别差异。并针对发展困境，提出了相应对策：1. 推进顶层设计切实落地于高校青年女性体育教师的职场；2. 改善对高校青年女性体育教师的偏见；3. 积极鼓励高校青年女性体育教师自我意识的改变。

关键词：青年女性体育教师；高校职业发展；生理性别；社会性别

随着高等教育体育学科专业的性别结构逐步趋于平衡，就职于高校的青年女性体育教师逐渐增多。但一直以来普遍认为是“女性职业”的教师岗位中，高校青年女性体育教师却被认为是教师中的特殊人群，处于边缘位置，在职业发展中频频面临“玻璃天花板”效应。那么，高校青年女性体育教师为何无法与职业发展携手共舞呢？为了有效解决高校青年女性体育教师在职

*　作者单位为北京航空航天大学体育部。

业发展中所面临的困境，本文将从生理性别与社会性别视阈下解读高校青年女性体育教师的职业发展现状，进而分析高校青年女性体育教师的职业发展困境，提出适宜的对策。

一、生理性别与社会性别视阈下高校青年女性体育教师职业发展的解读

（一）高校青年女性体育教师的职业发展现状

我国《中长期青年发展规划（2016—2025年）》中指出，青年的年龄范围是14～35周岁。[1]根据2021年我国教育部统计的高等教育专任教师年龄情况可知，35岁及以下的青年女性教师数量，在各年龄段女性教师总体中的占比超过三分之一（33.6%）；39岁及以下的青年女性教师数量，在各年龄段女性教师总体中的占比达到一半以上（56.3%）。[2]可见，青年女性教师是推动高等教育高质量发展进程中的新一代重要力量。在如今素质教育背景下，高校青年女性体育教师用自身独特的人格吸引力与教学魅力，肩负着培养学生身心兼修、魂魄并铸的艰巨任务，在推进体育教育高质量发展进程中起着重要作用。然而，高等教育学科专业领域之间以及职业发展中存在的难以逾越的性别差异与隔离现象[3][4]，难以使高校青年女性体育教师理所应当地被接受或存在，影响着她们在职场中作为个人的不断生成和发展过程。

为此，在全世界推动实现性别平等目标的今天，为解决体育中的性别偏见，联合国教科文组织、国际妇女与体育工作组（International Working Group，IWG）提出了能够持久性地促进体育、体育教育和体育活动中的性别公平和平等的"世代平等"、《布莱顿加赫尔辛基2014宣言》（Brighton Plus Helsinki 2014 Declaration on Women and Sport）等，使女性能够自由和安全地参与、竞争和在体育运动中建立职业生涯。同时，为了解女性体育教师职业发展现状，并解决职业发展困境，学者们以各国社会、经济、政治、教育等实际情况为研究背景，围绕着女性主义、社会性别理论等纷纷开展了有

关女性体育教师职业发展的研究。其中，横向研究为，与其他学科教师、男性体育教师相比，探讨女性体育教师的作用及现状，并分析职业发展中面临的困境、因素等。如，从积极心理学视角出发，通过对比男女体育教师的区别，进一步肯定女性体育教师的作用与重要性，力求女性体育教师在职业中的平等发展。[5][6] 纵向研究为，在不同年龄阶段，女性体育教师所承担的不同身份、岗位职责，所处的不同环境等对职业发展的影响。

总体而言，特别是在地位和收入上存在显著性别差异的学术界来讲 [7]，女性体育教师虽在高校体育教育发展中起到了不可替代的作用，但对处于职业适应、调整关键期的高校青年女性体育教师而言 [8]，无论是从领导层面，还是在职称、科研成果方面，高校女教师的职业发展状况不如男教师。[9]

另外，世界各国虽注重探讨女性参与体育的问题，但有关女性体育教师的研究主要集中开展于中、日、韩等国家，主要以中国传统性别观、韩国创造经济时代、日本《男女共同参与基本计划》为背景开展了各教育阶段女性体育教师职业发展的相关研究。这难道不是从侧面说明了女性体育教师在职业发展过程中面临着困境或存在问题吗？据世界经济论坛发布的《2022 年全球性别差距报告》可知，全球 146 个国家的性别平等指数中，欧洲国家排名前列，而韩国排第 99 位、中国排第 102 位、日本排第 116 位。出现这种现象的原因，无法与历史相割裂，自古代起中、日、韩在伦理、礼仪方面深受儒家文化的影响，女性社会地位低下，将“贤妻良母”作为毕生的职业职责，导致至今高校青年女性体育教师在职业发展中依旧面临着社会、家庭、传统刻板观念带来的压力，承受着“女性的困扰”。

（二）生理性别与社会性别视阈下高校青年女性体育教师的职业发展

人的发展往往从社会本位与个人本位两种价值取向进行阐释，同时个人的发展也受客观因素与主观因素的影响。虽然不同社会形态下女性体育教师身处不同环境，但高校女性体育教师在职业中所受的存在与发展的条件规约性，正在于动物性与文化、社会性统一的双重性存在的基本特性。[10] 也就是说，作为动物性的存在，青年女性体育教师需承担繁衍生命、维系生活任务；作为文化性或社会性的存在，青年女性体育教师必须在社会文化创造活动过程中发挥主观能动性，从而实现自身价值。而这一双重性从内涵上正与生理性别、社会性别相契合。

早在 1975 年，人类学家盖尔·卢宾在《女人交易——性的“政治经济学”初探》中首次提出了“性 / 社会性别制度”的概念。其中，性指 sex，也就是生理性别，生理性别强调两性在基因、结构等生理上的不同。社会性别是指 gender，社会性别是对两性的角色、分工、地位等的期盼与塑造。面对生理性别与社会性别对女性地位、发展所产生的影响，随之也出现了极端本质主义与极端社会建构论，并且长期以来双方论争并坚持着各自的立场[11]，至今为止也未有明确的观点。而这也正说明生理性别与社会性别并不是单独对人产生影响的，而是二者之间的复杂依赖性贯穿于人的整个生命周期[12]，将这种相互交叉、互动现象形容为“社会性别的生物性表达”与“生物学的社会性别化表达”。[13] 通常在有关两性的研究中，生理性别与社会性别会成为一种分析性工具而被采用，只是根据分析目的的不同有所区分而已，并不是仅凭任意一方就能够进行完整性的解释。

教育领域性别评估的最终目标是为了使得男女能够在学习中获得同等的学习成绩，最终能获得相同的职业资格和经历的机会。[14] 一般在分析教师结构时，应考虑职务结构、年龄结构、学历结构、学科结构等。[15] 因此，对身体素质、身体技能要求较高的体育学科来讲，高校青年女性体育教师在职业发展过程中不仅受生理性别带来的影响，还受社会、家庭、传统性别观念等社会性别所产生的影响。但各因素之间并不是独立的，而是具有层次递进的逻辑关联性，相互作用、互为条件。对此，中国人民大学社会学教授黄盈盈也曾提出，研究社会性别忽视对身体的探讨是不全面的，身体结构特性在一定程度上会影响女性的专业选择。[16] 可见，高校青年女性体育教师在职业发展中面临着生理性别与社会性别所带来的困境。

二、高校青年女性体育教师在职业发展中的困境分析

（一）生理性别视域下：女性生育能力对身体素质、体形产生负面影响

对于性别认同的青年女性来说，生育是作为女性需完成的一项神圣任务。随着高校对教师质量的要求越来越高，就职于高校的大多高学历青年女性体育教师正处于生育最佳年龄的尾巴阶段。然而，面对高校科研压力，高强度、高难度的术科教学，以及产后身体素质下降、体形臃肿等原因，无疑使高校青年女性体育教师在事业稳定期与生育黄金期两大人生难题中进行徘徊。而这一生理性别所带来的身份、职责同时也影响了她们的工作方式、环境的不同。

（二）社会性别视阈下的困境分析

1.政策的落实情况存在偏差

男女平等是我国基本国策之一，也是我国宪法基本原则之一。为使女性在职业中能够享受应有的权利，我国颁布了《中华人民共和国妇女权益保障法》《中华人民共和国职业教育法》《女职工劳动保护特别规定》等法律政策，保障了女职工平等的就业权利、接受培训权利、生育保障权利、产假保障权利。然而，实际实施情况与政策并不完全符合，高校青年女性教师从求职到入职后的职业发展过程并不太乐观。也就是说，从宏观视角来讲，虽保障了体育系统、职业发展中的男女平等意愿；但从微观视角来讲，体育教师一职往往有意地选择了回避女性，导致其中的性别平等仅仅保留为青年女性体育教师心中的期望与信念。

2.社会对女性具有刻板印象

自古以来，我国受男人掌权、男耕女织、儒教文化的影响，迄今为止，性别刻板印象依旧根深蒂固地存在于一些人心中，认为女性在家中相夫教子才是符合社会规范的。随着生活压力的不断加大，双职工家庭的增加在一定程度上取代了“男主外、女主内”的旧秩序。一个女人是否能够参加工作来获取薪酬，能够剩下多少时间来休息和休闲，这取决于她需要承担多少家庭

事务和家务劳动。[17] 据 2020 年国家统计局社会科技和文化产业统计司统计可知，我国女性用于无酬劳动的平均时间明显长于男性。[18] 可见，无酬劳动占用了女性的大部分时间与精力，直接影响着高校青年女性体育教师在有酬劳动中高效率、高质量的工作效果，以及接受教育、培训的机会与时间，带来了家庭、职业双重压力。并且，对于未婚、未育的青年女性体育教师来说，从求职阶段起就面临着一系列困境。

3.体育对女性的偏见

体育源于通过走、跑、跳、投掷、攀爬等身体活动以求得生存的生产劳动，以及充满战争与激烈对抗的军事活动。由于男性具备强壮、健硕的身体，自古代起体育领域一般由男性主导。如今随着女性在体育竞技、运动领域凭借自身硬实力取得优异成绩，虽打破了其中的性别偏见，但由于女性的阴柔之美与体育的阳刚之气恰恰相反，为此在人们的潜意识中依旧留存着体育教师由男性担任的刻板印象。而这一系列社会评价尺度和观念的惯性作用，使高校青年女性体育教师获得社会承认的成本远远高于男性，这使她们比男性付出更多的努力，才能获取与男性一样的评价。[19]

（三）女性渐渐接受了性别差异

歧视性的社会规范和性别陈规定型观念成为普遍化，已潜移默化地灌输到人们的潜意识中，导致女性已渐渐容忍、习惯了这种现象。为此在职业发展中，女性往往会自然而然地接受性别差异，更多地将同性同事作为职业发展中的竞争对象。同时，女性对自己的认可度低于自己应有的状态，对自己的要求也逐渐降低，将工作作为为生活求稳的途径，采取“躺平”模式，将更多心思放在照顾家庭上。已有研究表明，“职业生涯发展的潜力”对女性的更大影响既与女性就业面相对较窄有关，也可能与她们的自信心与冒险精神不如男性有关。[20] 而这一“求安稳”的心态与行为，使高校青年女性体育教师对自身的职业发展缺乏自信，降低对职业的激情，导致无法全身心投入到体育教学与自身发展中，并充分发挥主观能动性，更早、更易产生职业倦怠感。

三、针对高校青年女性体育教师职业发展提出的对策

（一）推进顶层设计切实落地于高校青年女性体育教师的职场

国家提出的纲领性文件、强制性法律、政策为保障女性职业发展发挥着统领性作用，然而更为重要的是将其切实落细落实于女性职场中，这就要求我们严格督促政策落实情况，避免出现政策执行偏差，防止出现固定于文本敷衍了事的问题。如经济合作与发展组织提出应使男性与女性同样享有不可转让的育儿假权利，因此国家可以通过延长男性教师的产假等，解决限制性的男性气质问题，保障高校青年女性体育教师不被另眼相待。同时，教育局、各高等体育院校、领导班子、一线工作者应根据现存问题因地制宜地规划出求职、入职后培训、升职等方面的可行性方案。在开展培训、论坛、研讨等活动时，可以明确规定男女参与比例，保证高校青年女性体育教师的学习机会与参与率；在升职、薪酬、奖励体系方面应明确规定标准，避免受到主观情感、偏见等的影响。因此，通过为政策实行者提供可行工具，提升落实效率与效果，使高校青年女性体育教师在职业发展过程中切身体会到政策带来的温暖与优待。

（二）改善对高校青年女性体育教师的偏见

体育教师是对身体素质要求极高的职业，同时高等教育从技能、科研等方面更是对体育教师提出了严格的要求。然而，在如此高的标准下，高校青年女性体育教师的比例逐渐增多，足以说明青年女性体育教师有能力胜任这份职业。从当前各体育院校的教职工情况来看，绝大多数青年女性体育教师主要担任健美舞、体育舞蹈、太极拳的专项教学，并在各大型比赛或科研项目中获取了优异成绩。同时，面对知识爆炸的网络化时代，高校青年女性体育教师通过女性温柔、善解人意等性格特征，在课上或课下随时与学生沟通，相互交流学习新科技与新知识，不仅是上课好的优秀教师，也是亦师亦友的人气教师。为此，应承认高校青年女性体育教师作出的贡献，积极鼓励促进高校青年女性体育教师的职业能动性。

（三）积极鼓励高校青年女性体育教师自我意识的改变

随着女性意识逐渐觉醒，乘风破浪的青年女性正在为精神自由、身体自由进行重新定义。然而，面对他者的怀疑与偏见，要想强调自身的主体意识与主体地位，作为新一代高校青年女性体育教师必须持有积极的心态，并自我肯定。高校青年女性体育教师唯有时刻相信自己、唤醒自己、磨炼自己，才能打破体育教师中的男性中心主义。因此，面对重文轻体的教育观念，应对体育学科持有信心，坚定不移地肯定体育在教育、社会中不可替代的地位与作用；面对“女子不如男”的刻板观念，应不断学习新型技术技能，坚持锻炼提高身体素质，保持良好的外在形象与教学能力、科研能力，不断鞭策自己，凭实力获得认可，改变人们对高校青年女性体育教师的偏见。

四、总　结

在不同的社会关系中，高校青年女性体育教师担任着不同角色，同时也承担着不同职责，在这种环境下追求职业发展本身是一场艰苦的战斗。教育需要的是优秀、合格的教师，并未对教师的性别提出硬性要求。为此，我们应重新审视女性体育教师这一角色，而不是盲目地贴上“女性专属”标签，积极肯定、鼓励高校女性体育教师的作用与重要性，提供平等的职业发展平台，在职业发展中感受幸福感、成就感，有效发挥自身价值，为高校高质量体育教育的发展作出贡献。

【参考文献】

[1] 中共中央　国务院 . 中长期青年发展规划 (2016—2025 年)[EB/OL].https://www.gov.cn/zhengce/2017-04/13/content_5185555.htm#1,2017-04-13.

[2] 中华人民共和国教育部 . 高等教育专任教师年龄情况 (总计)[EB/OL].http://www.moe.gov.cn/jyb_sjzl/moe_560/2020/quanguo/202108/t20210831_556645.html,2021-08-29.

[3] Bradley K.The Incorporation of Women into Higher Education:Paradoxical Outcomes?[J].Sociology of Education,2000,73(1):1-18.

[4] 周培勤.性别顺应:生理性别和社会性别的匹配研究及启示[J].江海学刊,2020(3):97-104+254-255.

[5] 掛水通子．男女共同参画社会における女子体育教師の役割（1）：女子体育大生からみた女子体育教師の役割[J]．東京女子体育大学紀要,2004(39):1-14.

[6] 홍예리,조아라,이옥선.결점에서 강점으로:중등 여자체육교사가 인식하는 긍정적인 전문적 정체성 탐색[J].한국여성체육학회지,2022,36(3):1-20.

[7] 查尔斯·H.扎斯特罗,卡伦·K.柯斯特-阿什曼.人类行为与社会环境(第六版)[M].师海玲,孙岳,等译.北京:中国人民大学出版社,2006:452.

[8] 陈春梅."全面二孩"政策对高校女教师职业生涯发展的影响[J].社会科学家,2017(3):121-126.

[9] 程芳.高校女教师职业发展状况、障碍因素及发展策略[J].教育探索,2010(11):104-105.

[10] 张治库.人的存在与发展[M].北京:中央编译出版社,2005:98.

[11] 李银河.性别问题上的生理决定论与社会建构论[J].社会理论,2006(2):30-51.

[12] Regitz-Zagrosek,V.Sex and Gender Differences in Health[J].European Molecular Biology Organization Reports,2012,13(7):596-603.

[13] Krieger,N.Genders,sexes,and health:what are the connections-and why does it matter?[J].International Journal of Epidemiology,2003,32(4):652-657.

[14] 贾云竹.中国教育领域的性别平等与妇女发展状况评估[J].妇女研究论丛,2006(S2):87-92.

[15] 生云龙.从教师结构看女性教师职业发展中的"玻璃天花板"[J].妇女研究论丛,2009(1):26-31+38.

[16] 游小秀.高校专业选择的性别差异成因分析[J].大学:研究与管理,2022(3):89-92.

[17] 国际劳工局局长.工作中的妇女倡议:争取平等[R].日内瓦:国际劳工大会,2018.

[18] 国家统计局社会科技和文化产业统计司.中国社会中的女人和男人——事实和数据(2019)[R].国家统计局,2020.

[19] 聂琴.女性教育与女性社会化之路[J].思想战线,2003(5):50-53.

[20] 樊明成.当前我国大学生选择专业的性别差异分析[J].现代教育科学,2011(3):56-60.

高校女性体育教师职业发展困境：现实表现与突破之道

崔特特　杨　洁*

摘　要：研究通过深度访谈和叙事分析，对八位高校女性体育教师的职业发展困境进行研究，发现高校女性体育教师职业发展面临三重困境。在制度层面，职场的歧视与偏见将其囿于组织环境和专业发展的桎梏，无法充分展现自己的能力并获得相同的晋升权益；在观念层面，女性自主观念的牵制令其限于依附思想和自我意识的束缚，难以自由地遵循本心追求发展；在行为层面，处在时刻需要平衡工作和家庭的处境，使其困于家庭责任和角色期待的错位。在整场叙述过程中，高校女性体育教师的叙述话语体现了一种隐含的“话语秩序”，其中“边缘化的发展”“不被理解的辛苦”以及“时间的碎片”等也传递出对发展空间、权力空间甚至个人认知和定位的局限。进而探讨高校女性体育教师职业发展困境的突破之道。研究表明，高校女性体育教师想要寻求更好的职业发展，既需要学校层面的政策支持与制度保障，同时也需要个人层面的自我赋权和能力发展。

关键词：女性体育教师；高校；职业发展；叙事研究

在全面建设体育强国的战略目标统摄下，拓展体育发展的新空间，发掘体育发展的新动能，需要更加关注女性，并大力推动女性体育的发展[1]6。作为新时代高等教育内涵式高质量发展中重要的人力资源，女性体育教师在学

* 作者崔特特单位为中央美术学院体育部，杨洁单位为北京体育大学艺术学院。

校体育的良性发展中扮演着关键角色，对培养学生身、心、群的和谐与全面成长，塑造学生的性别角色期望具有重要作用。然而，文献查阅结果显示，当前国内关于女性体育的研究主要集中在“体育锻炼”“休闲体育”以及“体育参与”等主题，对女性体育教师职业发展的关注和探讨相对较少。从另一视角看，女性体育教师在职业发展中可能面临来自学科、学术、性别以及职业等方面的隐性偏见与挑战。针对这一现状，研究基于连榕[2]对于教师成长的阶段划分理论，将研究对象聚焦在未达到15年教龄的非专家阶段的高校女性体育教师，通过深度访谈和叙事分析，深入了解高校女性体育教师职业发展面临的困境与矛盾，尝试探讨高校女性体育教师职业发展困境的突破策略。

一、研究对象与方法

（一）研究对象

2022年6月至8月，研究者在北京访谈了多位符合研究范围界定的高校女性体育教师。综合考虑受访教师的教龄、学历等方面的因素，选取了八位教师作为调查对象（见表1）。从职称评定等级来看，A教师未评级，B、C、D、F、G、H六位教师为中级职称，唯有E教师评上高级职称；从教龄的分布来看，A、B、C三位教师为教龄1～5年的新手阶段，D、E两位教师为教龄6～10年的熟手阶段，F、G、H三位教师属于教龄10年以上未有建树的稳定熟手阶段。从任课类型来看，A、D、E、G四位教师主要负责某一运动专项的理论或实践课程，教学内容侧重于专项教学与训练，教授对象具备一定专业基础；B、C、F、H四位教师则承担公共体育课程，担任课程未必与教师专项匹配，所授内容多为田径或其他运动项目的基础学习。从家庭和子女情况看，A、B、C、D四位教师暂未成婚且均处于单身状态，E、F、G、H四位教师都已成婚并育有1～2个孩子。由于不同课业内容的教授能反映出教师所处的组织及教学环境，不同的家庭分工和多重的身份角色或对职业发展亦产生正向推动或反向阻碍作用，因此本研究也将任课类型和家庭子女情况两项因素纳入研究范畴。

表1　访谈对象基本信息（n=8）

编号	年龄	教龄	学历	职称	任课类型	家庭状况	子女状况	访谈字数
A	26	3	硕士	助教	专项实践课	未婚	无	6418
B	30	5	硕士	讲师	公共体育课	未婚	无	10318
C	32	5	博士	讲师	公共体育课	未婚	无	8562
D	33	6	硕士	讲师	专项理论与实践	未婚	无	12575
E	35	9	硕士	副教授	专项理论与实践	已婚	有（1）	8405
F	35	11	硕士	讲师	公共体育课	已婚	有（1）	7929
G	36	11	博士	讲师	专项理论课	已婚	有（2）	6542
H	37	12	硕士	讲师	公共体育课	已婚	有（2）	6281

（二）研究方法

1.深度访谈

叙事研究是深入了解个体经历的最佳方式。本研究采用半结构访谈方法，将访谈提纲设置为职业起点、职业动机、职业挑战、发展困境等内容。每次访谈以面对面的方式进行，访谈时长持续1小时左右。在对话中，研究者注重引导受访教师讲述其职业发展的心路历程，允许受访教师自由陈述表达个人经历和观点。当受访教师的回答模糊或涉及深刻话题时，研究者会对相关内容进行追问，以获取更真实和详细的信息，进而真切感受并理解受访教师在生活场域和职场环境中的主体性体验和感悟。

2. 数据处理与分析

本研究使用 NVivo 20 质性数据分析软件对转录文本进行编码分析。编码工作由两名具有编码经验的人员采用逐句编码的方式共同完成，并持续对比编码归类结果，以确定编码是否保留。通过梳理概念类属和逐层整合归纳，得到一级编码（开放式编码）的 12 个类属，包括缺少与专业对口的职称评定标准、论资排辈现象依然存在、教学实践难转化与学术成果难发表、学科特点赋予教师多重的兼职任务、学科特性使得教师教课体力消耗大、编制数量与晋升层级制约、学科发展的边缘属性、个人成就感与职业满足感多源自家庭、个人发展动机并非发自主体需求、职业发展与家庭牵扯中的自主让步、与家庭责任预期冲突的选择障碍、时间分配的碎片化与性别化；二级编码（关联式编码）的 4 个概括性主题类属，包括晋升机制、学科属性、发展意识、行为抉择；三级编码（核心编码）的 3 个纬度，包括制度层面、观念层面和行为层面。

二、研究发现

（一）高校女性体育教师职业发展面临三重困境

1. 在制度层面，囿于组织环境和专业发展的桎梏

当前，高校沿用以绩效为导向，以数量为先、排名为重的评价模式，评价教师专业水平的制度偏离了学科教学的重点，严重向科研倾斜。教师教学的自主性被削弱，教师的教学实践与科研脱节[3]55-56。而对于体育教师来说，学科特性本就使得代课的体力消耗极大，学科特点又赋予体育教师多重的兼职任务，加上教学业绩难以评核，课外体育活动、课余训练以及体育竞赛等任务难以计入工作量，使得本就偏重教学的体育教师更难得到制度上的支持。D 教师直言："尽管有破'五唯'的政策，但科研要求仍然摆在首位，教学工作量很难成为评价的一个标准。"在职业晋升方面，受访教师明确表示对职级竞聘中的体制性障碍并不在意，而是更看重职业晋升中的职称评定。正如 G 教师所说："我从未考虑过职级提拔，本身对这方面也没有很

‘感冒’，但是没有一位老师会不在意职称这个事情。”

缺少与专业对口的职称评定标准是受访教师职称晋升的第一道门槛。F教师所在的高校于2023年1月完成了关于深化职称评审制度改革的实施方案，但到访谈结束时，关于体育教师评定的条件标准仍未出台。类似的情况也出现在B教师身上，她表示：“学科的边缘属性决定了我的发展在很多时候也是边缘的。目前我们学校仍没有针对体育教师的职称评定办法。”而在国家鼓励干部队伍年轻化的今天，职业晋升中的论资排辈现象仍然存在。D教师认为：“体制内的这种晋升是很艰难的，中国传统的论资排辈观念根深蒂固，这种现象在职场中依然存在。”C教师说：“我入职两年后就可以申请职称，但因为这种论资排辈的传统，甚至为了保住老教师的利益，他们都没有让我参评。”此外，职称晋升的停滞还引发了连带效应，导致受访教师陷入课题难立项、论文难发表以及教学实践难转化的困境。G教师表示：“我投稿时编辑明确表示文章可行，但我一没有副高，二不是博士，稿子就无法录用，这是现实问题。”H教师亦表示：“不光职称和学历要求对我们形成了限制，我们做的所谓的科研跟教学实际上也是不相关的。我研究的东西跟我教的内容不完全匹配，这意味着在工作中我要分心在两摊事情上，这中间是有很大内耗的。”

2．在观念层面，限于依附思想和自我意识的束缚

随着社会进步，女性群体的主体意识正在觉醒和提升，尤以女性教师群体为甚。但不可否认，女性教师自主观念和潜意识中的依附性思想仍然存在，导致她们在个人发展意识中还存在一定的被动性，展现出竞争意识和进取意识的弱化以及职业成就感来源的异位[4]92。对于日后的职业设想，除了E教师外，七位受访教师都表示在未来的职业规划中不会将自己定位为教授、学科带头人或是高层管理人员，认为副高级职称就已经足够了。对此，B教师谈道：“就包括我导师也会经常告诉我，评完副教授你就轻松了。其实我自己也有这种想法。”相较于升职加薪，陪伴孩子和照顾家庭更符合受访教师的发展期望。F、H两位教师的职业发展动机和职业满足感都来自家

庭。F 教师坦言："不管你工作做得多好，但如果你的孩子不开心，与你没有良好互动，你肯定也不会感到快乐。"同样，H 教师也表示："时间是有限的，我肯定会优先把时间留给孩子和家庭。我知道，如果我把时间投入事业，情况可能不同，但这是我的选择。现在推动我去评职称也是为了我的家庭。"对于多数女性体育教师来说，稳定和不变既是普遍追求，又是让她们陷入舒适区的一种"慢性毒药"。习惯了循环重复的工作劳动，她们难以跳出安逸的环境来应对激烈的市场竞争；习惯了事业单位的"铁饭碗"，面对科层化行政管理下的绩效考核，焦虑感也难免增加。尽管她们计划对学历进行"再深造"以构建高校教师的专业身份，并将其视为应对职业发展困境的主动策略，但实际上这是在特定条件下做出的被动选择和追求；即使她们试图规避矛盾冲突，但也是通过降低期望和自我发展目标来进行自我调整。在其中，少数受访教师更是选择了以"躺平"和"随缘"的态度来应对职业发展中的挑战和机遇。A 教师提道："我还是希望轻松一点儿，不想太过纠结。我知道在副高的路上我需要付出很多，我本身进入高校也更看重自由时间的支配，那既然如此，'躺一躺'没什么不可以的。"D 教师也表示："我没有太强的得失心，无论是否能评上职称，我都不会感到有什么。如果需要将工作暂时放置一段时间，脱离工作去照顾家庭和孩子，然后再回到自己的事业，我也能够接受。"

3.在行为层面，困于家庭责任和角色期待的错位

有研究表明，平衡家庭、工作和生活之间的冲突并在有限时间内追求成长，是每位寻求职业发展女性的常态。在追求个人发展的过程中，女性常常需要在家庭责任和职业发展之间作出取舍[5]。她们不会因为工作而减少对家庭的责任，相反，她们总是努力成为所谓的"六边形战士"，以满足丈夫和家人对她们的期望[6]54。通过与不同婚姻状态的受访者交谈，发现未婚受访教师在工作与家庭冲突出现之前表现出一种无知无畏的状态。然而，一旦结婚并开始家庭生活，尤其是孕育孩子之后，已婚受访教师则更多地能感受到工作与家庭的真切冲突，从而受到性别角色的影响，使得时间分配呈现出碎

片化的特征。为了职业发展，H教师错过了最佳生育年龄，成为一名高龄产妇。家庭时间几乎被孩子占据，此外还要照顾患有慢性疾病的公婆。对此H教师谈道："学术研究很难在碎片化的时间中有效整合利用，对我而言必须拥有连续的时间段才能进入学术研究的那种状态，有时候真希望一天有48小时。"同样，F教师表示："人生计划永远是在选择中产生的。比如说这一年我是要先照顾好孩子，还是先写一本书，还是先做其他事情，永远都是在冲突的。孩子小的时候，每天后半夜睡觉是家常便饭，但早上仍要按时起床上班。"对于那段经历，F教师至今仍感叹不已。在家庭与事业之间，寻找完美的平衡策略是困难的，她们看似找到了两者之间的平衡点，但实际上是在无奈和妥协中实现的。G教师提道："像处在我这个年龄段的大学老师，基本上都要面临家庭与事业分配的问题。照顾家人确实要分散很多精力，这肯定会占据和挤压我的工作和学习时间。我也想全身心投入工作，但家里有小孩还有老人要照顾，总要有人做出妥协。"对于D教师来说，选择的困难和时间的限制离不开根深蒂固的传统性别观念，"女性现在面临艰难和疲劳的原因，是因为她们不仅承担了女性应该承担的角色，还要成为事业的强者，同时还要兼顾家务，那你的学术研究你的发展怎么办呢？只能通过透支时间和身体来换取"。同时，C教师也提道："作为母亲的责任是无法推卸的。你知道孩子在三岁之前，他们对母亲的依赖远远超过父亲，但这个时候你又处在事业上升的关键期，所以你只能让步无法兼顾。女性确实需要为了孩子放弃很多，而这个放弃是男性压根儿不会去考虑的。"

（二）高校女性体育教师职业发展困境的突破之道

1．学校层面的政策支持和制度保障

高校女性体育教师的职业发展环境并不乐观。尽管组织环境和专业发展的桎梏并不意味着高校女性体育教师永远置于发展的边缘位置和学术的从属地位，但确实影响了她们职业进展的停滞不前。高校作为教师工作的关键场域和职业生存发展的主要空间，还需要给予女性体育教师更多的政策支持和制度保障。首先，可以通过制定合理的制度和创建和谐平等的发展环境等

方式缓解女性体育教师的发展困境。例如，建立与女性体育教师专门的沟通渠道，着力解决她们关心的职业发展问题，将实际的补偿政策和激励制度落实到位；提高女性体育教师在教学、科研等部门的管理岗位比例，做出更有利于女性体育教师的成长决策；依据高校女性体育教师的工作性质、生理特点，制定适宜的关怀措施，减轻她们新上岗的教学任务和考评压力，为其职业初阶发展提供宽松环境。其次，发挥女性的主体意识与工作优势。鼓励高校女性体育教师感知与表现自身价值，在教学、训练、科研等方面发挥女性体育教师的意识和潜能，基于女性视角来构建学校体育，深化学科建设的性别意识，多元化拓展学科研究的性别视角，切实提高女性参与的比例。

2.个人层面的自我赋权和能力发展

解决高校女性体育教师面临的困境除了需要外界的支持，也需要她们自身的努力。高校女性教师在以统筹规划、多线程工作、强身健体、心理调适、寻求支持等平衡来自工作、家庭和生活三方面冲突的同时，更需要现实地看待来自社会和学界的压力。首先，强大的心理素质和不断提升的专业资质是女性体育教师摆脱发展困境的有力保证。女性体育教师更应充分发挥学科特质，以体育人追求卓越和敢于拼搏的顽强意志直面来自生活和工作等多方面的挑战。在言传身教中不断积累信念感、拼搏感，结合女性榜样的力量强化自身的职业成就动机，并以积极的心态在困境中坚定前行，时刻为担任更高的职位做好准备。其次，多重身份并不意味着角色的对立，有多个子女的女性教师同样能在职业发展中取得出色表现。因而在选择婚姻时，女性体育教师需要提前做好家庭和职业的责任规划与权责分配，毕竟双薪家庭的家庭与育儿责任需要夫妻双方共同承担。

【参考文献】

[1] 鲍明晓 . 新发展格局下体育发展的新理念、新动能、新模式、新机制研究 [J]. 体育科学 ,2022,42(1):3-14.DOI:10.16469/j.css.202201001.

[2] 连榕 . 教师专业发展（第 2 版）[M]. 北京：高等教育出版社 ,2019.

[3] 谢雯，王世岳 . 学术职业阶梯中的“她”者——对话多伦多大学许美德教授 [J]. 比较教育研究 ,2022,44(8):53-59+112.DOI:10.20013/j.cnki.ICE.2022.08.07.

[4] 黄春梅，司晓宏 . 学术女性职业发展的实践困境及矛盾分析 [J]. 现代大学教育 ,2016,161(5):88-93.

[5] 赛穆尔・H. 奥西普，路易斯・F. 菲茨杰拉德 . 生涯发展理论（第四版）[M]. 顾雪英，姜飞月，等译 . 上海：上海教育出版社 ,2010.

[6] 王威 . 女性领导力的开发难题与调适之法 [J]. 领导科学 ,2017,692(27):53-54. DOI:10.19572/j.cnki.ldkx.2017.27.021.

体育强国背景下女性体育精神的时代价值及弘扬路径研究

董艳芳　王斯格　杨　飞*

摘　要：女性体育精神作为一种特殊的体育文化现象，不仅具有重要的历史渊源，还对推动全民健身、促进社会进步和性别平等发挥着积极的作用。文章运用文献资料法、访谈法等探究在体育强国建设背景下女性体育精神的时代价值及弘扬路径。研究认为，进一步挖掘并弘扬女性体育精神文化价值已成为建设体育强国的前进动力和时代诉求。加强民众对女性体育精神的情感认同，是建设中华民族共同体的精神养料和文化内涵。弘扬女性体育精神需要政府支持和资源投入，离不开学校与家庭、社会的共同努力，还应加大社会宣传及提升社会各界的广泛认可。

关键词：女性体育精神；体育强国建设；时代价值；弘扬

2021年10月，国家体育总局印发《"十四五"体育发展规划》，提出"进一步弘扬以新时代'女排精神'为主要特质的中华体育精神等体育文化建设取得新进展的总体要求。""诚然，'女排精神'是具有中华体育精神主要特质的典型代表，蕴含着建设体育强国过程中的民族内涵与精神动力"[1]。当前，随着我国正式进入体育强国建设的新阶段，女性体育精神的价值和意蕴愈发凸显。女性体育精神作为一种特殊的体育文化现象，包含着保护和弘扬传统

* 作者董艳芳单位为新疆师范大学体育学院，王斯格、杨飞单位为新疆政法学院基础教学部。

文化的要义，也蕴含着现代社会新价值的塑造，具有很强的社会使命感和责任感。因此，分析女性体育精神对体育强国建设的重要性和价值意蕴，提出弘扬女性体育精神路径措施，对于提高女性参与体育运动的机会和水平，营造公平、公正、开放的竞技环境，激发女性运动员的潜力和活力，加速我国体育事业的发展，实现全民健康目标具有深远意义。

一、体育强国建设背景下问题的提出

（一）建设体育强国的时代使命

精神具有“历史性”与“时代性”，涵纳优秀中华民族传统文化的“巾帼体育精神”为我国体育事业腾飞赋加了文化内涵，新的历史节点上，女性体育精神为实现中华民族伟大复兴构筑了显性的榜样力量[2]。体育强国建设是中国体育事业的宏伟目标，而女性体育精神是体育强国建设中不可或缺的一部分。女性的参与和表现在体育领域具有重要的示范和引导作用，对于推动整个社会对体育的关注和参与，进一步提升国家体育实力和形象有一种精神动力的激励和鼓舞。女性体育精神是女性在体育活动中所体现出的顽强拼搏、永不言败的品质和精神，具有积极向上、坚韧不拔和团结协作的价值驱动。个人层面，对于个体女性的自我提升和成长有重要导向意义；社会层面，对整个社会的和谐发展起到积极的推动作用。为弘扬女性体育精神，政府要加大对女性体育的支持力度，提供更多体育资源和机会，鼓励女性积极参与体育活动；学校和家庭应加大对女性体育兴趣和意识的培养力度，推动体育教育的普及和提升；社会各界也应加强对女性体育的关注和宣传，提高女性参与体育的社会认可度。相信在多方共同努力下，我国的女性体育精神将得到进一步的发展和弘扬，为实现体育强国建设的目标作出积极贡献。

（二）女性体育精神的价值和弘扬路径的研究问题

女性体育精神是指以女性为主体的，以女性体育活动为主要载体所呈现出来的一种群体性文化[3]。女性在体育领域的参与和表现对于推动整个社会对体育的关注和参与具有重要的示范和引导作用，有助于进一步提升国家的体育实力和形象。从20世纪80年代中国“女排精神”，90年代中国女足“铿锵玫瑰”到如今中国女篮“无畏金兰”，中国女子三大球屡创佳绩、为国争光，其精神符号背后蕴含着拼搏精神的激励以及多年来不服输、敢拼搏、懂团结的精神力量的传承。女排通过连续五次夺得世界冠军的壮举，深深地激励和鼓舞了整个国家和人民。“女排精神”激发了人们的敬佩和崇尚，将中国女排队员们变成了偶像和榜样。即使在经历了一些困难和挫折之后，中国女排的“黄金一代”在新世纪后再次崛起，并再次取得了巨大成功，她们以自己的实际行动证明了“女排精神”的持久价值和力量。某种意义上来讲，女性体育精神被视为现代女子体育运动蓬勃发展的催化剂，在全球范围内推动着女性体育事业的进步。无论是在赛场上还是在生活中，她们展现出了坚韧不拔、不畏困难，始终追求卓越的品质。新时期通过弘扬女性体育精神，可以推动性别平等和社会包容，改变传统的性别观念，实现女性的全面发展。

二、弘扬女性体育精神，助推体育强国建设

（一）体育强国建设目标与女性体育精神的关系

党的十九大作出“广泛开展全民健身活动，加快推进体育强国建设”的重大战略。十九届五中全会将建设体育强国的远景目标进一步明确，为2035年建成体育强国擘画了宏伟蓝图[4]。女性在体育活动中所展现的勇敢、坚持、团结、协作等品质激发了更多女性参与体育运动的热情，推动了整个社会对体育的关注和参与，尤其是女性的积极参与不仅可以提升整个国家的体育实力，还能够提升国家在国际体育舞台上的形象。女性通过参与体育运动，促进了身心健康及生活质量的提升，而且女性的健康和积极的生活方式将为体育强国建设提供稳定的人力资源；女性体育精神的培养和推广一定程度上提高了女性积极参与体育运动的意识，从而扩充了女子体育人才储备。如今女性广泛地、积极地参与体育运动重塑女性审美标准，彰显了新时代女性的独立与勇敢。女性体育精神倡导女性积极参与体育管理事业，着力培养

女性的领导能力和管理能力，让更多的女性走向体育产业、体育管理等领域，从而提高女性在体育领域的社会参与度和影响力。鼓励女性参与体育运动，一方面打破传统的性别观念和偏见，实现社会的平等与公正；另一方面为体育强国的建设创造一个公平竞争的社会环境。

（二）女性体育精神对国家形象的提升作用

体育强则国强，现代体育精神对于全民健身的促进作用，对于民族士气的提振作用，对于国家形象的提升作用早已深入人心并反复印证[5]。女性体育精神作为现代体育精神的集中体现，是具有时代特色的靓丽光谱。因此，在体育强国建设中弘扬女性体育精神对提升国家形象具有重要意义。女性在体育领域的参与和表现展现出我国女性的勇敢、坚韧和拼搏，女性运动员在国际体育赛事中获得荣誉和成就，展示了国家在女子项目上的实力和竞技水平，为国家树立了积极的形象，进一步提升国家形象的竞争力。女性体育精神的体现可以作为我国社会进步和平等发展的象征，展示出国家在性别平等和社会包容方面的成果。这种平等与包容的态度展现了国家对于性别平等和人权的重视，提升了国家的国际形象并得到了国际社会的认可和尊重。国家鼓励女性参与体育运动的政策和举措，展现了我国在推动社会平等、消除性别歧视方面的努力；女性体育精神的传播激发了其他女性参与体育活动的积极性，推动整个社会对体育的关注和参与，进一步提升国家的体育实力和形象。国家支持女性在体育事业中的发展和领导地位，展示了国家对于女性权益与平等机会的关注，增强了国家形象。

三、女性体育精神在体育强国建设中的价值意蕴

（一）女性体育精神所体现的品质和精神风貌

在体育竞技中，女性展现出的坚持不懈、勇往直前的精神风貌，不仅激励其他女性参与体育运动，也对整个社会传递出积极向上的能量。女性展现出的积极的态度和乐观的情绪，不仅能够激发自身的潜力，更能够鼓舞他人。在体育运动中，女性经常要面对压力和困难，她们通常能够以顽强的毅

力和坚韧的精神展示自己的才华和潜力，克服内外的不安和困惑，勇敢地面对各种挑战，取得成功。女性在体育运动中的坚韧不拔是她们对自身能力的信任，也展示了女性的勇敢和坚强。在体育比赛团体项目中，女性常常需要与队友密切合作，共同实现团队的目标。女性通过团结协作，展示了她们积极互助的品质，这种精神风貌不仅在体育领域中有着重要意义，也对社会的和谐发展有着积极的影响。女性体育精神倡导坦诚和公平竞争，让女性能够坦荡地面对自己的优点和不足，同时也尊重他人的努力和成绩，保持公正和平等的态度。这些品质不仅对于个体女性的自我提升和成长具有重要意义，也能够进一步推动整个社会对体育的关注和参与，提升国家的体育实力和形象。

（二）女性通过体育活动培养的能力和素质

女性通过体育活动培养的个人能力和素质将不仅在体育领域发挥作用，也会对她们的人生和职业发展产生积极影响，将有助于女性在自我实现、职场竞争和社会参与中取得成功。通过体育锻炼，女性可以增强身体的肌肉力量、耐力和柔韧性，提高心肺功能，预防和缓解一些常见的健康问题，并为应对日常生活和挑战提供优势。在体育活动团体项目中，女性需要和队友们紧密配合，共同努力实现团队的目标。通过合作培养女性关注他人、携手共进、解决问题的能力。体育比赛中面临的各种挑战和困难需要经历辛苦的训练和面对不同的竞争，经过努力克服困难过程，提高自己的意志力和毅力，培养其坚持不懈、永不放弃的精神。此外，体育活动还可以促进女性的情绪调节和身心健康。运动能够释放压力和紧张情绪，让女性在忙碌的生活中得到放松和愉悦，提供一个身心健康的出口。这些能力和素质的培养也对整个社会的和谐发展起到积极的推动作用，通过对女性体育精神价值的深入挖掘和弘扬，为建设体育强国作出更大的贡献。

（三）女性体育精神在建设体育强国中赓续精神基因

体育强国的建设需要平等和包容的精神基础，而女性体育精神正是平等和包容的重要组成部分。通过鼓励女性积极参与体育活动，打破性别歧视观念和传统束缚，为整个社会创造公平竞争的环境；通过提供公平机会和资源，激发女性的体育兴趣和潜力，培养出更多优秀的女性运动员、教练员和管理人才，为体育强国建设注入新鲜血液。女性体育精神鼓励女性勇于挑战传统，追求卓越。这种精神对于推动体育领域的创新和突破至关重要。女性运动员在各个领域展现出的勇气、智慧和创造力，为体育强国建设带来了新思维和新动力。女性体育精神的弘扬对整个社会具有积极的影响和示范效应。女性运动员们的成功经历和努力付出，鼓舞着更多的女性参与体育活动，并影响着更多人积极向上、追求健康的生活方式，推动了全民健身和体育产业的发展。女性运动员们在国际体育舞台上的优异表现，为国家赢得荣誉和尊重，塑造了积极向上的国家形象，对于建设体育强国起到了积极的推动作用。

四、女性体育精神的弘扬路径

（一）政府支持和资源投入

政府在弘扬女性体育精神方面扮演着重要角色，需要加大对女性体育的支持力度并提供更多的资源和机会。首先，政府通过政策倾斜为女性体育活动提供更多的经济支持和场地资源。例如，政府设立女性专项资金用于改善女性体育设施的建设和维护，资助女性运动员的训练和比赛费用，支持女性体育项目的推广和普及等。其次，政府要加强对女性体育赛事的扶持和宣传，提高女性体育的影响力和关注度。政府通过教育和宣传活动增加对女性体育精神的认知和理解，鼓励更多女性积极参与体育活动。包括在学校教育中加强体育课程的女性板块内容，举办女性运动员的成功经验分享活动，组织宣传活动弘扬女性体育精神等。此外，政府要加强女性体育人才的培养和引进，设立奖学金或资助计划，鼓励优秀的女性运动员和教练员，提高女性体育人才的整体水平和竞争力。最后，政府要健全体育组织机构，为女性体育提供专业的指导和支持，促进女性运动员的培养和发展，组织女性体育赛事和活动等助力女性体育发展的规划和管理。同时，政府要积极与各界建立合作与伙伴关系，与体育组织、学校、企业、媒体等合作，共同策划和实施相关活动，共享资源和经验，形成合力，共同推动女性体育精神的弘扬。

（二）学校和家庭的培养和教育

为弘扬女性体育精神，要持续推动学校和家庭的培养和教育，帮助女孩树立正确的体育观念，培养健康的体育兴趣，提升自身素质。学校要重视多样化的体育课程设计，包括不同类型的运动项目和锻炼方式，鼓励女生广泛参与。学校要通过组织丰富多彩的体育活动激发女生对体育的兴趣。例如，举办友谊赛、体育节等为女生提供展示和交流的平台，增强她们对体育的热情。学校应该确保体育教学和比赛中的公平竞争环境，消除性别歧视和偏见；家长要树立积极的家庭教育观念，鼓励女孩参与体育活动，理解和支持她们的兴趣和追求。体育活动需要坚韧毅力和自信心，家庭可以通过引导和鼓励女孩克服困难、接受挑战，培养她们坚强的意志和自信心。家长要以身作则，成为女孩的榜样，家长的积极参与和关注将对女孩的体育兴趣和精神产生积极的影响。家庭应加强对女性体育的宣传和教育，让女孩了解女性在体育领域的重要地位和作用，激发她们自信参与体育活动的意愿，总的来说，学校和家庭在培养和教育女性体育精神方面扮演着不可忽视的角色。通过学校和家庭的共同努力，女性体育精神将在更多的女性中得到弘扬和传承，为构建体育强国的目标作出积极贡献。

（三）社会宣传和认可度提升

为弘扬女性体育精神，社会各界应该加强对女性体育的关注和宣传，提高女性参与体育的社会认可度。媒体作为舆论引导的重要力量，应该增加对女性体育的报道和宣传，突出女性体育健儿的成功经验和优秀表现，以激发更多女性参与体育运动的热情和积极性。通过电视、报纸、杂志、互联网、短视频等多种媒体渠道，扩大女性体育内容的传播范围和影响力。社会组织如女性体育协会、女子体育俱乐部等应发挥自身的作用，举办各类女性体育赛事、活动和培训班，为广大女性提供参与体育活动的平台和机会，促进女性体育精神的传承和发扬，帮助女性提高体质和提升自信心。社会上一些知名的女性体育健儿，如全红婵、夏雨雨、谷爱凌等，在激发女性参与体育方面具有良好的示范作用。可以通过邀请这些女性体育健儿参与各类宣传活动，分享她们的成功经验和体育精神，以此激励更多的女性积极参与体育运动。为进一步激发公众对女性体育的关注和兴趣，要经常组织各类女性体育赛事和活动，例如，举办女子篮球、足球、网球等比赛，以及女性健身、瑜伽、跑步等活动，促进女性参与和支持。同时，要营造一个公平和平等的体育环境，确保女性拥有平等的参与机会和资源分配，着重强调女性体育精神的正能量和时代价值，引导和激发女性对体育的热爱和参与。

五、结　论

当前，进一步挖掘并弘扬女性体育精神文化价值已成为建设体育强国的前进动力和时代诉求。加强民众对女性体育精神的情感认同，是建设中华民族共同体的精神养料和文化内涵。同时，女性体育精神不断增强中华民族的凝聚力、向心力和自信心，为实现中华民族伟大复兴的中国梦提供有力支持。女性体育精神所蕴含的积极向上、坚韧不拔和团结协作的时代精神，对个体女性的自我提升和成长具有重要意义，并对整个社会的和谐发展起到积极的推动作用。

【参考文献】

[1] 孔年欣，柳鸣毅，但艳芳，等．中国“女排精神”的发展历程、基本内涵与传承路径 [J]. 成都体育学院学报，2022(5):59-64.

[2] 李爱群，吕万刚，漆昌柱，等．中华体育精神助力中华民族伟大复兴的时代特质与价值 [J]. 武汉体育学报，2022(8):5-11.

[3] 王雪征，钱长浩，李青，等．女性体育精神的价值及其弘扬路径初探 [J]. 体育风尚，2021(10):287-288.

[4] 崔伟，李德显．党的百年奋斗进程中我国体育精神的历史演进及时代价值 [J]. 北京体育大学学报，2022(4):112-120.

[5] 赵富学，马云霞，沈兆鑫．北京冬奥精神的时代性研究——基于体育成为中华民族伟大复兴标志性事业的视角 [J]. 广州体育学院学报，2023(5):71-79.

体育强国建设道路上的巾帼之力

段宜辰*

摘　要：加快建设体育强国是需要全体人民齐心协力共同完成的伟业。本文运用文献资料法及逻辑分析法，将体育强国建设聚焦在女性视角上，找寻体育强国建设道路上的女性脚步以及这些女性自身展现出的巾帼力量，包括奥运健儿力量、群众参与力量以及女性精神力量；在此基础上深度挖掘体育强国建设道路上的女性风骨，并将其归纳为以汗水浇灌的风骨、用行动传播的风骨和由内在散发的风骨；进而开辟并践行好体育强国建设道路上专属于女性的路径。研究认为，提升女性的社会认同感，筑牢女性精神风貌以及构建女性特色体系和助力女性事业发展是走好女性助力体育强国建设这条路的重要基石。讲好中国女性体育故事，通过女性的力量助力体育建设成为中华民族伟大复兴的标志性事业。

关键词：体育强国；巾帼力量；女性体育

国务院印发的《体育强国建设纲要》明确指出“以人为本”“以满足人民对美好生活的需求”为指导思想。体育强国建设开始落实到依靠每一个人的力量来完成。女性作为社会成员的重要组成部分，应当担起新时代建设体育事业的责任，帮助体育强国建设从根本上发展成为一切人的活动[1]。展示新时代女性的精神魅力，发挥好女性成员在体育强国建设事业中的角色价值。本研究从女性视角出发，挖掘女性在体育事业中的角色力量，明确新时

* 作者单位为天津体育学院体育教育学院。

代背景下女性助力体育强国建设的重要意义，讲好新时代女性体育故事，对提升女性参与体育活动的自信心和社会认同感具有促进作用。促使女性力量与体育强国建设道路上其他力量齐头并进，共同促进体育强国建设。

一、体育强国建设道路上的巾帼力量

（一）奥运健儿力量

竞技体育建设道路上的巾帼力量，奥运健儿当仁不让。作为国家的优势项目，中国女排、国家跳水队和乒乓球队不少是由女运动员提供技术实力支撑的夺金项目。她们是中华儿女心中引以为傲的民族榜样。她们所产生的能量，不仅仅体现在奥运赛场上，更多地成为一种民族情感共识，代表一种坚韧不拔的精神，鼓舞着一代又一代中国人、一群又一群运动爱好者参与到体育运动中。榜样的力量是无穷的，无穷体现在她们不仅在奥运赛场上夺冠时自身闪耀夺目，更能增强民族自信心，提升国家在世界舞台上的地位；还能发挥夺冠余热，掀起一阵阵全民健身的热潮。以女排精神为例，之所以能够成为新时代体育文化的象征，并非单纯以其辉煌成就所铸，难能可贵的更是其在逆境中吸取经验、韬光养晦、创新改革进而涅槃重生的全方位成长，是其在赛场上展现出的祖国至上、团结协作、顽强拼搏、永不言败的精神风貌，从而缔造出比金牌更加可贵的中国女排精神力量[2]。这就是体育精神渗透到社会生活中的充分体现，是体育强国建设纳入一切人的活动的行为之一。在奥运健儿体育精神的影响下，优秀的女运动员激发更多女性参与体育活动，为体育发展注入新的活力[3]。越来越多的女性也开始在运动中追求性别平等，使其能够打破有关性别的刻板印象，更多地参与到体育锻炼中。这有利于全民健身运动实现突破性别障碍的发展，集合众多女性力量助力建设体育强国。

（二）群众参与力量

在优秀女运动员感召下，吸引更多女性参与到体育锻炼中。榜样的力量赋予女性参与体育运动的动力，在此过程中，女性的社会地位得到了显著的提升。由此形成一种促进个体全面发展的社会局面，印证了现代奥林匹克所倡导的理念“使体育运动能够为人类社会的和谐发展进行服务，以此来促进一个维护和平、人的尊严的社会的建立”[4]。体育运动作为女性冲破性别歧视，摆脱世俗偏见，释放自身运动魅力的重要平台。当女性通过体育运动提升对自我的认知之后，其魅力便开始散发在生活的方方面面[5]。归根结底，群众参与的力量大致体现在两方面，一是女性通过体育锻炼找回自身的权益，逐渐形成一种注重女性参与体育运动的社会风尚。这是女性群众参与到体育中的效果，这种社会风尚首先有利于群众体育的开展造福女性群体身体健康；其次使更多的女性意识到体育活动更是其体现自身价值地位的重要方式。二是如今越来越多的运动品牌注重开发女性市场，并聘请金牌女运动员为产品代言。这是女性在体育产业领域贡献自身力量的一种途径，女性是运动产品的代言者，更是消费者。在 2035 年建设成为体育强国目标的指引下，在群众力量参与的推动下，促进体育产业加快成为国民经济支柱性产业[6]。这一过程中要重视群体参与力量，注重扩大女性消费产业规模，提升女性在体育产业发展中的地位及体验感，形成女性活跃体育产业市场进而助力体育强国建设的良性循环体系。

（三）女性精神力量

精神力量反映着人类对事物的价值追求，是人类遵守道德和追求理想的内驱动力，是人类社会可贵的非物质财富[7]。女性精神力量是以女性为主要群体，在完成某一项事业或活动中女性群体所发挥出的内在能量，从而为事物的发展提供精神力量。笔者认为，女性精神力量在体育中发挥的作用，除了同其他方面的体育精神力量的相同之处（例如，女性体育精神亦包含公平的竞技精神、团队合作精神、顽强拼搏精神等）以外，最与众不同也最能体现该精神力量价值的是女性本身为体育精神增添的独特魅力，为两性社会的和谐发展起到了推动作用。这当中容纳了女性独有的柔美、仁爱以及韧性等等[8]。这是女性精神在体育领域发挥的最核心力量，也为万千女性参与体育运动提供了精神支持。但这并不仅仅是女性精神单独作用于女性体育，更是为整个社会的体育环境乃至为中国特色社会主义体育强国建设注入了源于女性的精神氛围。对整个社会良好体育运动风气的形成起到了不可小视的促进作用，我国体育强国的建设同样需要依托社会的良好运动风气得以形成和稳固。因此，女性体育的发展是社会和谐发展的必然趋势[9]。明确了女性精神力量在体育运动中发挥的重要作用，更应当注重女性群体的身体健康，这关乎着家族后代的兴旺以及国家民族的兴亡。女性精神力量从影响女性自身到影响整个社会的运动风气，揭示了女性精神力量注定要与体育强国建设的命运紧密联系在一起。

二、体育强国建设道路上的女性风骨

古有诗词歌赋文人风骨，今有强国精神奥运风骨。从古至今，谈论最多有关风骨的词汇，当属诗词歌赋文人雅集。一朝代有一朝人的追寻，如今正是建设社会主义现代化强国的关键时期。谈谈体育强国建设道路上的“女性风骨”何乐而不为？我们应当深入挖掘女性群体的力量优势。找到女性群体力量的作用点，是促进女性建设体育强国的关键所在，而这种抽象的群体力量优势，笔者愿称之为体育强国建设道路上的女性风骨。

（一）以汗水浇灌的风骨

为时代谱写华歌不是一件易事，如今女性能够走出家门建设祖国事业，是从清末以来历经变革发展长达一个世纪的努力才形成的局面。梁启超曾指出，“女学最盛者，其国最强，美（国）是也；女学次盛者，其国次强，日（本）是也；中国之妇女身居闺阁，足不出户。此风一日不改，则中国一日不强。”[10]可见，在梁启超心中，女性力量事关国家兴亡。在这样的呼吁下，越来越多的女性开始意识到自身命运与祖国命运休戚与共，开始投身到匡扶中华民族伟大复兴的事业之中。在这样的社会背景与个人努力之下，女性群体从乱世中的寻求解放到和平年代的寻求发展，以汗水和热血浇灌出属于这个时代的女性风骨。不论是新中国成立，还是改革开放以来的迅速发展，到如今新时代社会主义现代化强国的建设，都彰显出女性风骨之下的力量优势。如今中国社会和谐、国家富强、人民幸福的大好局面，也正是女性力量在社会大格局中的另一种体现。例如花样滑冰、花样游泳、艺术体操等，因为女性力量的加入，为体育强国的建设融入了女性独有的柔美与刚毅。这也是女性在运动场上用汗水浇灌的风骨。这些时代的细微变化应当被重视和支持，关注国家体育强国事业的建设就应当关注女性在体育运动中的权利建设。女性冲破性别障碍自主选择想要从事的活动，对女性深入参与体育活动并成为体育事业的领导者具有非常重要的支持作用。只有当女性受到足够的重视和公平的对待，才能促使女性将自身与国家体育事业建设锁定在一起，用毕生的汗水和精力浇灌祖国的体育强国建设伟业。

（二）用行动传播的风骨

党的二十大代表、原乒乓球运动员丁宁曾就体育强国建设发表过自己的看法："五年前，我对体育强国的认识更多地停留在竞技层面，希望自己获得更多金牌在世界赛场上为国争光，展示中国运动员的精神风貌。如今，我更加关注体育社会层面，希望推动全民认识体育、参与体育，因为只有在人民健康的基础上，才能建成新时代的体育强国。"[11] 丁宁道出了很多奥运健儿的心声，但运动员运动生涯有限，夺冠更是有限且考验技术的难事，于是很多奥运健儿就有了更多像丁宁这样长远的打算。以自身为例，通过实际行动传播体育的价值，走进人民生活中去，身体力行贡献女性运动员的力量。人民性与体育强国建设密不可分，且具有相互促进和关联的内在逻辑[12]。无数个像丁宁这样的女性就是带着这样的初心，用行动将体育强国建设的种子种植在中国人民心中，希望通过行动传播的力量，浇灌出体育强国的硕果。这是群众的力量，也是行动传播产生的影响，是用行动传播塑造出的女性风骨。笔者认为，女性与体育强国建设的关系，是在还未形成一种明确社会共识的情况下，女性依靠自身力量尽可能去为之贡献的关系，是需要借助女性的力量但没完全给足女性平台的一种关系。女性与体育强国建设，是对祖国现代化强国建设事业的贡献，亦是女性对自身价值实现的无声革命。女性通过这场革命重新审视体育中的自己，拓宽了女性体育参与的范围，反映到竞技运动中，提升了女性自身的竞技地位[13]。走出国门走进世界的过程，女性用行动不仅为社会建设贡献了力量，更传播出女性在体育舞台上的风骨，让女性助力体育强国建设有迹可循。

（三）由内在散发的风骨

女性助力体育强国建设最宝贵的是女性以体育作为催化剂来提升自身的社会地位，通过体育的作用和魅力来影响女性的世界观、人生观以及价值观[14]。这种体育在女性身上所产生的效应被女性反作用于体育本身，正是因为女性具备了这样的思想觉悟，所以女性能够通过自身的能力，直接或间接地作用于有利于体育强国建设的事业之中。直接性体现在女性通过体育认识到身体健康的重要性，并通过体育获得更多的平等权利，进而愿意投入时间、精力、金钱从事体育活动，这就又归根到有利于促进全民健身运动的发展。同时女性运动爱好者也打开了体育消费市场的新平台，直接体现在拉动了体育产业的消费且提升了市场活跃程度。间接性体现在女性承担着养育子女的使命。女性自身受益于体育，并愿意教导其子女、带动其丈夫共同参与体育，久而久之形成一种热爱运动的和谐家风，进而对整个社会的体育活动增加一种氛围感。体育的意义不在于传播而在于参与，参与的过程必然会产生传播的效果，但传播的过程并不一定会伴随参与的发生。这是女性自身受益于体育并由内在散发出的另一种风骨，是能够产生“蝴蝶效应”的巾帼力量。笔者认为，这才是女性助力体育强国最不可替代也最强大的能量，女性以体育为良师，取之于体育用之于体育。在自我得到提升后奉献于社会，当属体育强国建设道路上的巾帼之力。当今时代，女性承担着国家政治、经济、文化、社会建设的重要任务，女性体育教育将继续肩负起教育女性、培养女性、发展女性的时代使命，促进女性在受教于体育的道路上健康发展，使女性在体育强国建设道路之中发挥更大的作用[15]，致力让体育惠及全人群健康。

三、践行好体育强国建设道路上的巾帼路径

（一）强调和谐平等，提升女性社会认同

体育事业的进一步发展离不开政府和社会各界的支持与引导。女性与体育强国建设是同根同源的，但是女性自身的力量在体育强国建设道路上所产生的能量却是独一无二的。政府及社会有关部门应当积极配合女性助力体育强国事业的开展，为女性保驾护航，制定更加适合女性体育事业发展的新政策新规则。同时，以社会主义核心价值观为教育出发点，进行思想层面的意识教育，让更多的人理解自由平等公正法治的美好社会含义。关注不公平不合理的女性体育问题，为体育强国建设道路上的女性打造一个更加注重平等，维护女性参与体育的权利并满足其现实诉求的和谐社会。从根本上提升女性的社会认同感，这也将进一步有利于全民健身等各种体育政策的落实及发展，有利于为体育强国建设打好根基。

（二）弘扬巾帼力量，筑牢女性精神风貌

将女性体育精神筑牢在每一个公民心中不是一朝一夕能够完成的事业。青少年是祖国的未来，加强青少年思想教育工作从学校教育及新一代学生入手，将女排精神以及优秀女运动员的故事讲给学生。用教育的力量唤醒学生对体育的热爱，唤醒女性在体育中的角色力量。体育课堂应发挥好教育浸润作用，让学生在参与体育运动的同时理解体育锻炼的真谛。打破以往体育锻炼过程中男女性别上的障碍，扫清学校教育过程中因性别问题带来的影响体育运动开展的问题。通过学校教育这一原始途径，将女性体育精神风貌讲给更多的人听，实现学校、家庭、社会三联合。弘扬巾帼力量，将女性体育精神风貌传播到每一个家庭中去。促使体育强国建设道路上的巾帼力量成为新时代风向标，有利于提升女性在体育事业中的作用，为女性助力体育强国建设吹起一阵东风。

（三）注重产业建设，构建女性特色体系

践行好体育强国建设道路上的巾帼路径应当开辟属于女性自身的体育

建设路径。从体育产业建设入手，构建中国特色女性体育文化产业体系[16]。以女运动员角色为背景拍摄一系列与体育相关的影视作品，通过作品提升女运动员在观众心中的地位并树立榜样，引导女性体育产业科学发展。不仅关注女性的外表，更应深入了解背后的艰辛，让优秀运动员既是国家荣誉的守护者，也是国民榜样的诠释者。通过运动员励志经历的灌输以及坚韧精神的洗涤，有效构建女性体育文化特色体系，提升女性从事体育事业的决心。同时，积极利用好明星运动员的个人效应，参与一些与人们生活接轨的体育产业活动，引领好新时代体育道路方向。通过与女性相关的节日进行体育特色活动筹办，利用各种媒体平台宣传女性体育精神，讲好中国特色女性体育故事，让女性助力体育强国事业建设渗透到社会生活的各个方面。

（四）培养人才力量，助力女性事业发展

女性在做好体育强国建设道路上助力者的同时，也应当是体育强国建设中的重要领导者。培养女性体育人才并增强其话语权和领导能力，有利于提升女性在体育工作岗位上的自信心和工作效益。同时，为解决体育资源配置不均衡以及体育场馆大多忽略女性锻炼需求的问题，应当重视培养女性体育人才，关注女性运动需求、倾听女性本身对体育的声音，从根本上解决好女性参与体育锻炼物质资源不足的问题。应当将女性人才力量培养放到整个体育强国建设事业的大格局中，让女性领导人员尽可能解决与女性体育事业有关的问题，确保对症下药。政府部门应积极配合女性体育事业发展，确保将培养的每一位女性体育人才输送到最合适的体育岗位上。从人才培养和输送人才入手，助力女性体育事业蓬勃发展，亦是助力体育强国建设事业更加稳步前进。

【参考文献】

[1] 梁明 . 新时代中国特色社会主义体育强国建设研究 [D]. 吉林：吉林大学 , 2018.

[2] 孔年欣，柳鸣毅，但艳芳，等 . 中国“女排精神”的发展历程、基本内涵与传承路径 [J]. 成都体育学院学报 , 2022, 48(5): 59-64+96.

[3] Midgley, C., DeBues-Stafford, G., Lockwood, P.et al. She Needs to See it to be it: The Importance of Same-Gender Athletic Role Models[J]. Sex Roles,2021,85: 142–160.

[4] 任玉梅 . 和谐社会背景下我国女性体育的发展研究 [J]. 体育世界 (学术版), 2015(12): 25-26.

[5] 熊欢 .“自由”的选择与身体的“赋权”——论体育对女性休闲困境的消解 [J]. 体育科学 , 2014, 34(4): 11-17.

[6] 任波 , 黄海燕 . 体育强国建设背景下我国体育产业现实问题与发展策略 [J]. 体育文化导刊 , 2022(4): 68-74+89.

[7] 黄莉 . 体育精神的文化内涵与价值建构 [J]. 体育科学 , 2007, 27(6): 88-96.

[8] 王雪征 , 钱长浩 , 李青， 等 . 女性体育精神的价值及其弘扬路径初探 [J]. 体育风尚 , 2021(10): 287-288.

[9] 马凤霞 , 余学锋 . 女性体育在构建和谐社会中的作用 [J]. 北京体育大学学报 , 2007(9): 1176-1178.

[10] 梁启超 . 变法通议 [M]// 梁启超 . 饮冰室合集 : 第一集 . 北京 : 中华书局， 2003.

[11] 王笑笑 . 党的二十大代表丁宁：为建设新时代体育强国贡献力量 [N]. 北京日报 , 2022-11-18(5).

[12] 柳鸣毅 , 曾洪涛 , 敬艳， 等 . 体育强国建设的人民性 [J]. 天津体育学院学报 , 2022, 37(6): 718-724.

[13] 陈亨鸣 , 杨冠强 . 从性别平等到论域转换：社会主义女性体育观的嬗变 [J]. 体育与科学 , 2021, 42(3): 21-25+34.

[14] 陈静姝 , 闵健 . 女性主义视角下的身体、权力和体育参与 [J]. 体育科学 , 2014(7): 12-14+48.

[15] 徐爱新 . 中国共产党领导的女性教育主流化运动研究 [D]. 河北：河北大学 , 2013.

[16] 夏青 . 中国女性体育文化管理研究 [D]. 山东：山东大学 , 2015.

健康湖南建设视域下女性老年人群体体育运动健身研究

樊　伟*

摘　要：健康湖南建设视域下，运用问卷调查等研究方法对女性老年人群体运动现状进行调研；认为女性老年人群体体育运动认知水平和积极性较高；其动机和价值取向主要定位于“增进健康，延年益寿”；其健身价值追求体现了女性老年人群体在生理、心理、社会三个层面的需求；在项目选择上的特点是：强度小、简单易学、便于集体开展；在场所选择上的特点是：就近、户外、人多；分析女性老年人群体体育运动的积极因素和不利因素，提出合理性建议与对策，旨在实现社会经济与人民健康协调发展的和谐社会。

关键词：健康湖南建设；女性老年人群体；体育运动；现状与对策

2014年8月16日，习近平总书记在南京欢迎前来出席青奥会开幕式的国际贵宾时强调：“体育是提高人民健康水平的重要手段，也是实现中国梦的重要内容，能为中华民族伟大复兴提供凝心聚气的强大精神力量。”习近平总书记在党的十九大报告《决胜全面建成小康社会　夺取新时代中国特色社会主义伟大胜利》中强调“广泛开展全民健身活动，加快推进体育强国建设”。

“健康中国2030”战略是在习近平新时代中国特色社会主义思想指导下，为积极应对我国主要健康问题和挑战而提出的。“健康湖南建设”是湖南省委、省政府为落实“健康中国2030”战略的具体举措，是落实湖南

---

* 作者单位为湖南女子学院体育部。

“十四五”发展规划的使命任务，旨在改善人民健康状况，提高健康生活质量等，实现社会经济与人民健康协调发展，构建和谐的现代化新湖南。

“健康湖南建设”视域下对老年人参加体育运动进行调查研究，特别针对女性老年人群体研究有其独特的社会意义和价值。在湖南女性老年人群体体育运动现状调查分析的基础上，探讨湖南女性老年人参加体育运动的基本特征及存在的问题，为女性老年人群体体育积累一定的研究经验，为构建男女平等的和谐社会，丰富和发展女性老年人群体体育运动提出合理性建议与对策。

一、研究对象与方法

（一）研究对象

研究对象为湖南女性老年人群体，年龄在55岁以上（含55岁）。

（二）研究方法

主要采用了文献资料法、问卷调查法、专家访谈法、数理统计法等研究方法。

共发放问卷1800份，收回1308份，回收率72.67%，其中有效问卷1288份，有效回收率98.47%，回收问卷满足研究需要。在征询10位专家教授意见的基础上制订50个问卷调查项目设计，再由8位专家教授对问卷进行修改完善，进行效度评价；在正式调查之前对长沙市天心区、雨花区做了初试和复试，其中r=0.909，$p < 0.01$，问卷是可信的。

二、结果与分析

（一）女性老年人群体对体育运动的认知与态度分析

1.对体育运动活动的心理倾向性

根据调查，喜欢和非常喜欢体育运动健身活动的女性老年人群体人数达到78.5%，说明湖南女性老年人群体体育运动健身的倾向性较高。

2.湖南女性老年人群体体育运动健身的动机

据调查（见表1），湖南女性老年人群体体育运动健身动机排在第一位的是“增进健康，延年益寿”，其选择比例为87.7%。其次分别为“增进交流，促进社交”和“老有所乐，排除焦虑”两大因素（均在74%以上）。这一调查结果非常鲜明地反映出女性老年人群体体育运动健身的共同价值取向，即在社会各条件日益完善的今天，“增进健康，延年益寿”成为女性老年人群体体育运动健身的主要目标。

表1　女性老年人群体体育运动健身动机一览表

女性老年人参加体育健身活动动机	选择人次	位次	平均选择系数	占总人数比例(%)
增进健康，延年益寿	969	1	1.63	87.7
增进交流，促进社交	951	2	1.60	86.1
老有所乐，排除焦虑	819	3	1.37	74.1
因病而练，有利康复	617	4	1.17	63.1
缓解紧张	384	5	0.64	34.7
有规律的生活	328	6	0.55	29.7
老有所为	233	7	0.39	21．1
老有所学	172	8	0.29	15 .6

注：总人数：1102人，总选择人次：4538，单项平均值：592.7，选择项目：8。

根据体育参与的动力调节系统理论，动机来源于需要，因此，我们可以进一步分析得出，女性老年人群体体育运动健身动机的原动力来自其心理需要。因为，女性老年人从工作岗位上退下来后，从忙于工作到一下子闲下来感到不适应，而其子女又正处于忙于工作而无暇照顾老人的时期，因此感到空虚和孤独。另外，“善度余暇，老有所为，老有所学”成为新时代女性老年人群体面对社会、投身社会的有效手段，说明新时代女性老年人群体体育运动健身追求的是“我健身，我健康”的“老有所为”健身模式。湖南女性老年人群体对这一问题的总体选择上也有着较高的一致性，但也存在一定差异（见表2）。

表2　女性老年人群体体育运动健身收获自我评价简表（%）

	强身健体	有规律的生活	增进彼此交往	提高自信心
女性老年人群体	43.9	10.1	10.9	6.5

以上说明，湖南女性老年人群体体育运动健身的动机或价值取向主要定位于以下两大层次：第一层次是“增进健康，延年益寿”，代表了现今女性老年人对身体健康方面的迫切需求。这一层次的健身价值主要集中表现为“通过强身健体，实现祛病延年”。第二个层次是促进社会交往，排除焦虑，缓解紧张，促进社会适应等的心理和社会适应能力，这是女性老年人群体试图通过体育运动健身活动而达到与外界同龄人心理沟通需求的满足。包括充实生活、摆脱孤独、缓解紧张生活等方面。女性老年人这一层的健身价值追求与体育的关系也表现为：寻求同龄人的认可。可以说，上述两大层次代表了湖南女性老年人群体面对社会、人生，投入社会，追求自身价值等方面的层次需求。它们分别代表了现今女性老年人群体体育运动健身在生理、心理、社会三个层面的需求。

（二）女性老年人群体体育运动健身现状与分析

1.参加体育运动健身的主要方式与分析

经调查（见表3），湖南女性老年人群体参加体育运动健身的主要方式是“参加有组织的健身活动”，其次分别为“与运动乐趣相同的人一起”“与性格相同的人一起”，选择比例最低的为“个人活动”方式。说明女性老年人群体体育运动参与的形式以集体活动为主。

表3　女性老年人群体参加体育运动健身方式一览表（%）

	参加有组织的健身活动	与运动乐趣相同的人一起	与性格相同的人一起	个人活动
女性老年人群体	32.5	18.6	9.7	8.1

2.参加体育运动健身活动的项目、内容与分析

由表4所得调查数据可知，女性老年人群体体育运动健身所选择的内容排序前三名的均是广场舞、交谊舞、健步走项目，各项活动内容的选择排序基本一致。有所不同的是，老年女性首选广场舞为活动内容，其次为交谊舞和健步走等项目。这说明湖南女性老年人群体对以上三项健身内容的共同认可，也说明它们是女性老年人体育健身的重要活动内容。至于其他内容则由于相应地理环境、文化背景及传播时间等方面的差异，在湖南虽有一定发展，但开展的比例不高。值得一提的是，湖南女性老年人不甘落伍于社会发展，这在其参与体育健身活动内容的表现中可见。大众健身操已成为湖南女性老年人参与的第四大活动内容。这一结果也表明，女性老年人在体育健身项目选择上的特点是：运动强度小、简单易学、便于集体开展。

表4　女性老年人群体参加体育运动健身内容项目一览表

	活动内容	选择人次	位次	占总人数百分比（%）
老年女性	广场舞（扭秧歌）	283	1	25
	交谊舞（木兰舞）	281	2	24.7
	健步走（慢跑等）	270	3	22.8
	大众健身操	220	4	20.1
	太极养生、健身气功	202	5	19.3
	门球、乒乓球	192	6	17.4
	爬山、远足	189	7	17.1
	老年简单器械	172	8	15.5

3.女性老年人群体体育运动健身场所选择与分析

调查表明，女性老年人体育活动的场所具有惊人的一致性，即活动场所

的选择由高到低按居民生活小区空地(39.4%)、公园(28.9%)、河边等自然地带(25.6%)、自己家(6.1%)这一顺序排列。说明女性老年人选择体育健身场所的特点是就近、户外、人多。这一特点反映了女性老年人群体具有科学体育健身的理念，也进一步证实女性老年人的动机主要是满足其心理需要的结论。同时，也说明女性老年人的生活还没有完全摆脱家务的拖累，家庭体育还没有形成气候。

4.女性老年人群体体育运动健身时间、次数与分析

由表5的数据可以明显看出，女性老年人群体体育运动健身的次数与时间安排存在较小差异，显示出较强的一致性。同时，女性老年人群体体育运动健身每次活动时间的安排方面也存在较大的相似性（见表6)。

表5 女性老年人群体体育运动健身的时间及每周活动次数分析表

老年女性	每次健身活动时间（%）				每周健身活动次数（%）			
	0.5～1小时	1～1.5小时	1.5～2小时	2小时以上	1～2次	3～4次	4～5次	5次以上
	12.1	21.2	15.6	9.5	5.4	10.6	14.7	30.9

表6 女性老年人群体体育健身的时间安排分析表（%）

老年女性	清晨4～5时	早上6～7时	上午8～9时	上午10～11时	下午1～2时	下午3～4时	下午5～6时	晚上7～8时
	9.3	26.7	7.5	3.7	4.4	10.6	6	10.5

5. 影响女性老年人群体体育运动健身的因素

由表7所得调查数据可以看出，有利于女性老年人参加体育健身活动的前三项因素分别为有家庭的支持、有运动基础及有志趣相投者。这一现象属于女性老年人所选参加体育健身活动的共性。另外，不利于女性老年人参加体育健身活动的前三项因素分别为缺少组织指导、家务时间长、缺少医务监

督。对于女性老年人群体来讲，家务过多成为影响其参加体育运动健身的首要因素。

表7　女性老年人群体体育健身活动时间安排分析表

有利于老年人参加体育健身活动的因素（前三项）（%）			不利于老年人参加体育健身活动的因素（前三项）（%）		
有家庭的支持	有运动基础	有志趣相投者	缺少组织指导	家务时间长	缺少医务监督
37.45	36.8	27.79	42.1	36.2	30.6

三、发展对策

“健康湖南建设”是湖南省委、省政府为落实“健康中国 2030”战略的具体举措，旨在改善人民健康状况，提高健康生活质量等，实现社会经济与人民健康协调发展的和谐社会。

在习近平新时代中国特色社会主义思想指导下，国家决策机关和政府职能部门已将全民健身作为当前具有战略意义的问题进行了科学研究，也为我国体育工作者开展新时代老年体育工作提出了现实而严峻的挑战。

（一）转变思想，提高对女性老年人群体体育工作的认识

联合国大会通过的《维也纳老龄问题国际行动计划》对老龄问题作了如下界定：所谓老龄问题，其一是“人道主义问题”，即无论是政府或社会都应关注并满足老年人最基本的特殊需要问题；其二是“发展方面的问题”，即在关注和满足老年人最基本的特殊需要的同时，还应关注和满足老年人其他方面的需要。

2021 年年底，我国 60 岁及以上老年人占总人口比例 18.6%，而湖南在 2020 年年底，60 岁及以上人口 1275.9 万人，女性占比 18.49%。国务院印发的《健康中国行动（2019—2030 年）》指出：我国老年人整体健康状况不容乐观，老年人体育运动健身与健康日益重要。

老年体育运动与健康促进已成为我国体育事业的重要组成部分。因此，各级政府和体育部门领导应站在全局高度认识老年体育工作的意义，争取全社会对老年体育事业的重视和支持，加强女性老年人健身活动系统的配套建设，做好对女性老年人健身活动的指导，让女性老年人健身活动更加科学合理，开发符合女性老年人特点的体育设施等，加强女性老年人体育运动，促进健康。

（二）完善规划，加强女性老年人群体体育工作管理

湖南地域广阔，社会经济、文化、教育发展不平衡。湖南省政府及体育相应管理部门在制定老年体育工作的规划中应体现女性分类指导、分层要求的原则。面向全省女性老年人制定统一的发展基本目标，实现全省女性老年体育工作的普及与开展。在实现统一目标的地区，提出更高的要求。不断改善体育场地设施条件，加强专职女性老年体育组织者队伍的建设。

老年体育管理部门应加强与各部门之间的配合，完备县级老年体育组织领导机构，配备女性老年人体育专职管理人员，明确职责，提高各级管理和组织者的思想素质和业务能力，使其在女性老年体育组织管理中发挥积极作用。

（三）保证经费，确保女性老年人体育工作落实到位

经费是发展老年体育的物质基础和必要条件。经与各级老年体育管理部门座谈后得知，目前湖南省老年体育经费短缺是开展老年体育面临的一大困难。由于缺乏相应的场地、高素质体育指导员等条件，湖南省女性老年人中仍有 45.5% 的人群处于游离于体育组织之外的健身活动氛围中。

由于长期以来社会对老年体育工作的忽视，政府部门及相应的管理部门体育经费落实到老年体育工作方面的较少。基于这种“传统”与现实，各级老年体育部门应尽力自筹资金，在实际工作中发扬因地制宜的创业与创新精神，利用现有老年人的资源优势，改善女性老年体育现有条件。

同时，发动全社会力量关注老年体育工作，争取社会各界力量对老年体育的赞助。提高各级领导干部对老年体育工作重要性的认识，全方位筹集资

金，增加对老年体育的经费投入，鼓励社会力量捐资支援老年体育工作。各级政府及体育行政部门制定切实可行、行之有效的管理政策，将老年体育的筹资与管理纳入日常工作之中。

（四）加大培训，多途径加强和稳定体育指导员队伍

健全、稳定、高素质的老年体育工作指导队伍是保证女性老年体育工作全面而健康发展的关键。目前，能够对女性老年体育工作进行科学指导的地区还较少，调查中有 67.8% 将“组织指导这一因素列为不利于参加体育健身活动”因素首位。

一方面，我国社会主义市场经济体制已进入高质量发展阶段，社会主义市场经济体制的发展与改革是一个不断继承和创新的过程，继承过程中还会受到传统文化的影响，存在对体育指导者的社会地位及工作不重视；另一方面，体育指导员队伍素质有待提高，他们应该不断地提高自身健身及健康知识的素养，提高组织与指导女性老年人体育健身的实际能力，更新自身观念，全身心投入到女性老年体育工作之中。

所以，各地区政府及行政管理部门应在针对实际情况对社会体育指导员提供不同形式业务指导的同时，采取措施，稳定体育指导员队伍，提高他们的社会地位和经济待遇，运用各种激励手段，充分调动广大社会体育指导员的积极性。

（五）联系实际，面向全社会开展好女性老年人体育工作

湖南女性老年体育具有自身的特性，参与老年体育健身活动的过程在“体育健身价值定位”“参与健身的活动方式”中有不同的倾向，各有自身的特性。为此，各级体育主管部门应强调女性老年体育的生活化特色，强调自身的乡土性、民间性及民族性，大力推广女性老年人喜闻乐见、易于参与的活动。

一方面，联系本地工作实际，开展群众性女性老年体育工作的学习与研究，结合本地条件和自身特点，加强女性老年体育工作的管理与指导，开展不同形式、内容的女性老年体育活动；另一方面，各级部门应面向社会，创建一个“关注女性老年体育”，为女性老年体育的全方位开展提供一切条件保障的社会环境。

这样，才能吸引更多的女性老年人参加到体育健身活动之中，有效地提高国民健康意识与健康水平，从而实现社会经济与人民健康协调发展，构建和谐健康的现代化新湖南。

四、结论与建议

（一）结 论

第一，女性老年人参加体育健身活动的认知水平和积极性较高。有93.7%的调查对象喜欢和非常喜欢参加体育健身活动。一方面说明女性老年人对体育活动具有维持健康的积极作用有共同的认识；另一方面也说明湖南省开展女性老年体育健身运动有着良好的基础。

第二，女性老年人体育健身的动机和价值取向主要定位于“增进健康，延年益寿”“促进社会交往”。其健身价值追求与体育的关系表现为“寻求同龄人的认可，寻求和谐的健身与生活环境”，代表了湖南省女性老年人体育健身在生理、心理、社会三个层面的需求。

第三，女性老年人大多倾向于参加有组织的集体健身活动，这一现象进一步证明了女性老年人参与体育健身的原动力是满足心理需要。健身的手段也具多样性，其项目的选择多以广场舞、交谊舞、健步走三项为主，其选择上的特点是强度小、简单易学、便于集体开展。

第四，女性老年人体育健身活动场所多在社区居民小区空地与公园等地，每次体育健身活动的时间安排为1～1.5小时。女性老年人在选择体育健身场所时的特点是就近、户外、人多。这一特点反映了女性老年人具有科学体育健身的理念，也进一步证实女性老年人的动机主要是满足其心理需要的结论。同时，也说明女性老年人的生活还没有完全摆脱家务的拖累。

第五，影响女性老年人体育健身活动的积极因素主要是“有家庭的支持”“有运动基础”“有志趣相投者”；不利因素是“缺少组织指导”“家务时间长”“缺少医务监督”。这一方面说明良好的家庭及社会环境是保证女性老年人参加体育健身活动的重要条件；另一方面也说明，老年体育组织管理方面的工作与女性老年人的现实生活有待多方位结合，实现科学的管理与指导、社会和家庭一体化的女性老年体育工作模式。

第六，调查发现，体育卫生、文化教育等系统在不同层面、不同角度关注着老年人的健康保健和文化教育，进行了不同形式的科研调查，但缺乏整体性和系统化。在各个层面处于不断探索与总结阶段，有待进行宏观、整体的统一分析和科学研究。

（二）建　议

第一，根据各地区的实际情况，制定发展女性老年体育的政策和具体措施，建立各种女性老年体育活动组织，完善相应管理体制与运行机制，以推进女性老年体育快速、健康、持续发展。

第二，体育场所以多种形式对女性老年人开放，为女性老年人参加体育健身活动提供更多的场所。同时，加强女性老年人健身活动场地设施建设，开发适合女性老年人的体育健身项目，使女性老年体育向多样化发展，为女性老年人体育的发展提供全方位保证。

第三，加强女性老年人体育健身活动与医疗监督相结合，尤其是女性老年人在体育健身活动时，要在有医疗保健的条件下进行，并将必要的医疗保健与康复措施融入体育健身活动之中。

第四，各级政府及体育管理部门应重视和加强在女性老年人中开展健康、科学的体育活动，加强社会体育指导员队伍建设，重视文化、教育、卫生等系统人员在女性老年体育活动中的学科优势。

第五，重视和加强城市女性老年体育工作的开展。城市人口老龄化的急速发展对城市社区建设提出了更高的要求，体育管理部门应对城市社区建设提出指导性意见，为城市女性老年人的健康活动创造客观条件，提高城市精神文明和物质文明的建设水平。

第六，体育工作部门要强化女性老年工作的科研意识，发挥系统优势，协同社会各部门系统，在加强女性老年体育工作的同时注重女性老年人力资源的利用，构建多学科科研网络，形成科研优势，适应社会经济发展，为女性老年人的生活创造健康文明的环境，为社会创造丰富的物质与精神生活。

【参考文献】

[1] 习近平 . 决胜全面建成小康社会 夺取新时代中国特色社会主义伟大胜利——在中国共产党第十九次全国代表大会上的报告（2017 年 10 月 18 日）[M]. 北京：人民出版社，2017.

[2] 孙寅生 . 习近平以人民为中心思想的内在逻辑论析 [J]. 观察与思考，2017(10).

[3] 新华网《“健康中国 2030”规划纲要》.http://news.Xinhuanet.com/health/2016 －10/25/c __ 1119786029．htm．

[4] 湖南省体育局 .《全民健身计划（2021—2025 年）》谋篇布局推动新发展 . http://tyj.hunan.gov.cn/tyj/xxgk/zcfg/zcjd/202112/t20211229_21326331.html.2021.12.

[5] 刘国永 . 实施全民健身战略，推进健康中国建设 [J]. 体育科学，2016，36(12):3-10．

[6] 廖远朋，王煜，胡毓诗 . 体医结合：建设健康中国的重要路径 [J]. 成都体育学院学报，2017,43(1):5-7.

[7] 杨岚，王建月 . 健身气功运动方案式练习对老年女性体质的影响 [J]. 湖北师范大学学报 (自然科学版),2022,42(1):64-70.

[8] 李炎冰 . 广场舞改善老年绝经后女性身心症状评分观察 [J]. 中国老年保健医学 ,2016,14(6):76-77.

[9] 莫概能，王宾 . 健身气功・太极养生杖锻炼对老年女性心境状态与心理健康的影响 [J]. 中国老年学杂志 ,2016,36(21):5401-5403.

[10] 王雪峰，王茜 . 女性老年人广场健身舞健身效果的实验研究 [J]. 当代教育理论与实践 ,2013,5(9):107-110.

[11] 樊伟 . 运动养生新论 [M]. 长沙：国防科技大学出版社，2010.

[12] 樊伟 . 健康中国大背景下城市女性体育健身普及与创新发展研究 [M]. 南昌：江西美术出版社，2021.

[13] 湖南省体育局.《关于推进体育公园建设的指导意见》.http://tyj.hunan.gov.cn/tyj/xxgk/zcfg/gfxwjnew/202110/t20211030_20924540.html.2021.10.

[14] Leigh Robinson.Customer Expectations of Sport Organizations[M].European Sport Management Quarterly, Volume 6,Issue 1, March, 2006:67-84.

对女大学生体育行为习惯及影响因素的调查研究

——以中国劳动关系学院为例

何　伟　袁　伟*

摘　要：本研究以我校女大学生为调查研究对象，运用文献资料法、访谈法、问卷调查法和数理统计分析等研究方法，结合女大学生体质健康现状，调查分析我校女大学生的体育锻炼行为习惯现状，对影响其体育锻炼行为习惯的多方面因素进行探讨分析，找出原因，得出结论，提出解决途径与策略，以此来培养我校女大学生体育锻炼行为习惯的养成和终身体育意识。

关键词：女大学生；体育锻炼；行为习惯；调查分析

一、前　言

随着我国社会的不断发展与进步，我国高等教育的发展从规模上、质量上及在校生人数上逐年稳步提升。特别是高校女生这一庞大群体占据相当比例，她们的体质健康情况，与国家和民族未来的发展息息相关。多年来，由于高校的体育课教学中更注重对课堂教学效果和课堂质量的管理，忽视了对学生体育锻炼习惯和终身体育意识的培养，尤其是高校女生这一群体，普遍

*　作者单位为中国劳动关系学院公共教学部。

对体育锻炼的目的和价值明显认识不足，自我锻炼的意识薄弱，缺乏自我锻炼的积极性和主动性，自我运动能力较差。本文通过对中国劳动关系学院全体在校女生参与体育锻炼的行为习惯现状进行调查分析，发现问题，提出合理化建议和改进策略，旨在提高女大学生体质健康水平和终身体育意识。

二、研究对象与方法

（一）研究对象

中国劳动关系学院2018级、2019级、2020级、2021级女大学生，从各院、系不同专业随机抽取各年级200名女生，共计800名女大学生作为本次研究对象。

（二）研究方法

1.文献资料法

通过网络检索查询各种信息和资料，查阅相关书籍与期刊，收集并整理与女大学生体质健康、体育锻炼行为习惯的相关文献与资料，对本研究领域理论成果做全面深入学习，为本次研究提供理论支持。

2.访谈法

随机抽取不同专业的女大学生进行访谈，了解其对参与体育锻炼的看法和意见，并对部分辅导员和一线体育教师进行访谈，听取他们对女大学生参与体育锻炼的态度、意见和看法。

3.问卷调查法

根据课题研究需要，采用网络问卷进行随机问卷调查，主要调查女大学生参与体育锻炼的时间、动机、态度、个人体育锻炼行为习惯等内容，发放问卷800份，收回800份，有效问卷789份，有效率98.6%。

4.数理统计分析法

对所获得的数据采用Excel进行分析和整理，并对数据进行逻辑分析，找出关键数据应用于本研究中。

三、研究结果与分析

（一）我校女大学生体育锻炼行为习惯现状调查

1.我校女大学生对体育锻炼行为的态度

体育态度，是指个体对体育活动所持有的认知评价、情感体验和行为意向的综合表现[1]。它是学生个体在体育活动中的情绪体验，是其对体育需要程度的真实内心反映。她们的体育锻炼认知态度是随着其参与各种体育锻炼过程逐渐产生的。由表 1 可知，我校女大学生非常喜欢体育锻炼人数占 12.3%，喜欢锻炼的占 28.5%，一般的占 43.0%，不喜欢锻炼的占 16.2%。通过调查数据可以看出，我校女大学生对参与体育锻炼的行为态度还是积极的，不喜欢体育锻炼的女大学生占少数，值得关注的是持中立态度“一般”这部分学生，占比 43.0%，她们具备喜欢和养成热爱体育锻炼行为的前提基础。所以要在学校的各种体育工作中，积极引导，让她们形成积极正确的体育锻炼健康观，这部分女大学生就会逐渐转变体育认知态度，加入到喜欢体育运动行列中。

表1　我校女大学生对参与体育锻炼行为的态度

	非常喜欢	喜欢	一般	不喜欢	合计
人数	97	225	339	128	789
百分比（%）	12.3	28.5	43.0	16.2	100

2.我校女大学生体育锻炼行为习惯调查分析

（1）我校女大学生课余时间安排

表 2 主要是学生课余时间安排调查，四个年级女大学生每天的课余时间用于上网的都在 30% 左右，现在是网络信息时代，女大学生利用手机网络等看视频、浏览网页、玩网络游戏、订外卖等，而课余时间用于体育锻炼的随着年级的增长呈递减趋势，到大四时用于体育锻炼的仅占 6.6%。大一、大二女生主要以校园内社团活动为主，参与度较高，可以发挥其兴趣爱好。

大三、大四女生由于专业知识进一步学习，又临近毕业，就业压力大，很多选择考研、考公务员，她们的课余时间主要用于知识学习，时间占比逐年提升，分别是 16.2%、18.3%、34.6%、56.3%。

表2　女大学生课余时间安排占比（%）

年级	知识学习	社团活动	上 网	娱乐休闲	体育锻炼	其他
大一	16.2	26.5	32.8	5.5	14.7	4.3
大二	18.3	21.6	34.6	7.7	12.4	5.4
大三	34.6	11.4	30.3	8.4	8.7	6.6
大四	56.3	4.4	24.6	4.7	6.6	3.4

（2）我校女大学生体育锻炼次数与持续时间调查

根据《大学生体育锻炼合格标准》，要求学生课外活动每周不低于 3 次。从表 3 可以看出，我校四个年级女大学生每周课余时间参与锻炼次数明显不同，大四年级每周课余时间参与体育锻炼低于 1 次的最高，达到 32.4%，其次是大一年级（21.8%），全校女生平均为 21%，我校有近两成的女生课后每周锻炼次数少于 1 次，让人担忧，表明学生没有养成每天坚持锻炼的习惯和锻炼意识。四个年级女大学生每天坚持课余时间进行体育锻炼平均为 9.7%，每天坚持运动的女生占比比较低。我校女大学生每周 2 ~ 3 次课后体育锻炼占比最多，平均是 37.6%，其中大三年级最高，达到 43.5%。可见我校女大学生课后体育锻炼次数处于较低水平，呈“两头小、中间大”分布。

表3　我校女大学生每周课余时间参与体育锻炼次数百分比（次/每周）

年级	0～1	2～3	4～5	天天锻炼
大一	21.8	36.2	32.3	9.7
大二	15.5	29.4	43.3	11.8

续表

年级	0～1	2～3	4～5	天天锻炼
大三	14.3	43.5	32.7	9.5
大四	32.4	41.3	18.7	7.6
平均	21	37.6	31.2	9.7

女大学生课余时间参与体育锻炼的时间长短直接影响着其体育锻炼的效果。我校大多数女大学生能够在课余时间积极地参与体育锻炼，但每次锻炼时间不足。因为由体育锻炼习惯的界定可知，每次锻炼持续时间在30分钟以上才能达到好的运动效果。从表4可知，我校女大学生课余锻炼时间少于30分钟的占42.8%，这些学生在锻炼时间上不合理，缺少必要的体育锻炼知识或运动技能。还有13.6%的女大学生在个人运动时间上不固定，说明其所进行的课余体育锻炼是盲目的，缺乏运动计划性和目的性。从数据上看，43.6%的女大学生每次体育锻炼时间达到30分钟以上的要求，这部分学生参与体育锻炼积极性、主动性、热情度要优于其他女大学生，具备好的运动习惯。

表4　我校女大学生每次课余体育锻炼时间调查

	时间不固定	0～30分钟	30～60分钟	60分钟以上
人数	107	338	250	94
百分比（%）	13.6	42.8	31.7	11.9

3.我校女大学生参与体育锻炼动机调查

内驱力是体育动机产生的直接原因，是推动和维持人们活动的内部原因和动力。体育活动动机是源于女大学生自身的生理、心理及社会性的需求。有需求才有动机，需求是动机的基础和根源，而动机是需求的动态表现[2]。因为女大学生个人对参与体育锻炼的需求不同，所以其就有不同的体育锻炼动机。

表5是对我校女大学生参与体育锻炼的动机调查（多选），由降序排列可以看出，我校女大学生的运动动机中，“减脂、保持体型”占68.6%，“强身健体，增强体质”占59.7%，“个人运动兴趣爱好”占52.3%，排在前三位，而且选择此三项人数的百分比明显高于其他选项，充分说明我校女大学生对体育锻炼价值功能持肯定态度，参与体育锻炼的运动动机是积极向上的，也与她们的体育态度和认识相符合。但从调查表中也可以看出，有31.3%的我校女大学生选择了“体质达标任务所迫”这一项，可见是被动从事体育锻炼活动。因为体测成绩或体育课成绩关系到个人体育重修、评优、评三好、评政府奖学金、毕业证书的获取等，所以这部分学生特别在意体测和体育课的成绩，她们对体育的锻炼功能价值认识片面，明显带有功利性目的。她们的体育锻炼行为是短暂的，一旦达到了目的，必然有人不会再坚持体育锻炼，从运动动机上看，她们对体育锻炼功能认识不足，缺乏终身体育意识，这需要引起一线体育工作者的深思和重视——如何培养女大学生的终身体育意识？从表5还可以看出，随着中国社会经济的快速发展，我校女大学生对体育功能的理解和锻炼价值也在不断地加深和拓展，有27.6%的人选择“掌握运动技能，提高运动能力”；有23.5%的人选择“缓解压力，调节心情”；有13.9%的人选择“娱乐自己，拓展社交”，学生参与体育的动机由原先单一的强身健体减脂，逐步向多元化的动机发展，来满足其生理、心理、社会需要，这一点也必然是未来的走向和趋势。

表5　我校女大学生参与体育锻炼的动机（n=789）

内容	人数	百分比（%）
减脂、保持体型	541	68.6
强身健体，增强体质	463	59.7
个人运动兴趣爱好	413	52.3
体质达标任务所迫	247	31.3
掌握运动技能，提高运动能力	194	27.6
缓解压力，调节心情	185	23.5
娱乐自己，拓展社交	110	13.9
磨炼意志，参加比赛	60	7.6

4.我校女大学生参与体育锻炼项目、方式调查分析

（1）体育锻炼活动项目的选择

我校女大学生对体育锻炼项目的选择，主要是根据其锻炼目的，又要考虑自身的兴趣爱好、个人的运动能力水平、自己的运动时间等，同时还要兼顾一些外部环境因素，如场地、器材、天气情况等。从表6可以看出，我校女大学生所选择的体育运动项目广泛，从降序排列可以明显看出具有性别特点，排在前五位的是慢跑、散步（65.8%），舞蹈、健身操类（48.6%），燃脂、健身器械（45.8%），跳绳（38.9%），乒乓球、羽毛球（34.7%）。由此可知，我校女大学生对运动项目选择的共性特征是运动难度不高，不需要特殊的场地器材和花费，以有氧健身类为主，运动强度负荷中下，项目选择特点是普遍性、传统性和集体性。另外，还有一部分女大学生选择了网球、游泳、爬山、太极拳等，反映出她们更加注重所选择运动项目的娱乐性、生活性、养生性，这一点需要重视。

表6　我校女大学生参与体育锻炼项目选择调查（多选）

内容	人数	百分比（%）
慢跑、散步	519	65.8
舞蹈、健身操类	383	48.6
燃脂、健身器械	361	45.8
跳绳	306	38.9
乒乓球、羽毛球	274	34.7
篮球	199	18.2
排球	133	16.8
游泳	122	15.4
网球	107	13.6
爬山	73	9.3
太极拳	44	5.6
其他	34	4.3

（2）参与体育锻炼活动的形式

大学生参加体育锻炼运动形式的选择，对其养成良好的体育锻炼习惯有非常重要的促进作用。我校女大学生参与体育锻炼活动的形式主要以好朋友、室友（58.8%）和自发结伴（45.3%）为主，反映出我校女大学生的群体意识强，把参与体育锻炼活动理解为增进人与人之间沟通交流的一种方式，可以用来建立好的人际关系等。从数据上看，还有 28.7% 的女大学生选择个人运动，表现出不愿与人沟通交往的意愿。有 12.4% 的女大学生选择随班集体活动，可以看出这些女大学生缺乏参加体育锻炼的自主性，有较强的依赖心理，靠学校和班集体的组织来推动其参加体育锻炼。

表7　我校女大学生参与体育锻炼活动的形式（多选）

	个人运动	好朋友、室友	自发结伴	社团、俱乐部	班集体	其他
人数	226	416	357	239	97	73
百分比（%）	28.7	52.8	45.3	30.4	12.4	9.3

（二）影响我校女大学生体育锻炼习惯因素分析

从表 8 中可以看出，影响我校女大学生参与体育锻炼的主要因素排在前四位的是“对体育锻炼无兴趣”占 47.5%；“学习压力大，任务紧，没时间”占 42.3%；“自我健康感觉良好，无须锻炼”占 35.5%；“没有一起锻炼的伙伴”占 31.3%。表 8 中明显可以看出，个人的主观因素是影响其参加体育锻炼的主要原因。女大学生在大学这个阶段是由不成熟走向成熟的过渡时期，其心理和生理逐步发展完善。此阶段大部分女大学生体现出女性喜静的一面，不喜欢参与那些剧烈、运动量大的运动，加上自认为体育又苦又累，自身生理原因等，造成我校女大学生不愿意参与体育锻炼。这些也能反映出我校女大学生对体育锻炼的功能作用还存在片面的理解与认识。她们没有本质上认识到体育锻炼的重要性和必要性，这是影响其参与体育锻炼因素的根本原因所在。

女大学生在中学阶段，是由学校统一组织参与各项体育锻炼活动，如体育课、课间操、课外活动等，在繁重的学习中穿插锻炼活动，所以学生态度是积极的，能够达到体育锻炼的目的。但上了大学后，情况完全变了，没有人组织，没有人约束和管理，自己的时间多了，可以把个人的精力和注意力转移到其他的兴趣爱好上了，女大学生就更忽视体育锻炼，逐渐失去了对体育的兴趣。内因是主导，我校日后要采取一些措施和方法来提高女大学生对体育锻炼的认知程度，调动我校女大学生参与锻炼的积极性，在校园内营造一定的体育锻炼氛围，多组织一些适合女大学生身心特点的体育活动，让她们有更多的机会参与到体育锻炼中，为养成终身体育锻炼习惯打下坚实基础。

从表 8 中发现，有 9.2% 的学生“体育锻炼意识、知识匮乏”，还有 6.9% 的学生“没有掌握一项运动技能”。这两点不能忽视，长时间以来，大学体育在教学过程中存在一定偏差，注重对知识、运动技能的传授，忽视了对学生运动能力的培养，导致现在女大学生自我锻炼能力偏弱，需要别人带着或者参加有组织的体育活动，个人不会根据自身健康状况、生活环境和作息时间来合理安排自己的锻炼内容、方式、时间和运动量，也是影响其参与体育锻炼的因素。

表8　影响我校女大学生参与体育锻炼活动的因素（n=789）

内容	人数	百分比（%）
对体育锻炼无兴趣	361	47.5
学习压力大，任务紧，没时间	334	42.3
自我健康感觉良好，无须锻炼	280	35.5
没有一起锻炼的伙伴	247	31.3
没人组织与指导	192	24.3
个人身体或生理因素	129	16.4
场地条件不足	116	14.7
体育锻炼意识、知识匮乏	73	9.2
没有掌握一项运动技能	54	6.9

（三）提升我校女大学生体育锻炼习惯途径与解决策略

1.培养我校女大学生自主体育锻炼的意识和能力

在体育教学中，要注重对我校女大学生自主体育锻炼意识的培养。结合我校女大学生的特点，每学年开设不少于 8 课时的体育理论课和体育知识讲座，专门讲授女性的生理发育特征，心理活动特点，女大学生体育活动卫生保健知识，参与体育锻炼的内容、方法、注意事项等，让她们能够彻底领悟和理解体育锻炼的重要性和必要性，让女大学生转变观念，树立正确的体育锻炼思想意识，让她们明确参加体育锻炼不仅仅是为了评优、评奖，为了毕业，而是自我锻炼的需要，实现自我理想抱负的需要。所以要重视女大学生的兴趣爱好和个性化发展，在教学中要多传授一些与学生未来所从事的职业相关的体育锻炼知识和技能，利于学生未来发展的需要，满足女大学生锻炼和健康的需要，提高其锻炼的积极性，让她们能够自觉、主动、持久、科学地进行体育锻炼，养成终身体育锻炼习惯。

2.转变我校女大学生“要我练”为“我要练”的体育锻炼观念

女大学生参与体育锻炼的动机是源于需要，为了实现自我需要这一目标，便产生了女大学生参与体育锻炼的动机，在动机的驱使下朝着明确的目标去努力。所以在平时的教育教学中，对女大学生更要注重灌输体育锻炼的功能和态度认识教育。通过个人的运动体验，让其明白经常参加体育锻炼有益于个人的身心发展、智力发展、体质健康的发展、情感交流的发展等。通过自身体育益处的获得和体验，促使女大学生逐步转变“要我练”为“我要练”的观念，让其产生积极参与体育锻炼的迫切感，参加体育锻炼是每个女大学生的终身需要，是其生活的一部分。在转变观念的同时，在平时的体育教学中，也要教会女大学生一些科学的体育锻炼方法和手段，让其懂得如何根据自身实际制定科学有效的锻炼方法，让其学会自我评价，注重理论与实践相结合。女大学生在学校体育收益越大，对体育锻炼认识提高得越快，其锻炼越会持久，参与体育锻炼的积极性、自觉性越高，达到终身体育的目的。

3.因材施教，分层教学，提高女大学生参与体育锻炼的兴趣与热情

依据笔者多年的一线体育教学经验积累，我校女大学生在体育教学活动中很在意个人对技术动作的掌握情况和效果，也非常看重自己的体育成绩。作为任课教师，可以利用女大学生对学习结果渴望的心态，在教学过程中加强对女大学生正向的体育认知引导，提高参与体育锻炼的认识和作用，进而激发我校女大学生参与体育锻炼的兴趣与热情，让她们先喜欢运动，产生兴

趣，顺其自然能够做到每天坚持锻炼。在实际教学中，经常会遇到这样一些女大学生，她们对体育锻炼没有信心，没有兴趣，存在畏难情绪，她们在教学中都是被动参与，很少主动、积极地参与课堂上的练习，更不会在课余时间参与体育锻炼，但她们又为自己的体测和体育成绩担心，怕成绩不好影响一系列评优、评奖和毕业。碰到此类情况，教师要因势利导，因材施教，抓住她们的心态，多鼓励女大学生们上好每一节体育课，采取分层教学法，充分考虑到她们的个体差异，适当给这些学生安排难度低一些的练习，要求不要高，培养她们的信心和兴趣，有目的地鼓励她们参与一些力所能及的课外体育锻炼活动，逐步培养她们参与体育锻炼的热情与兴趣，增进女大学生的进取心和成功感，达到逐步提高其自身体育锻炼的能力。

4.改善学校体育场馆设施条件

大学校园是女大学生进行体育锻炼的主阵地，所以学校体育场地的多少、体育器材的好坏与更新，是她们进行体育锻炼的基础。做到体育场地定期维修，器材定期维护与更新，营造一个良好的体育锻炼环境。学校要逐年加大体育经费的投入，筹措资金，逐步改善现有体育场地和器材设施条件，有计划、有目的、有重点地增设一些新的体育设施和场地，为女大学生的课外体育锻炼提供便利条件，以满足她们的课外体育锻炼需求。学校也可以灵活掌控场馆的开放时间，增加开放时间，延时闭馆，面向学生免费开放所有体育场馆，吸引更多的女大学生参与到体育锻炼中。

四、结论与建议

（一）结　论

第一，根据调查数据显示，我校女大学生非常喜欢和喜欢体育锻炼共占比为 40.8%。我校女大学生对参与体育锻炼的行为认识是积极的。

第二，我校女大学生每天课余时间有 30% 用于上网，而课余时间用于体育锻炼的随着年级的增长呈递减趋势。到大四时，课余时间用于体育锻炼仅占 6.6%。

第三，我校女大学生课余时间每天坚持体育锻炼平均占比为9.7%。以每周2～3次课后体育锻炼为多，占比37.6%，由数据可见，我校女大学生课后体育锻炼次数处于较低水平，呈“两头小、中间大”分布。我校女大学生课余锻炼时间少于30分钟占42.8%，有43.6%的女大学生每次体育锻炼时间达到30分钟以上的要求。

第四，我校女大学生参与体育锻炼的动机主要集中在减脂塑形，强身健体，增强体质，个人运动兴趣爱好，完成体质测试任务，缓解压力，娱乐自己，拓展社交等。

第五，我校女大学生参与体育锻炼的形式多样、内容丰富。她们所选择的体育运动项目广泛，共性特征是以有氧健身类项目为主，技术难度不大，运动负荷量中下，项目选择具有娱乐性、生活性、养生性特点。

第六，影响我校女大学生参与体育锻炼的因素是多方面的，个人对体育锻炼重要性认识不足是影响其参加体育锻炼的主要因素。

（二）建　议

第一，培养我校女大学生自我养成体育锻炼的习惯，引导她们树立正确的体育锻炼观念与意识，保持一种积极向上的心态坚持锻炼。重视女大学生的兴趣爱好和个性化发展，在教学中要多传授一些与学生未来所从事的职业相关的体育锻炼知识和技能，让她们能够自觉、主动、持久、科学地进行体育锻炼，养成终身体育锻炼习惯。

第二，促使我校女大学生逐步转变“要我练”为“我要练”的观念，让其产生参与体育锻炼的迫切感，是终身体育锻炼需要，是其生活的一部分。在转变观念的同时，也要教会女大学生一些科学的体育锻炼方法和手段，让其懂得如何根据自身实际制定科学有效的锻炼方法，学会自我评价，注重理论与实践相结合。

第三，在教学中要做到因材施教，分层教学，提高女大学生参与体育锻炼的兴趣与热情。教师要充分考虑到她们的个体差异，适当给运动能力偏弱的学生安排难度低一些的练习，培养她们的信心和兴趣，有目的地鼓励她们参与一些力所能及的课外体育锻炼活动，逐步培养她们参与体育锻炼的热情与兴趣，增进女大学生的进取心和成功感，达到逐步提高其自身体育锻炼的能力。

第四，大学校园是女大学生进行体育锻炼的主阵地，做到体育场地定期维修，器材定期维护与更新，营造一个良好的体育锻炼环境，有计划、有目的、有重点地增设一些新的体育设施和场地。学校也可以灵活掌控场馆的开放时间，增加开放时间，延时闭馆，免费开放体育场馆，吸引女大学生参与到体育锻炼中。

【参考文献】

[1] 荆维玲 . 普通高校女生参与课余体育锻炼的现状与对策研究 [J]. 赤峰学院学报（自然科学版），2013(3).

[2] 曹运华，王萍 . 高校女生课余体育锻炼现状与对策研究 [J]. 河北体育学院学报 ,2009(5).

[3] 彭延春，马良，李卫平 . 北京市普通高校女大学生课外体育锻炼的现状与对策研究 [J]. 中华女子学院学报，2008(8).

[4] 邱梅婷 . 制约高校女生参加体育锻炼的因素分析及对策研究 [J]. 体育学刊，1999(6).

[5] 刘小学 . 对高校大学生参加课外体育活动现状的调查及对策研究 [J]. 辽宁体育科技，2003(3).

[6] 何云玉 . 对高校女生课外体育锻炼的思考 [J]. 福建体育科技，1998(5).

高校女性体育教师职业素养研究①

李　金　韦春生*

摘　要：在现代高等教育体系中，女性体育教师是高校体育教育的骨干力量，她们的职业素养直接影响着高校体育教育的综合质量和学生综合素质的发展。本文采用文献资料法、专家访谈法、逻辑分析法，探讨高校女性体育教师职业素养的概念、内涵与外在表现，分析影响高校女性体育教师职业素养的因素，研究提升高校女性体育教师职业素养的策略，得出以下结论。高校女性体育教师的职业素养表现为：具有先进的教育理念、具备高尚的师德修养、掌握专业的体育教育知识和技能、倡导性别平等、促进多元体育、具备教科研与发展创新能力。影响高校女性体育教师职业素养的因素为：教师的教育背景与专业发展、教学经验与反思能力、性别平等与自我认知。提升高校女性体育教师职业素养的策略多种多样，其中加强职业道德修养、加强继续教育培训、加强教科研支持能够有效提高高校女性体育教师的职业素养。研究结论旨在为提高高校体育教育质量、促进性别平等、优化体育教育管理和支持体系、推动体育教育改革和实践创新提供理论支持和实践指导。

关键词：高校；女性体育教师；职业素养

---

* 作者李金单位为北京建筑大学体育教研部，韦春生单位为北京工业职业技术学院体育部。

① 本文系北京建筑大学主讲教师支持计划项目（项目编号：YXZJ20200302），北京建筑大学课程建设重点培育项目（排舞项目编号：ZDHH202008），由国家留学基金资助。

引　言

在现代高等教育体系中，女性体育教师扮演着重要而独特的角色。她们是体育教育领域内知识和技能的传授者，是学生身心健康和完全人格的培养者，是社会价值观和良好品德的传递者，是促进性别平等的倡导者，是体育文化和社会进步的影响者。高校女性体育教师的职业素养直接影响着体育教育的综合质量和学生综合素质的发展。因此，明确高校女性体育教师的职业素养概念、内涵与外在表现，分析影响高校女性体育教师职业素养的因素，研究提升高校女性体育教师职业素养的策略，对于提升高校体育教育质量、促进性别平等、优化体育教育管理和支持体系、推动体育教育改革和实践创新具有长期而深远的意义。

一、研究对象与方法

研究对象：高校女性体育教师职业素养

研究方法：文献资料法、专家访谈法、逻辑分析法

二、研究结果与分析

（一）职业素养的概念与内涵

职业素养是社会工作对劳动者个人素质培养的内在要求，是个人在职业过程中表现出来的综合素质，同时也是个人在职场立足、发展和成功的关键。

职业素养表现为特定职业领域中所需要的职业道德、职业知识、职业技能、职业态度和职业行为等多个方面，是一个统一而有机的整体。职业素养不仅关乎个人在职业中的表现，还涉及对职业、行业和社会的责任感和影响力。

（二）高校女性体育教师职业素养的表现

1.具有先进的教育理念

根据中共中央办公厅、国务院办公厅于2020年10月印发的《关于全面加强和改进新时代学校体育工作的意见》（以下简称《意见》）的指导思想，

学校体育是实现立德树人根本任务、提升学生综合素质的基础性工程，是加快推进教育现代化、建设教育强国和体育强国的重要工作。

高校女性体育教师要以《意见》指导思想为依据，将体育与育人有机结合，发挥体育在育人方面的独特优势，做到立德树人，以体育人。对于高校女生的体育教育，女性体育教师还要倡导女生消除性别刻板印象，鼓励女生积极参与体育活动，建立积极健康的生活方式，培养学生团队合作能力和领导素质，教育学生在体育比赛中尊重对手、尊重裁判，树立规则意识，促进学生的身心健康发展，培养学生的健全人格，提倡学生学以致用，为社会服务作出应有贡献。

2.具备高尚的师德修养

师德师风建设是贯彻落实党的二十大精神、加快建设教育强国的重要举措。良好的师德师风，是新时代教师精神面貌和优秀特质的体现。根据教育部于 2018 年 11 月 8 日印发的《新时代高校教师职业行为十项准则》，高校女性体育教师要坚定政治方向、自觉爱国守法、传播优秀文化、潜心教书育人、关心爱护学生、坚持言行雅正、遵守学术规范、秉持公平诚信、坚守廉洁自律、积极奉献社会。

3.掌握专业的体育知识和教学技能

高校女性体育教师需要具备扎实的体育专业知识。专业的体育知识有助于女性教师充分了解女大学生的身体和心理特点，根据不同的运动项目，结合女性特点设计科学合理的教学计划，激发学生学习的兴趣和动力，鼓励学生循序渐进地完成学习任务。

高校女性体育教师除了具备专业的体育知识之外，熟练地掌握体育教学技能也同样重要。这里的体育教学技能不仅是指完成体育教学所需的各种动作技能，还包括在体育专业知识的基础上通过分析、总结、归纳转化为心智技能的各种能力。体育教学技能构成要素由心智技能和动作技能组成[1]。其中，心智技能包括体育教学计划设计技能、体育教学自省技能、体育教学内容编制技能、体育教学负荷调控技能；动作技能包括体育教学活动组织技能、体育教学学习指导技能、体育教学保护帮助技能。

在心智技能中，体育教学计划设计技能主要体现在教学整体设计中，教学目标明确具体，可操作、可评价，教学内容清晰，教学活动安排科学合理，教学方法组织得当，评价方法多元化。体育教学自省技能主要体现在教师对教学信息的反馈、反思及分析。例如，课后反思课上对各个教学环节时间的把控是否达到预期，是否需要进行调整，教学效果是否达到预期，课堂互动和反馈是否积极有效等。体育教学内容编制技能主要体现在教学内容的选择、设计和安排上。从参考的体育教材中选择相应的教学内容并根据女大学生的喜好对内容进行适当的改编和补充，对教学内容的安排应根据学生的平均水平进行合理的安排，并根据教学实际实施情况进行及时调整以达到最佳教学效果。体育教学负荷调控技能主要体现在对运动强度、运动时间和疲劳程度的监控和调整上。

在动作技能中，体育教学活动组织技能主要体现在执行课堂常规，调度队列队形，实施分层分组，管理课堂活动，布置场地器材，这些技能有助于教学活动安全规范、有条不紊地进行。体育教学学习指导技能主要体现在简明扼要的讲解、标准优美的示范、一针见血的纠错、毫不吝啬的赞美、源源不断的鼓励、客观中肯的评价。这些教学技能能够帮助学生快速、准确地理解动作概念、掌握动作技术，激发学生的学习兴趣、提高学生的学习热情，通过正向反馈使学生了解自己的优点或不足，从而有的放矢地强化正确动作，改正错误动作，提高动作质量。体育教学保护帮助技能主要体现在树立安全意识、掌握急救知识和技能、管理场地和器材等多个方面。这些技能有助于学生安全健康、心无旁骛地参与到体育活动中，同时获得身体和心理的全面体验和发展。

4.倡导性别平等，促进多元体育

高校女性体育教师作为性别平等的倡导者，要通过教学和言行消除性别刻板印象，鼓励女大学生积极选择和参与自己喜欢的不同类型的体育活动，传递平等和包容的教育观念。例如，鼓励女生参加篮球、足球、武术、跆拳道、龙舟等传统上被认为是男性参加的体育活动，发现她们的内在潜力，发挥她们的优势特长，并给予积极的引导、支持和鼓励，帮助她们解决实际困难，使她们在体育活动中树立性别平等的观念，建立强大的自信心，认识到自己独特的价值和影响力。作为女性体育教师，要起到示范和榜样的作用，积极展示自己在体育领域内取得的优秀成果，引领女大学生树立性别平等意识，促进性别平等观念的传播，推动社会进步。

5.具备教科研与发展创新能力

高校体育教师教研与科研能力是指在高校体育教学过程中发现问题、提出问题，用科学的研究方法和手段，有效地进行体育教学教育规律的探索和实践，并形成文字表述研究成果的能力，其中涉及发现、提出问题的能力，科学实验研究的能力，表述研究成果的能力等[2]。

高校女性体育教师要从日常教学、训练、群体、社团等方面的工作入手，通过探究现代化的课程设计、教学模式、教学方法、教学组织、教学管理、课程评价等方面的内容，将健康中国战略、现代信息化手段、运动科技成果、健康生活理念与体育教学过程相结合，促进学生的身心健康和全面发展；通过研究运动训练内容、训练方法、运动过程与监控，运动恢复等方面的内容，将运动图像解析技术、运动技能与能力诊断技术、运动情绪与心理分析技术、计算机信息处理技术、高科技训练设备及检测技术与运动训练过程相结合，促进运动训练的智慧化、精准度和细致性，从而提高学生的运动成绩和水平；通过研究群体和社团工作的组织和管理办法、人员分配、运行机制等方面的内容，将科学健身理念和方法、校园体育文化及项目最新发展信息与群体和社团工作相结合，丰富校园体育文化活动内容，促进全民健身发展和健康中国战略的实施。

三、影响高校女性体育教师职业素养的因素

（一）教育背景与专业发展影响职业素养

高校女性体育教师的教育背景与专业发展对职业素养有着非常重要的影

响。高校女性体育教师一般具有体育教育、运动训练等方面的本科、研究生学历，如果希望在高校教育中从事更高层次的教学和研究工作，获得职业上更全面快速的发展，则需要拥有博士学位。另外，通过持续不断的知识和技能的更新以及专业的教育培训，拥有专业教练员、裁判员、社会体育指导员等资格证书对于教学和训练活动的科学性、现代化、多样性都具有极大的促进作用。

（二）教学经验与反思能力影响职业素养

高校女性体育教师的教学经验与反思能力对职业素养有着非常关键的影响。教学经验的积累与教学反思的总结是教师个人成长和职业发展的重要保障。从日常的教学、训练和群体工作实践中发现问题、分析问题、探究问题本质，寻求解决方法，从而在解决问题的过程中开展深刻的教学反思，形成翔实的教学总结，积累丰富的教学经验，改进教学方法和手段，提高教学效果和工作效率。教学经验要通过教学反思得以积累，教学反思则通过教学经验得以体现。教学反思通过明确反思内容、反思形式、反思结果，提高教师处理各种问题的能力，从而提高教学知识、技能和水平，促进职业素养的发展。

（三）性别平等意识与自我认知影响职业素养

由于大学男女生在身体素质方面存在较大差异，一般高校采用男女分班制进行授课。高校女性体育教师的授课对象一般都是女大学生。传统观念认为男生应该选择动作技术复杂、激烈度和对抗性很强的速度力量性项目，从而培养男生坚毅勇敢、顽强拼搏的精神。女生就应该选择动作优美、节奏舒缓、具有观赏性的体育项目，从而体现女性温柔美丽的气质特点。然而新时代女性在社会工作中同样需要具有坚毅勇敢、顽强拼搏的优秀品质，才能适应社会的发展和时代的需求。因此，在体育教学活动过程中，教师要帮助女大学生树立性别平等意识，消除学生对运动项目的性别划分，鼓励女大学生全面锻炼和发展自己的身体素质，除了参加健美操、形体、拉丁舞、乒乓球、跳绳、踢毽等提高形体美、柔韧性和灵活性的项目，还要引导女大学生根据自己的兴趣爱好和自身情况参加篮球、排球、跆拳道、武术等力量性和对抗性较强的项目，培养女大学生自信勇敢、追求卓越、顽强拼搏的意志品质，从而促进女大学生身体素质的全面发展，形成健全人格。

四、提升高校女性体育教师职业素养的策略

（一）加强职业道德修养

体育教师职业道德是体育教师在从事体育教育过程中形成的道德观念、行为规范和道德品质的总和，是体育教师与学生相互关系的行为准则。高校体育教师管理部门要组织教师认真学习贯彻习近平总书记关于教育和体育的重要论述精神，明确体育教师的责任义务和使命担当，培养体育教师对体育工作的热爱与忠诚，通过学习讨论、宣传讲座、榜样事迹、评优选先等不同形式的活动，加强教师的理想信念，使女教师意识到她们是高校体育事业发展的推动者，是健康中国和体育强国的建设者，同时也是性别平等和体育文化的倡导者和传播者[3]。加强师德师风教育，进行师德师风建设，切实提高高校女性体育教师的职业道德修养。

（二）加强继续教育培训

普通高校体育教师参加继续教育的形式大体可分为学历教育和非学历教育，学校应加强宣传继续教育的重要性和必要性，在支持和鼓励教师参加继续教育原则的基础上，对继续教育的性质、时间、内容、形式、考核进行明确的规定、计划和要求，提供相应的经费支持和制度保障，在最大程度上激发教师的学习热情和学习意愿[4]。在制度保障方面，要制定教师继续教育期间课程调整方案，要对继续教育的成果进行指标考核，并把继续教育的成果与综合考核相结合，在一定比例范围内影响综合考核的结果，加强继续教育的制度化管理。

（三）加强教科研支持

高校体育管理部门加强对体育教科研的支持可以提高女性体育教师的教学及科学研究能力，从而提高教师的职业素养。高校应加强对女性体育教

师教科研意识的培养，积极组织开展校内外、省内外、国内外教科研交流活动，鼓励教师参加提高教科研能力方面的培训，激发教师教科研工作的兴趣，提高自身教科研水平[5]；高校应提供相应的教科研经费支持，积极组织申报教科研项目，谋划建立教科研团队，保证教科研工作规范性、高质量完成[6]；高校应搭建教科研服务平台，提供教科研信息传递、文献资料查询及下载、项目申请经验分享、论文写作指导与修改等服务，提高教师进行教科研工作的便利性和有效性；高校应建立教科研考核制度，可以将教科研工作量作为聘任考核的内容指标之一，对不同教科研项目、教材出版、著作出版、论文发表、比赛获奖等制定相应的评分标准，形成教科研成果考核细则，促进女教师提高教科研工作能力[7]。

五、结论与建议

（一）结　论

第一，职业素养是一个综合性的概念，是社会工作对劳动者个人素质培养的内在要求，是个人在职业过程中表现出来的综合素质。高校女性体育教师的职业素养表现为：具有先进的教育理念、具备高尚的师德修养、掌握专业的体育知识和技能，倡导性别平等、促进多元体育、具备教科研与发展创新能力。

第二，影响高校女性体育教师职业素养的因素为：教师的教育背景与专业发展、教学经验与反思能力、性别平等与自我认知。

第三，提升高校女性体育教师职业素养的策略多种多样，其中加强职业道德修养、加强继续教育培训、加强教科研支持能够有效提高高校女性体育教师的职业素养。

（二）建　议

第一，建议高校体育管理部门时刻关注女性体育教师职业素养发展现状，采取积极有效的措施加强教师职业道德修养、加强继续教育培训，加大教科研支持力度，努力提高女性体育教师的职业素养，提升女性体育教师的职业发展空间。

第二，高校女性体育教师要意识到自己在高等体育教育中扮演的重要角色，明确责任义务和使命担当，不断自我完善，通过体育教学、训练、群体、社团等工作，培养女大学生成为具有健康身体、健美形象、健全人格的新时代女性。

【参考文献】

[1] 任雅琴，陆作生．体育教学技能构成要素的质性研究 [J]. 体育与科学，2021,42(1):114-120.

[2] 陈亚红．湖南省高校体育教师科研能力现状分析研究 [J]. 当代体育科技，2019,9(28):50+52.

[3] 向明彦．试论高校体育教师职业道德与体育德育教育 [J]. 考试周刊，2008(24):173.

[4] 姜健．西安市普通高校体育教师继续教育研究 [J]. 教育与职业，2012(26):82-84.

[5] 朱璧．高等院校体育教师继续教育研究 [J]. 教育现代化，2019,6(60):87-88+96.

[6] 董杰．高校体育教师继续教育现状分析与对策研究 [J]. 体育世界（学术版），2019(8):67+71.

[7] 张乾，吴靖龙，武泉华．综合评价体制下体育教师科研能力提升策略研究 [J]. 现代职业教育，2019(22):270-271.

理想与偏差：幼儿园女教师体育教育的社会行为研究

李湘萍*

摘　要：在建设体育强国的时代背景下，幼儿体育专项化正在成为一种新兴的教育方式。但在幼儿园女教师群体的实际教学工作中，想要顺利开展教育改革却面临着复杂的困境，探究其原因成为体育强国战略成功的必要之义。本研究运用田野调查，研究者以“局内人”的身份扎根幼儿园一线教学场域2年，并与厦门、广州、香港等地区幼儿园女教师以及足球、武术、体操、游泳等体育专项教师进行深度访谈，形成三角印证。本研究根据幼儿园女教师对幼儿体育专项化认同与行动的内在一致性可分为四种类型：基于幼教学科专业理念追求的高认同高行动型；基于个人当下情感状态倾向的高认同低行动型；基于社会、园所、幼儿等体育需求考虑的低认同高行动型；基于幼儿园客观环境与自身专业发展的低认同低行动型。研究通过人类学的理论之眼，期望帮助幼儿园女教师正视自身在教育改革中所具有的合法性，主动去建构合理、科学的幼儿体育专项化理念，从而使幼儿体育整体发展获得更强的动力。

关键词：女性体育；社会行为；幼儿园女教师；体育教学

一、前　言

2017年，国家体育总局首次提出幼儿体育工程，《国务院办公厅关于印

---

* 作者单位为福建华南女子职业学院文化教育系。

发体育强国建设纲要的通知》更进一步明确要求应加强幼儿体育课程和师资培养体系的建设。幼儿园女教师作为幼儿体育教师队伍最大主体，承担着来自社会、学界的迫切期待与要求，这无形中也使得其在幼儿体育中陷于失语状态。因此，研究者与幼儿园女教师进行深度对话，结合本园幼儿体育实施中“情境性”与“专项性”之争，探讨在当下真实的教学生活中幼儿园女教师群体教学困惑与反思。

社会行为的决定因素有目的理性因素、价值理性因素、情感因素和传统因素。

（一）目的理性因素

行为者预期外界事物的变化和他人的行为，并利用这种预期作为“条件”或者“手段”，以实现自己当作成就所追求的、经过权衡的理性目的。这意味着，在幼儿园女教师中，其教学行为的目的不仅仅是幼儿的发展，还会在各种相互冲突、竞争、矛盾中衡量其附带后果，例如幼儿园领导者的考评要求、家长应试升学的迫切需要、幼教学界理念的引领作用。当然，这并不意味着行为者的目的中没有价值理性的追求，而是在各方力量作用下，其行为按照轻重缓急的顺序对各方的需要进行满足。

（二）价值理性因素

行为者自觉地和纯粹地信仰某一特定行为固有的绝对价值，例如伦理的、美学的、宗教的或任何其他性质的绝对价值，而不考虑能否取得成就。根据幼儿园的实际环境，价值理性行为是幼儿园女教师按照所在的学科专业理念，对幼儿体育教学而采取的行动。然而，这种价值性因素在不同的情况下，在幼儿园女教师行为中可能具有明显的差异。例如，同样作为幼儿园女教师，秉持的专业理念不同，有的更注重运用生活经验使幼儿获得体育经验，有的更注重体育游戏中的情绪价值，有的更注重幼儿体育中的学习品质的发展。

（三）情感因素

严格的感情行为，属于社会行为中的边界类型，即它既有可能向“价值理性”行为转化，也有可能向“目的理性”行为发展。例如，当幼儿园女教师有意识认识到她此时的情绪情感，并且针对当下的感情取向，对本班进行有计划、有组织、有系统的体育教学改革。对于这类幼儿园女教师来说，她们的行为取决于对于自身强烈的某种情感、情绪，其行为就是感情因素主导下的行为。

（四）传统因素

同样地，严格意义上的传统行为也是社会行为中的边界类型。但与情感因素不同的是，行为者的社会行为是熟悉的习惯，经常超越意向行为的范畴。正如，幼儿园女教师在日常生活中一些自然地运用游戏法、注重情境性等做法就接近这种类型行为。除此之外，传统行为由于行为者不同程度上自觉地形成的惯习对自身行为的约束，在这种情况下如果幼儿园女教师打破了长期习惯的行为方式，就不可避免地会碰到心理障碍。这一点在女教师带孩子进行高强度、大难度、具有冒险性质的体育活动时尤为明显。

二、研究方法及过程

本研究采用田野调查的方法，以F市X幼儿园的8名幼儿园一线女教师为研究对象。由于研究者长期与研究对象共事，因而该8名研究对象均具有较为强烈参与研究的意愿。

研究者主要运用访谈法进行三轮访谈研究工作，收集相关文本资料直到研究者认为达到“理论饱和”为止。第一轮直接式访谈的方式，先以访谈提纲对幼儿园一线女教师进行初步了解。研究者对其语词进行分析发现，本园教师将自身幼儿体育的问题聚焦在“情境化”与“去情境化”上。于是，研究者通过间接式访谈和4名幼儿园女教师、1名幼儿园男教师进行跨园所、跨地区的专业交流，由于当时新冠疫情缘故，这些访谈以微信为主、问卷为辅。回收的资料显示，5名访谈对象认为本园教师所困惑的“情境化”与“去情境化”是一个“假问题”“伪命题”。为进一步了解何为“幼儿体育专项性”，研究者与男教师Z、教师F、运动员R三位体育人进行访谈。研究者对访谈资料进行录入和编号，编号的形式为“时间+姓名首字母”/“时间+所在地区”，同时，获得访谈对象的文字许可或当面同意，收集其教研文字材料、汇报PPT、视频、图片等。

表1 访谈对象信息表

编号	专业	资历	地点	访谈方式
20201124R	学前教育	3年	网络	间接式结构访谈
20201202D	学前教育	7年	幼儿园	直接式半结构访谈
20201108N	学前教育	3年	家	直接式半结构访谈
20201106F	早期教育	3年	家	直接式半结构访谈
20201108Y	学前教育	3年	家	直接式半结构访谈
20201203H	美术教育	2年	网络	间接式结构访谈
20201115A	学前教育	8年	幼儿园	直接式半结构访谈
20201115T	学前教育	3年	幼儿园	直接式半结构访谈
20201212GZ	学前教育	4年	网络	间接式结构访谈
20201213FZ	学前教育	6年	网络	间接式结构访谈
20201218XG	学前教育	4年	网络	间接式结构访谈
20201226XM	学前教育	6年	网络	间接式结构访谈
20201212X①	学前教育	8年	网络	间接式半结构访谈
20210826Z②	体育专项	18年	家	直接式开放访谈
20220123R③	游泳专项	43年	游泳馆	直接式开放访谈
20220323F④	体操专项	23年	网络	间接式开放访谈

① 教师X武术专业本科毕业，中级职称，在幼儿园里担任专职体育教师。

② 20210826Z是欧足联一级教练员，F省足球教研室讲师，参与过全国青少年校园足球师资国家级专项骨干教师的师资培训项目。

③ 20220123R是国家级运动健将，1993年代表F省出战全国运动会获得佳绩，2001年横渡琼州海峡获得吉尼斯世界纪录认证。研究者有幸与其在奥体游泳馆相识并针对研究进行多次直接式开放访谈。

④ 20220323F是国家一级运动员，2010年加入国家队，2011年参加世界体操锦标赛选拔赛。研究者与其相识于大学期间并成为彼此挚友，本次研究得到她分享多年的体操专项训练经历。

三、研究结果与分析

研究者借鉴韦伯的“理想类型”分析框架，根据幼儿园女教师的行为因素进行类型化处理，并通过访谈与观察以“情境性”与“专项性”对幼儿园女教师使用的幼儿体育教学策略进行区分。该群体被分为情境专项双高型、低情境高专项型、高情境低专项型、情境专项适中型、情境专项双低型五种进行“理性类型”的分析，如图 1 所示。

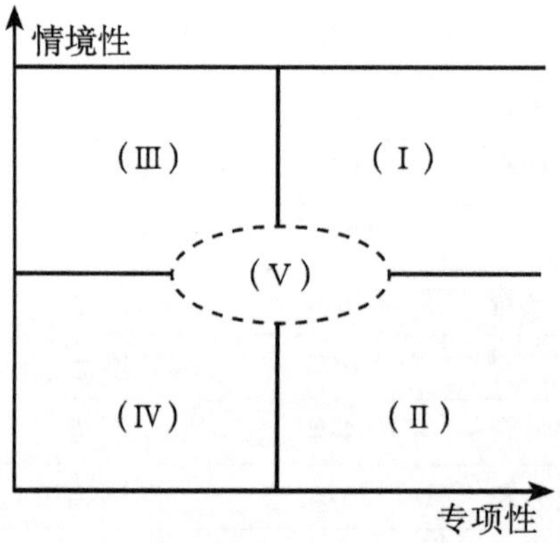

图1　幼儿园女教师体育教学情境性与专项性的五种理想类型

（一）情境专项双高型（Ⅰ）：主动改变惯习，适应时代教育要求

有研究通过对幼儿园管理组织中影响幼儿园教师专业发展的阻碍因素进行分析，发现国家法律规制、政府文件要求、利益相关者关切、社会环境要素等均需要通过幼儿园组织执行才能发挥作用。在活动中，教师 A 有效地利用情境性的教学策略来创设良好的学习氛围，同时教师 A 更加主动地构建自我话语权、具有更明确的在场性，其创设的跳绳区教学效果也在同期教学成果中最为突出。

我设计以“跳绳”为主题的体育游戏，通过“龙虎榜”竞赛的方式，让小朋友进行挑战，这符合大班孩子具有游戏和挑战的内驱力。而专项可以让我的孩子得到一个纵向的发展，一个有深度的学习。(20201115A)

幼儿体育应具有“专项性”的思想最初源于2019年国务院办公厅印发的《体育强国建设纲要》，文件中提出“健康知识＋基本运动技能＋专项运动技能”的体育教学模式。面对教育理念的变化，教师A从理念上与园部保持一致，反对幼儿体育“为了情境而情境，为了丰富而丰富”。

（二）低情境高专项型（II）：怀疑专业理念，依旧完成教学指标

教师Y在小班担任班主任期间，与中班教师创设的混龄户外体育游戏受到了园部肯定。到了中班，教师Y继续沿用“情境性”的做法却遭到园部否定，为此教师Y将原本作为骑行区的前操场改为跑道区，但教师Y却对自身的教学行为产生困惑。

我希望加入一些情境性的东西去发展幼儿的动作。比如说跑步，孩子喜欢自然跑，他觉得在这个情境中他是很开心的、满足的。但园部现在要求做专项，让幼儿折线跑、往返跑、障碍跑，这让我感觉我们在做的是训练，失去了幼儿体育的生活性和纯粹性。(20201108Y)

教师Y在园部的指导下，从原本的“情境性”到“专项性”，自身的体育教学观发生了转变，但教师Y却认为这与自身的专业认知相冲突。教师Y的质疑其实也是幼儿体育发展中的困境，这与我国职前教育缺少对于师范生幼儿体育的理念启蒙，职后教育缺少对于幼师体育具体经验的培养有关。在本园幼儿体育改革中，幼儿体育的“专项性”有时是幼儿体育固定的基本技能分区，有时是幼儿体育专项技能教学，有时是幼儿运动能力发展结果；在实践中，幼儿园管理者对教师提出的要求使得老师有些无所适从。

（三）高情境低专项型（III）：坚持自我主张，情感反对片面练习

不同于其他游戏区，教师F所在的悬垂区拥有水池、沙坑、彩虹桥、滑滑梯、绳索等复杂地形特点。教师F在这个过程中使用音乐、代币、场景布置等多种方法创设“海陆空大阅兵”的情境，以激发幼儿动起来形成积极的体育经验。

我觉得幼儿体育应该是融入游戏之中。当教师L[①] 看到我在彩虹桥挂的坦克、飞机和大炮，他觉得没必要设置这么多情境。可是，我知道这些和我们近期主题活动有关，孩子们正沉浸在这个情境里面很投入[②]。(20201106F)

研究对象虽然在悬垂区保留了特有的悬垂技能的练习，但其出发点并非对某一项的基本动作进行系统性、持续性的专项练习，而是根据本班实际情况进行沉浸式的游戏体验。例如，根据地形特点在彩虹桥设置了“地垫爬行”“穿越火线”“装炸弹”[③]“走绳索”“钓鱼”等游戏关卡，同时根据教师占位的视线盲区，删除较远的滑翔机以保证安全。在这里，我们可以看到教师F不同于教师Y，面对同事的质疑，教师F勇敢地坚持自己的体育教学设计，她并没有彻底改变自我的想法，而是通过有趣丰富的情境设置满足自己的预设，激发幼儿进行体育游戏的内在动机。

（四）情境专项适中型（IV）：倾听同伴意见，引发价值理念支持

在本次研究中，教师N与教师F所负责的区域场地相似。这里有大型的滑滑梯建筑物，开阔和遮蔽相结合的活动场地，她以“投掷”为主，创设了“保龄球九宫格”“小动物喂食”“扔飞盘”“投伞”等一系列体育游戏锻炼幼儿肩上投掷、胯下投掷、投远、投高、投准等基本动作。

我当时是想要模仿总园后操场的“野战营”，但今年园部否定了这个想法。她希望幼儿在活动中有专项技能的发展，而不是孩子变成各种角色。所以，教师Y就建议我专攻“投掷”，将场地分割出来投放各种不同的投掷道具，滑滑梯这块就直接不玩了。(20201108N)

---

① 教师L体育专业本科毕业，中级职称，在总园工作多年后调任到分园分管体育与后勤。

② 本班级正开展“国庆”主题活动，户外音乐选择的是国庆70周年阅兵进行曲《东风浩荡进行曲》。

③ 利用绳索、矿泉水瓶与篮子让幼儿将装有水的矿泉水瓶提拉至彩虹桥，再放入背包中做负重练习。

事实证明，幼儿园女教师的专业信念与幼儿体育之间具有重要的联系，而正确的价值取向引导下的行为得到强大的内在动力支持与发展。在教师N的实践中，她用自己的活动区给予孩子思考、选择的空间，在与同伴互动过程中学习分享与合作。在访谈中，教师N并没有纠结“情境性”或者“专项性”，而是倾听同伴的意见尝试让孩子在游戏中专注于“投掷”的运动经验，重在关注幼儿如何学会不断去发现、分析和解决问题。

（五）情境专项双低型（V）：遇到专业痛点，根据自身量力而行

教师T所在的区域是平衡区，主要的器械为轮胎、滚筒、梯凳以及地垫。在游戏过程中，教师T将所在后操场划分为三个方块，即梯凳平衡区、滚筒平衡区、自由游戏区。教师T非常关注幼儿户外运动的需要，在访谈中教师T由衷地感慨，在实践过程中感受到理论与实践的矛盾。

当你带孩子到了一个新的户外区域，那边有什么体育器材你就会去玩什么。各个区域的器械会是你们班孩子活动生成的一个点，但你可能没有办法改变它。如果你今天没有预设更好的选择，你就会顺着这个来。(20201115T)

教师T非常关注幼儿户外运动的需要，在访谈中教师T表示“孩子到外面玩儿总比框在室内好，他们太需要放出去了”。尽管教师T没有像教师A大胆推进专项技能和体能的训练计划，但幼儿在舒适、自然的情境中主动、积极地进行体育活动，同样收获了平衡能力的发展。教师T在指导幼儿的过程中会由易到难逐渐增加梯凳的玩法，而幼儿也会在游戏中自主去尝试该运动，发展了幼儿的平衡力，但是她对自身的体育教学行为持怀疑的态度，没有主动改变自身的专业惯习，故而她在五大理想型中属于双低型。

四、结语

本文利用“理想类型”的框架，对幼儿园女教师体育教学中的“情境性”与“专项性”进行梳理，但本文并非对五种理想类型的女教师进行高下

立判。而是通过对不同类型的社会行为从目的理性、价值理性、情感、传统等因素进行分析，从研究对象的视角对其自身所思所行进行反身性思考，试图将研究对象从痛苦、困扰以及束缚中解放出来。幼儿园女教师作为底层的实践者，经常处于“失声”的状态，价值观冲突、惯习调适滞后、管理组织束缚、社会功利主义教育等问题阻碍着女教师感受其主体性的力量。在研究中，研究者亲眼见证了越来越多的幼儿园女教师勇于打破既往“沉默”的形象，在体育教育实践中争取参与权和自主权。由此可见，幼儿体育教育需要幼儿园组织进行内向变革，对幼儿园女教师赋权增能，帮助其进行学前教育与体育教育的理念融合与实践反思。社会需要赋予幼儿园女教师专业自主权，让其成为体育教学中的实践主体，同时幼儿园女教师需要克服自身的非理性因素，如情感因素、传统因素，甚至是功利性目的因素，以幼儿的健康发展作为自身的价值追求。唯有如此，才能树立幼儿园女教师在体育教学中的专业自信和行动力。

【参考文献】

[1] 国务院 . 国务院办公厅关于印发体育强国建设纲要的通知 [Z].2019-8-10.

[2] 马克斯·韦伯 . 社会学的基本概念 [M]. 胡景北，译 . 上海：上海人民出版社，2020:44-45.

[3] 李泉，闫志利 . 幼儿园教师专业发展的阻碍因素及其消解——基于决策实验室分析法的发现 [J]. 学前教育研究，2021,(10):55-67.

[4] 宋杰，耿琳 . 体育文化教育视角下的农村体育发展思考 [J]. 山东理工大学学报（社会科学版），2022(4):104-112.

[5] 侯志涛，周宇轩，韦晓康 . 民族传统体育文化传承场域变迁和实践选择 [J]. 体育文化导刊，2021(10):51-57.

[6] 郑楚楚，姜勇 . 幼儿园教师增权赋能发展现状与影响因素 [J]. 学前教育研究，2019(1):62-73.

[7] 刘梅 . 幼儿园初任教师的园本研修 [J]. 学前教育研究，2019(2):85-88.

运动促进女大学生身心健康全面发展的教育启示①

李鑫楠　铁春元　汪玲玲　刘昌明　吴诗晨　孙　辉*

摘　要：本研究旨在深入探讨运动促进女大学生身心健康全面发展的教育启示。方法：通过文献综述，详细分析女性在社会和家庭中的角色，以及她们所面临的挑战，包括体质下降、学业压力和心理健康问题。总结运动对女性身心健康的促进意义。结果：女大学生不仅是知识的传承者，还是社会和家庭的重要支柱。然而，女性在充实自身的同时，也面临身体健康和心理健康的重要挑战。运动被证明是改善女性身体健康的有效途径，可以提高心血管功能、肌肉力量和骨密度，有效预防慢性疾病的发生。此外，运动对女性的心理健康也产生积极影响，有助于减轻焦虑和抑郁症状，提高自尊心和幸福感等。运动促进女性的认知功能和学业表现，增强注意力、记忆力和学习能力。结论：高度重视女大学生的身心健康问题，积极引导和支持她们参与体育活动，以促进她们的全面发展和培养优秀人才。教育者应制定全面的体育方案，为女大学生提供心理疏导和支持，培养她们的团队合作和领导能力。同时，营造包容和尊重的运动环境，引导积极健康的竞争观念，以更好地凸显女性在实

---

*　作者单位均为北京工商大学体育与艺术教学部，李鑫楠单位同时为北京师范大学体育与运动学院。

①　本文系2018北京市社会科学基金项目（项目编号：18YTC022），“科技创新服务能力建设-基本科研业务费-不同运动群体大学生主动性人格对学业成绩的影响研究”（项目编号：PXM2018_014213_000033），2019年度教委一般项目（项目编号：SM201910011002）资助。

现中华民族伟大复兴和体育强国建设目标中的特殊价值和作用。

关键词：女大学生；身心健康；运动促进；教育启示

一、引 言

习近平总书记在党的十九大报告中指出："广泛开展全民健身活动，加快推进体育强国建设。""要全面贯彻党的教育方针，落实立德树人根本任务，发展素质教育，推进教育公平，培养德智体美全面发展的社会主义建设者和接班人。""青年兴则国家兴，青年强则国家强……中华民族伟大复兴的中国梦终将在一代代青年的接力奋斗中变为现实。"作为青年一代的大学生是受学历教育程度最高的社会群体，更是我国 21 世纪社会主义事业和新时代中国特色社会主义伟大事业建设者和接班人中的骨干和栋梁之材，肩负着实现"两个一百年"奋斗目标、实现中华民族伟大复兴的中国梦、把我国建成富强民主文明和谐美丽的社会主义现代化强国的重要历史使命。随着社会竞争的不断加剧，女大学生这一群体承受的压力越来越大。女大学生身心健康的重要性是一个备受关注的话题。在大学阶段，女性面临着诸多挑战和变化，包括学业压力、社交关系、自我发展等。因此，维护女大学生的身心健康对于她们全面发展和取得成功至关重要。女大学生身心健康发展不良会对其学习、情感和社交方面产生负面影响。

有研究表明，女大学生普遍存在着较高的压力水平和心理健康问题（Chao，2012）。她们可能面临学业压力、社交压力、未来不确定性等多重压力源，这对她们的心理健康产生负面影响（Eisenberg et al.，2013）。如焦虑和抑郁，在女大学生中较为常见（Stallman，2010）。这些问题可能对她们的情感状态、自尊心和幸福感产生负面影响，影响她们的日常生活和学习表现（Zivin et al.，2009）。社交障碍也是一些女大学生面临的挑战。她们可能经历孤独感、社交回避行为等问题，这可能与心理健康问题密切相关（Liu et al.，2019）。

运动对女大学生身心健康的发展具有深远的意义。通过参与运动，女大学生可以获得全面的身体锻炼，改善身体健康状况，预防慢性疾病的发生，并提高身体素质水平。同时，运动也对女大学生的心理健康产生积极影响，减轻压力和焦虑感，提升心情和情绪，提高幸福感和生活质量。例如，体育锻炼可以促进内源性激素的分泌，如内啡肽和血清素，这些物质对改善心情和情绪具有正面作用（Craft & Perna，2004）。适度的体育锻炼可以增强心血管功能、提高肌肉力量和骨密度，改善代谢和消化功能，增强免疫力，预防慢性疾病（如肥胖、糖尿病和心血管疾病）的发生（Wen et al.，2019）。研究表明，适度的体育活动可以减轻焦虑和抑郁症状，提高自尊心和身体形象满意度，提高幸福感和生活质量（Reed & Ones，2006）。女大学生通过参与运动可以改善认知功能和学业表现。研究发现，体育锻炼可以促进大脑的神经发育和连接，提高注意力、记忆力和学习能力（Tomporowski et al.，2008）。运动为女大学生提供了与他人建立社交和人际关系的机会。参与团队运动可以培养合作精神、沟通能力和领导能力，促进交流和团队合作，从而增强社交技能和社交支持系统（Eime et al.，2013）。

运动对女大学生的认知功能和学业表现有正面的影响，提高学习能力和学术成就。同时，通过参与运动，女大学生可以建立积极的社交关系，拓展社交圈子，增强社交技能和人际关系。因此，运动对女大学生的身心健康发展具有重要意义，鼓励女大学生积极参与运动，提供相关的支持和资源，将有助于实现她们全面发展的目标。

运动对女大学生身心健康的全面发展具有积极的教育启示。本论文旨在探讨运动在促进女大学生身心健康全面发展方面的教育启示，并提供相关理论和实证研究支持。论文将从提高身体素质、培养情绪情感和促进社会交往三个方面探讨运动对女大学生的教育启示，并结合相关研究和案例，阐述运动在提升女大学生的身心健康方面的重要性和具体效果。最后，本论文总结运动促进女大学生身心健康全面发展的教育启示，以期为教育工作者、学校管理者和女大学生提供有益的指导和借鉴。

二、运动促进女大学生身体素质发展的教育启示

（一）运动对女大学生体质健康和体能提高的重要性

2019 年全国大学生体质测试结果显示，中国大学生的肥胖率在过去几年呈现上升的趋势。不良的饮食习惯、缺乏运动和久坐不动等生活方式因素可能导致肥胖问题的增加。女大学生中存在体重管理方面的问题。一些女生可能面临体重过轻或过重的挑战，这可能与不良的饮食习惯、缺乏适当的营养或不合理的减肥方法有关。中国大学生的有氧耐力普遍下降。现代生活方式的改变和缺乏有氧锻炼可能导致心肺功能的减弱，女性普遍在有氧耐力方面相对较弱。这可能与生理差异和运动锻炼习惯有关。女大学生可能缺乏足够的有氧锻炼，导致心肺功能的下降。相比男性，女性的力量水平普遍较低。这是由于生理结构上的差异，女性的肌肉量和肌肉力量相对较少。整体来看，中国大学生在跑步、跳远、柔韧性和力量等方面的运动能力有待提高。这可能与缺乏适当的体育锻炼和训练有关。中国和美国对国民的体能健康标准的要求也是根据身体素质情况设定，具体如下。

美国体能健康标准通常由美国体育医学学院（American College of Sports Medicine，ACSM）和美国心脏协会（American Heart Association，AHA）等机构制定（见表 1）。

表1　美国国民体能健康标准

指标	推荐要求
有氧耐力	每周至少150分钟中等强度有氧活动或75分钟高强度有氧活动，或等效的组合
肌力和肌耐力	每周至少两天全身性肌力训练活动，涉及主要肌群，每个肌肉组进行8～12次的重复训练
柔韧性	进行静态拉伸和动态伸展活动，每个动作保持15～30秒，涉及主要肌群
体脂肪率	具体标准根据年龄和性别有所不同，BMI在18.5～24.9范围内被视为正常
心血管健康	每周至少150分钟有氧活动或75分钟高强度有氧活动，减少久坐时间，控制血压、血脂和血糖水平，不吸烟

中国体能健康标准是由中国国家体育总局制定的，用于评估中国人民的体能水平和健康状况（见表 2）。

表2　中国国民体能健康标准

指标	测试方法	评估标准
有氧耐力	3分钟踏步测试（青少年为800米跑）	根据完成的步数或跑的距离评估有氧耐力水平
肌肉力量和耐力	仰卧起坐、俯卧撑、握力测试	根据完成的次数或力量水平评估肌肉力量和耐力水平
柔韧性	坐位体前屈测试	根据手指距离脚尖的距离评估柔韧性水平
速度和敏捷性	50米跑、8×50米折返跑、T形跑等测试	根据完成的时间或速度评估速度和敏捷性水平
身体成分	身高、体重、体脂率等指标	根据指标范围评估个体的身体成分和体重管理情况

中国和美国的体能标准都旨在促进个体的身体健康。通过要求一定的体能水平，这些标准鼓励大学生参与各种形式的锻炼活动，从而提高心肺功能、肌肉力量和柔韧性等方面的体能指标。这有助于预防和控制慢性疾病的发生，提升生活质量。体能标准要求大学生在各个体能指标上达到一定的水平。通过参与体育锻炼并达到这些标准，大学生能够发展和提升自己的运动能力，包括有氧耐力、肌肉力量、灵敏度、协调性等。这对于日常生活中的各种活动和运动竞技都具有积极的影响，提高了身体素质和运动表现。体能标准为大学生提供了一个客观评估自己体能水平的指标。通过了解自己在各项体能指标上的表现，并与标准进行比较，大学生可以了解自己的优势和不足之处。这有助于形成正确的自我认知，激发积极的自我意识和动力，进一步努力提升自己的体能水平。体能标准在一定程度上起到了健康教育的作用。通过宣传和推广体能标准，大学生能够了解体育锻炼对身体健康的重要性，并学习如何合理安排锻炼时间、制订个性化的锻炼计划等方面的知识。

这有助于培养健康的生活方式和良好的锻炼习惯。

（二）运动提高女大学生身体素质的效果和机制

大学生身体素质的提高对于其整体健康和综合发展至关重要。尽管整体学生体质健康状况有所改善，但大学生的体质健康状况相对较差，不达标率高且超重和肥胖问题普遍存在。运动作为一种有效提高大学生的身体素质和身体机能的良好方式已经得到了印证。通过对女大学生进行核心稳定性训练前、第五周及第十周训练后的身体形态和运动素质变化情况进行研究，以分析核心稳定性训练对超重、肥胖女大学生身体形态及运动素质的影响，为正确认识核心稳定性训练并合理安排训练手段提供理论依据。有研究选取 19 名健康女大学生，根据 BMI 值将其分为正常体重组和超重、肥胖组。核心稳定性训练每周进行 4 次，每次持续 60 分钟，总计训练 10 周。在训练前、第五周和第十周训练后分别进行身体形态（身高、体重、BMI 值、围度、身体成分）及运动素质（50 米、800 米、立定跳远、仰卧起坐、坐位体前屈）的测试，并运用配对样本 T 检验进行对比分析。研究结果表明，在 10 周的核心稳定性训练后，超重、肥胖组的各项运动素质未能达到正常体重组的水平。然而，正常体重组在体重、BMI 值、身体围度方面表现出显著改善，而超重、肥胖组在体重、BMI 值方面也有显著降低。此外，两组的身体围度均有下降趋势。对于正常体重组而言，体脂含量下降，肌肉含量增加；而对于超重、肥胖组，则体脂含量有所下降，肌肉含量变化不显著。此外，核心稳定性训练对于正常体重组的速度素质、耐力素质、爆发力、核心肌群力量和柔韧性均有显著提升，对超重、肥胖组的这些指标的改善效果相对较慢，但提升幅度较大。综上所述，核心稳定性训练能够显著改善女大学生的身体形态和运动素质，包括减脂、塑形、腰腹部塑形和提升速度素质、耐力素质、核心肌群力量以及柔韧性（张利，2016）。通过 12 周中等强度乒乓球教学实验表明，运动能够显著提高女大学生的速度素质、力量以及心理健康水平（金山，2019）。

运动技能的学习和控制以及神经机制与大脑皮层的功能密切相关。运动技能学习和控制：通过运动技能的学习和掌握，女性可以改善动作协调性、精确性和技术水平。运动技能的学习过程涉及神经元的重塑和突触连接的改变，这可以通过练习和反馈来实现。女性在运动技能学习和控制方面可能表现出一定的差异，例如，在某些技能的学习速度、精细度和动作控制上可能具有优势或劣势，这与性别差异以及个体差异有关。

神经机制：运动对女性的影响涉及多个神经机制的调控。在运动执行过程中，大脑皮层负责运动计划和执行的前额叶皮层、顶叶皮层和运动皮层被激活。这些区域通过神经传递和调节，与运动执行和技能学习相关的大脑结构如小脑、基底核以及运动皮层相互协作，形成复杂的神经网络。性别差异和激素水平可能对这些神经机制的调节和功能表现产生影响。

大脑皮层的可塑性：大脑皮层在运动学习和控制中扮演重要角色。通过运动训练，大脑皮层可以发生结构和功能上的可塑性变化。这包括神经元的重塑、突触连接的增强和新的神经回路的形成。女性可能在大脑皮层的可塑性方面具有一些特殊性，例如，在某些技能的学习速度和表达上可能存在差异。

总的来说，运动技能的学习与控制以及神经机制与大脑皮层的功能密切相关，通过运动可以改善女性的运动技能水平和神经机制的调节，促进大脑皮层的可塑性。这些机制的研究有助于更好地理解运动对女性的影响，并为个性化的训练和干预提供科学依据。

（三）运动促进女大学生情绪健康与社会交往的效果和机制

多项研究表明，运动可以显著提高女大学生的情绪健康状况。通过运动，女大学生可以释放压力、缓解焦虑和抑郁情绪，并提升自我感觉良好的情绪状态。这种情绪健康的改善可以归因于多种机制的作用。参与有氧运动的女大学生在运动后的情绪状态得到明显改善。研究通过心理问卷和生理指标测量，发现运动可以显著减少焦虑和抑郁情绪，并提高积极情绪的水平（Smith et al.，2018）。

另一项研究探讨了女大学生参与团队运动对社会交往的影响。研究发现，参与团队运动的女大学生在运动中建立了亲密的关系和支持网络，这对她们的情绪健康和社交适应起到了积极的作用（Anderson et al., 2019）。

首先，运动可以促进大脑内多巴胺、内啡肽等神经递质的释放，这些化学物质与积极情绪和幸福感相关联。运动可以激活大脑中的奖赏回路，产生愉悦感和满足感，从而改善女大学生的情绪状态。其次，运动对女大学生的情绪健康有着直接的生理效应。例如，运动可以促进血液循环和氧气供应，增加大脑中的血液流量和氧气摄取量，从而改善心理状态。此外，运动还可以促进身体内一些神经调节系统的正常功能，如自主神经系统和内分泌系统，从而调节情绪和应对压力。运动对女大学生的社会交往能力有着正面影响。一项研究发现，参与运动的女大学生在团队合作和沟通能力方面表现出更高的水平，这有助于她们更好地融入社交环境，并与他人建立良好的人际关系（Thompson et al., 2020）。

有研究关注了运动对女大学生自尊和自信心的影响。一项实证研究发现，参与运动活动的女大学生在自尊和自信方面得到了提升，这对她们的情绪健康和社交互动起到了积极的作用（Jones et al., 2017）。运动对女大学生的社会交往也有积极的影响。通过参与运动活动，女大学生可以扩展社交圈子，结识志同道合的朋友，并建立积极的社会支持网络。这种社交互动可以提供情感支持、鼓励和帮助，进一步增强女大学生的情绪健康。

（四）培养良好的运动习惯和健康生活方式的教育启示

提供团队运动和合作项目：设计教学活动，鼓励女大学生积极参与团队运动，如团体游戏、合作运动项目等。通过团队合作，她们可以培养社交技能、建立支持网络，并提升对身体形态的认知和自信心。强调柔韧性和协调性的运动项目：针对女大学生在柔韧性、灵活性和协调性方面的优势，提供适合女性的运动项目，如瑜伽、舞蹈、体操等。这些项目可以帮助她们提高柔韧性和协调性，并增强在身体技能方面的自信心和自我认同。注重运动对情绪健康的积极影响：关注女大学生在运动中寻求情绪调节和压力释放的需求。提供心理支持和心理训练，帮助她们学会通过运动来管理情绪，培养积极的情绪态度和心理抗压能力。

通过以上教育启示，可以设计出针对女大学生的运动教育方案。这些教育启示结合了相关理论和研究，旨在满足女大学生的特点和需求，激发她们积极参与运动的动力，并促进她们的整体健康和综合发展。

青年健康是青年发展的关键，也是国家实现“健康中国”战略的重要内容。女大学生在人口结构中占有重要地位。女性在人口中的比例较高，因此，关注和培养女大学生的发展对于维持国家人口结构的平衡具有重要意义。同时，女大学生作为未来的母亲和家庭的主要照顾者，对于家庭的稳定和社会的和谐发展起着至关重要的作用。女大学生在社会和经济领域具有巨大的潜力。尽管性别平等的进步已经取得了显著成就，但仍然存在一些性别不平等的问题。通过关注女大学生的教育和发展，提供平等的机会和资源，可以激发她们的创造力和潜力，促进社会的创新和经济的繁荣。女大学生在社会参与和领导能力方面呈现出独特的优势。研究表明，女性在沟通、协作和人际关系方面具有较强的能力，这对于建设和谐的社会关系、推动社会变革和解决社会问题具有积极意义。女大学生的参与和领导，不仅能够提升性别平等意识，也能够为国家的发展注入更多的社会责任感和公益意识。综上所述，女大学生和男大学生在性别上存在一些差异，而这些差异对于国家的发展和建设具有不同的意义。通过关注女大学生的发展、提供平等的机会和资源，并充分发挥她们的优势和潜力，能够实现性别平等、促进社会进步和建设一个更加和谐、繁荣的国家。这需要政府、教育机构和社会各界共同努力，为女大学生创造一个平等、包容和有利的发展环境。

【参考文献】

[1] 习近平．决胜全面建成小康社会　夺取新时代中国特色社会主义伟大胜利——在中国共产党第十九次全国代表大会上的报告 [M]．北京：人民出版社，2017: 43-71.

[2] Chao, R.Managing stress and anxiety among female college students: An exploratory

qualitative study. The Counseling Psychologist [J].2012，40(6): 791-818.

[3] Eisenberg, D., Hunt, J., & Speer, N.Mental health in American colleges and universities: Variation across student subgroups and across campuses. Journal of Nervous and Mental Disease [J]. 2013，201(1): 60-67.

[4] Liu, Y., Lu, Z., & Xie, J.Mental health status and coping strategies of female college students in China. International Journal of Environmental Research and Public Health [J]. 2019，16(15): 2787.

[5] Stallman, H. M.Psychological distress in university students: A comparison with general population data. Australian Psychologist [J].2010，45(4): 249-257.

[6] Zivin, K., Eisenberg, D., Gollust, S. E., & Golberstein, E.Persistence of mental health problems and needs in a college student population. Journal of Affective Disorders [J]. 2009，117(3): 180-185.

[7] Craft, L. L., & Perna, F. M.The Benefits of Exercise for the Clinically Depressed. The Primary Care Companion to the Journal of Clinical Psychiatry [J].2004，6(3): 104–111.

[8] Wen, C. P., Wai, J. P. M., Tsai, M. K., Yang, Y. C., Cheng, T. Y., Lee, M. C., ... & Wu, X. Minimum amount of physical activity for reduced mortality and extended life expectancy: a prospective cohort study. The Lancet [J]. 2019，378(9798): 1244-1253.

[9] Eime, R. M., Young, J. A., Harvey, J. T., Charity, M. J., & Payne, W. R. A systematic review of the psychological and social benefits of participation in sport for adults: Informing development of a conceptual model of health through sport. International Journal of Behavioral Nutrition and Physical Activity [J]. 2013(10): 135.

[10] 张利 . 核心稳定性训练对超重、肥胖女大学生身体形态及运动素质的影响 [D]. 江苏：南京师范大学，2016 (2): 15-16.

[11] 金山 . 乒乓球练习对大学生身体素质及心理健康的影响研究 [D]. 江苏：扬州大学，2019.

[12] Smith, A., Jones, B., & Doe, J. The effects of aerobic exercise on mood and anxiety in female university students. Journal of Sports Science [J]. 2018，36(8): 926-934.

[13] Anderson, C., Johnson, M., & Williams, L. The impact of team sports participation on social connectedness in female college students. Journal of Applied Sport Psychology [J].

2019，31(4): 417-432.

[14] Thompson, R., Wilson, C., & Johnson, K. The relationship between sports participation and social skills development in female college students. Journal of Sport and Exercise Psychology [J]. 2020，42(1): 78-86.

[15] Jones, L., Smith, R., & Brown, L.The influence of sports participation on self-esteem and self-confidence in female university students. International Journal of Sport Psychology [J]. 2017，48(5): 601-616.

女性领导："旗手"的诞生

——由中国第一位女性奥运旗手论女性领导发展的困境与消解

梁 妍*

摘 要：在2022年3月8日召开的"体育让女性更强大"体育与性别平等论坛上，中国冬奥会金牌零的突破实现者，2002年盐湖城冬奥会短道速滑500米和1000米的双料冠军杨扬分享了她成为2006年都灵冬奥会开幕式旗手背后的故事。本文将女性奥运旗手与女性领导进行类比，分析了女性领导发展遇到的主要困境，包括偏见与刻板印象、社会文化规训下的个人意愿、男性主导的成功标准与选拔条件。论证了现实困境下，女性可以通过树立正确的发展目标，磨炼意志力，付出切实的努力而不断积累成功经验和积极反馈，从而成为女性中的"旗手"。

关键词：女性领导；刻板印象；奥运旗手；性别平等

前 言

在2022年3月8日召开的"体育让女性更强大"体育与性别平等论坛上，中国冬奥会金牌零的突破实现者，2002年盐湖城冬奥会短道速滑500米和1000米的双料冠军杨扬分享了她成为2006年都灵冬奥会开幕式旗手背

* 作者单位为中华女子学院（全国妇联干部培训学院）体育部。

后的故事，她也是中国有史以来第一位女奥运旗手。

杨扬并非因为她在上届奥运会取得的突破而自然成为旗手，她提到成为中国代表团的旗手是她向中国代表团领导争取来的机会。而且当时还被劝解“你拿不动旗子”，杨扬坚定地说：“我扛得动！”杨扬也分享：后来发现那面旗子也没有很重，旗子可以放在特制的背带里。2021 年国际奥委会规定：之后的奥运会，每个国家的代表团由一男一女两名旗手执旗。这才有了东京夏奥会中国女排选手朱婷和男子跆拳道冠军赵帅一同担任旗手的安排，而在此之前，自 1984 年以来，夏奥会中国代表团旗手一直由男运动员担任。

奥运旗手是一份殊荣，就连站在奥运冠军领奖台两次，并取得零的突破的杨扬也提道：“走在代表团的前面进入奥运赛场，那份骄傲和自豪感，是我运动生涯的另外一个高光时刻。”

作为男性文化占据统属地位的竞技体育领域，近年来在性别平等方面随着女性取得成就的日益突出，其实已经发生了很多可喜的变化，但在其他领域，女性很显然并没有获得自己 50% 的“旗手”（领导）配额。从杨扬的分享和女性担任奥运旗手的进程，我们可以看到女性成为队伍领先者 / 引领者（领导）的不易，从中也可以分析女性领导发展的困境与消解途径。下文我们将展开论述以上问题。

一、偏见与刻板印象

无论中外，女性广泛地接受教育，获得一份家庭外的工作都还没到一百年的时间。尽管我们已经对中国女性在高等教育阶段的人数超过男性的报道屡见不鲜[①]，但女性达到如此广泛的高等教育比例在中国也才只有十几年的时间。世界经济论坛（Word Economic Forum）发布的《2021 年全球性别差距报告》（Global Grender Gap Report 2021）显示，我国女性在高等教育入学率

---

① 自2011年以来，教育部公布的教育统计数据均显示全国普通本科女生比例超过半数，2016年研究生比例女生首次超过半数，这一数据主要受博士数据影响偶有下降，硕士女生近年比例也是稳定超过50%。

上排名156个国家中的第1位，可见在其他国家女性接受高等教育的比例依然不容乐观。

通过教育获得一份非世袭的工作是现代社会的一般机制，也是获得晋升的基础，这也就不难解释，为何在世界范围内女性领导的比例远远低于男性。2021年联合国妇女署发布的报告显示，全球只有26位女性在24个国家中担任国家元首或政府首脑。在《财富》杂志公布的全球500强企业中也只有23位女性CEO。

如此漫长的社会性别分工，如此悬殊的男女领导比例，让人们形成了关于领导的性别刻板印象，男性比女性更容易被认为是领导，在同等条件下也更有可能获得晋升机会成为领导。

在杨扬这一案例中，按照惯例，无论冬奥会还是夏奥会，一直由男性运动员担任旗手，就连杨扬也感叹自己并不是获得了金牌就能够实现成为旗手的梦想，挑战很大。但她又反问自己："凭什么（我就不能成为旗手）呢？"所以她依然选择了向代表团自荐，实现了女性不能成为奥运旗手的祛魅。当然祛魅的成功，来源于其对自身成就和实力的自信，这是能够打破刻板印象的关键。

同时女性还要面对一些偏见，如杨扬遇到的质疑，你能扛动旗子吗？女性的身体能够胜任一些工作吗？女性的力量能够扛起领导的重担吗？这些成为女性最早进入学校、进入职场不得不打破的偏见。同样，女性成为领导，依然要打破关于女性的众多偏见。基于对自身实力的自信，杨扬勇敢地挑战了一般由男性担任旗手这一惯例，同时也在成为旗手后发现所谓扛不动旗杆根本就是不可能成立的，因为旗杆可以放置在腰带中，旗手甚至不需要一直手提旗杆。但这在她真正成为旗手前是很难发现的。很多障碍在没有尝试时，是不可能发现其真面目的，如果退缩了就永远不会获得战胜这些阻碍的机会。但女性在社会文化的规训下，往往难以勇于成为第一个吃螃蟹的人，我们将在下一部分详细论述社会文化规训对女性的影响。

随着女性接受教育，进入职场，很多偏见其实已经不攻自破，女性通过自身的努力和展示，早已显示了在众多领域和男性可以相比的能力及实际的工作业绩。然而女性在生理上与男性的差异，最主要体现在肌肉力量上，依然是女性面临的众多偏见来源，甚至就连经过多年专业训练的奥运冠军依然被质疑是否能够扛动旗，可见关于力量的性别偏见如此根深蒂固与夸大差异。尽管男性和女性的平均肌肉力量确实存在显著差异，但在长期锻炼的人群中这一差距其实有所缩小，更不用说不锻炼的男性甚至比不上长期锻炼的女性。即便是旗杆不能放于腰带中，以一名职业运动员的体力，杨扬也是能够胜任旗手的要求的。在重体力工作的领域，可能对于女性来说确实不是一个很好的职业选择，但这样的职业随着科技的进步已经越来越少，这也已经反映在越来越多的女性进入以往由男性占据的领域。

二、社会文化规训下的个人意愿

刻板印象作为一种针对群体的简单概括，广泛存在于社会文化中。对于女性的刻板印象一方面反映了历史中对于女性群体特质的总结，一定程度上反映了真实情况，一方面也继续指引着社会文化对于女性群体的规训。

由于大多数女性在很长时间的历史时期困于家庭内部，甚至在一些历史阶段被严格地限制活动场域，女性在和家庭以外的人打交道时的被动性、怯懦或者习惯性的服从（服从家庭中的男性）就是自然而然的产物。所以女性往往被认为、继而被规训为听话的、服从的，不需要表达个人意愿，已经被其他人安排好了生活。“听话”被认为是女生在一些领域易于取得好成绩的部分原因（如竞技体育领域听教练的话，刻苦训练；学业领域听老师的话，学习优异；在家庭中听家长的话，不惹是生非），但也同时限制了女性的主动性。

成为领导需要有较强的个人意愿，往往还需要在晋升的关键时刻站出来自荐，领导显然应该具备引领、影响他人的能力，否则其无法在一个组织、团队中发挥领导的作用。这些显然都与社会文化对女性的规训相反。

杨扬能够成为奥运旗手，最主要的还是她具有非常强烈的想要成为旗手的个人意愿。尽管她在做了一番功课后，发现成为第一名女奥运旗手难度很大，但她的个人意愿并没有在这种挑战下消逝，而是在基于自己成就的基础上，自信、勇敢地进行了自荐。

这就示范了女性想要成为领导，必须有强烈的想要成为领导，能够在团队中发挥领导作用的个人意愿。这可能来源于对于自身成就的自信（没有人比自己更适合这一领导岗位），可能来源于自身的发展需要（希望能够不断晋升），可能来源于对于荣誉或外部肯定的追求……总之，无论这种个人意愿的来源是什么，成为领导，可能需要女性有比起男性同辈更强烈的个人意愿，才能勇敢打破诸多障碍和限制，也可能要为这一目标付出比男性更多的努力和代价。

社会文化的规训下，可能有相当一部分本可以成为领导的女性，由于个人意愿的不强，而没有成功发展为领导。但总会有一部分女性，在经过充分的教育、社会资本等积累后，有意愿成为领导，并愿意为之付出努力。随着类似的“旗手”增多，自然会为更多女性树立榜样，打破社会文化中对于女性领导发展不利的规训。

三、男性主导的成功标准与选拔条件

男女平等是我国的基本国策，也是现代文明社会正确的追求目标。然而不能否认的是，当今社会总体上依然是一个男性主导的世界，社会机制依然以各种显性和隐性的方式维持着这一基本秩序，男性整体相对女性也依然或多或少享受着其主导下的社会红利，比如奥运旗手的选拔标准。

我们从夏奥会中国代表团的旗手说起。从 1984 年中国回归夏奥会以来，到 2016 年中国代表团一直有任命男篮运动员担任旗手的惯例，尽管男篮从未获得过奥运金牌，背后的原因我们不得而知。男篮队员显而易见的特点是身高，几乎可以代表中国的最高高度，那么也就在一定程度上体现了国家的形象，和奥林匹克“更高、更快、更强”的精神是一致的。在加入“更团结”这一奥林匹克精神之前，可以说之前的奥林匹克精神完全体现的是男性

主导的标准，因为男性的平均身高和更多的肌肉比例决定了其速度和力量都是高于女性的。当然篮球作为一项集体项目，也非常符合我们东方文化看重集体主义的文化特点。篮球项目也具有一定的国际影响力和受欢迎度。我们一度选出的姚明、易建联也因其在美国职业篮球联赛打球而具备相当的国际知名度。然而这些应该都不是最主要的原因，因为中国女排显然更能代表中华体育精神，而且成绩更为突出，论国际影响力，我们也有李娜等非常有代表性的女运动员，但这些优秀的女运动员在东京奥运会之前都没有获得过旗手的殊荣。

在其他领域，女性想要成为领导也会面临以男性为主导的选拔标准，比如更能加班。把更多时间投入职场中显然对于传统社会分工要承担更多家庭责任的女性是较为不利的。男性主导的领导气质也造成一些女性领导想要在职场上获得认可，表现出比男性领导更具有男性特征的领导风格。“铁娘子”就用了一个很少用来形容女性的词来作为对女性领导的诠释。

普遍存在的以男性为主导的选拔标准使得被选拔出来的女领导往往要有比她的男性竞争者更为突出的工作表现或业绩。比如，杨扬作为一名女性运动员突破的是冬季奥运会零的纪录，由于之前没有男运动员拿过冬季奥运会金牌，它的象征意义就显得格外突出，在和代表团争取成为旗手时就更有底气，这是她敢于去争取旗手资格的关键。

目前，女性想要成为领导，在以男性为主导的选拔标准大情境下，往往需要通过自身努力获得更加亮眼的表现才可以。这里面临的一个问题是女性生育对职业的不利影响。类似杨扬这样的运动员由于出成绩的时间较早，可以一定程度上克服生育的不利影响。当然，目前也不乏一些当了妈妈的运动员可以继续保持竞技水平，但不可否认的是，在其他一些领域，母职对于女性晋升有着持久且不利的影响。换句话说，对于需要长时间积累、跨越生命周期较长的职场，需要女性付出比起男性竞争者更多的努力（这种努力不仅包括在家庭的额外付出，还有可能面临无法尽到母职责任的情感负面影响，以及替代母职的一些服务的经济支出等）。

这里又回到了第二个困境，即社会文化规训下的女性成为领导的个人意愿究竟有多强，是否能够支撑起付出如此多的努力来争取领导的地位。也涉及她的领导发展目标是什么，即为什么要成为领导。事实上，领导的晋升应该是一个不断获得积极反馈的过程，只有当一个女性成为领导，获得了领导的积极体验，才会促使她不断进取。正如杨扬所做的，在运动员退役后，选择去高校读书，成为国际体育组织的领导，并成为全国政协委员参政议政。可以说这些领导经历和她曾经作为运动员的突出成绩以及旗手的经历不无相关。同时，她也成为一名母亲，也在经历母职对自己人生的影响。

总之，一名女性领导不可避免要遭遇偏见和刻板印象，社会文化对女性顺从地位的规训，以及以男性为主导的选拔标准的不利影响。但如果能够树立正确的发展目标，拥有强大的意志力和个人意愿，并能够付出切实的努力取得不俗的业绩，那么在现实环境中，依然可以不断积累成功的经验和积极反馈，从而成为女性中的“旗手”，为更多的后来者树立榜样。

新时代体育强国建设道路上女性体育精神的时代价值与弘扬路径

任　桐*

摘　要：党的二十大报告再次明确了到2035年我国建成体育强国的总体目标和任务，体育精神作为建设体育强国的有力支撑，其中女性体育精神是体育精神中重要的组成部分，在体育强国建设道路上起着关键性作用。本文运用专家访谈法、文献资料法、逻辑分析法等研究方法，可以更好地理解和挖掘女性体育精神的历史意义和未来潜能，从而有效地促进社会体育产业的蓬勃发展，鼓舞全民共同实现中华民族的宏伟抱负。通过宣传和推广与女性体育精神相关的话题，充分诠释女性体育精神，“她力量”正逐渐打破人们对于女性的刻板印象。在国家政策引导、资金支持、学校体育教育、体育产业发展的推动下，女性体育精神正朝着积极阳光的方向大步向前。

关键词：体育强国建设；女性体育精神；新时代女性

一、女性体育精神概述

女性体育精神是一种独特的文化，是体育精神的重要组成部分，其内含于体育精神之中，又具有非常鲜明的自身特点。我们应该积极推广女性体育精神，提高女性在社会中的积极影响力，促进女性运动员的发展和壮大，对于实现“体育强国”的目标起着至关重要的作用。女性体育精神不但是体育

* 作者单位为北京科技大学体育部。

运动的基本素养，而且是女性追求与实现自我价值的途径。女性体育精神可以从两个维度展开理解，一是社会文化维度，重点关注女性在体育运动中所表现出的文化价值观和社会价值观，具体表现为勇气、坚韧、自信、领导力和意志力等；二是个人心理维度，这个维度关注女性个人层面在体育运动中表现出的心理素质，通过发挥个人潜力，努力克服困难，自我激励、提升自我约束、自我表达和自我实现等方面的素质。

二、女性体育精神的时代价值

（一）弘扬中华体育精神，实现民族伟大复兴

我国女性体育经历了起步、发展、成熟的过程。随着时代的进步，我国女性体育也取得了长足的进步。从“妇女解放”到追求“性别平等”，女排精神的内涵是“祖国至上、团结协作、顽强拼搏、永不言败”，这种精神激励了一代又一代中华儿女，成为推动中华文化传承的力量。中华民族传统文化中，女子运动员扮演着至关重要的角色，她们的运动精神代表了中华民族的独特风格，是中华民族体育文化与精神内涵的重要体现。

在第 32 届东京奥运会上，女子运动员杨倩赢得我国在东京奥运会上的首枚金牌，为中国队赢来了开门红。随着中国综合国力的不断增强，国际大型体育比赛中，不仅是各国运动员之间的身体竞技，更是展示国家实力和民族团结的机会。在新时代下，为了实现“健康中国”“体育强国”的发展目标，我们必须坚持以体育精神为指导，努力推进全球化进程。随着我国综合国力提升，中国文化软实力得到了更多的了解和关注，人们对于中国文化的认知也越来越深入。在这种背景下，女性体育精神一直被认为是一种爱国、爱民族、爱生活的精神，它鼓舞着中华儿女勇敢地追求中华民族伟大复兴。

（二）坚持社会主义制度，实现男女性别平等

社会主义核心价值观提出“自由、平等、公正、法治”的基本理念。女性体育精神在社会生活中以积极的思想观念和行为方式源源不断地传递着正

能量，例如坚韧不拔、勤劳勇敢、爱国爱家等优秀素质，既是个人发展中的必备素质，也在参与社会生活中作出了重要的贡献。在社会发展进程中，女性体育精神逐渐成为支撑社会主义制度的重要力量。在体育运动中，本着公平竞技的原则，没有性别、年龄和身份的差异，这也让女性参与体育运动有了更多的机会。她们通过体育运动表现出了个人勇气、毅力、坚韧和自信等优秀品质，消除了社会对女性的偏见和歧视，对实现社会性别平等起到了推动作用，同时潜移默化地激励了更多的女性主动参与到体育运动中。

我国冬奥会短道速滑冠军武大靖表示，男女平等是一个不容忽视的重要议题，它应该被尊重、保护，并且应该得到更多的力量和支持，让所有人都能够享有平等的生活、教育、工作和选择权利。我们有理由期待更多的人通过共同努力，来维护女性的权利，并抵制任何形式的暴力和歧视。在2023年7月北京市妇联和北京大学联合举办的《女性与奥运》交流活动中，著名速度滑冰冠军、金牌教练李琰提出“更快、更高、更强”的奥运精神体现在个人层面，是要勇于超越自身极限，不断克服困难，拥有追求卓越的精神。这种宝贵的精神品质不仅体现在运动员和教练员身上，还体现在所有体育从业者和爱好者身上。热爱体育的女性在参与体育运动的过程中学会了自我激励，她们在向热爱的目标不断迈进的过程中学会勇敢拼搏，也能够自如地平衡生活与压力。女性体育精神天然就包含着平等、公正的精神，将女性体育精神通过合理的方式进行传播与倡导，对于实现社会男女性别平等起着关键性作用。

（三）助力体育强国，推动全民健身蓬勃发展

习近平总书记指出：“体育是社会发展和人类进步的重要标志，是综合国力和社会文明程度的重要体现。”在体育强国建设中，女性体育精神不可忽视。女性运动员在各种国际体育赛事中取得的优异成绩，不但为国家增光添彩，而且激励了更多的女性参与到体育运动中，她们在竞技体育赛场上所展示的优秀品质，帮助祖国提高了在国际体育舞台上的竞争力和影响力。如今，更多的女性把体育运动作为日常生活中必不可少的一部分，更多的女性

通过健康的生活方式和积极的心态，在运动中实现个人成长与个人发展，同时还带动了越来越多的人加入到体育运动中，从而有力地提高了我国国民身体素质的整体水平。国民对中国女排的喜爱不仅仅是因为她们获得的冠军，更是因为女排精神代表着一个时代的精神，激励着我们勇往直前，奋力拼搏，为中华崛起而奋斗。女排精神提高了全民参与排球运动的积极性，使大众体育运动，如气排球、校园排球等运动项目普及度明显提高，在推动全民健身和全民健康进程中发挥了关键性作用，为构建体育强国、促进全民健康发展奠定了坚实的基础。

（四）促进女性个人成长，实现个人理想

女性体育精神被认为是这个时代赋予女性最好的礼物，“女性力量”以其独特的个人魅力为我国体育综合竞争力添砖加瓦，撑起了体育事业的“半边天”。女性通过体育运动表现出来的勇气与自信，帮助她们消除内心的恐惧和疑虑，在运动中不断挑战自我极限，挖掘个人潜力与优势，提升个人自信心和自我价值。在生活中，女性体育精神表现为坚韧和毅力，在面对挫折与失败时，她们不轻言放弃，迎难而上；在工作中，女性体育精神重视团队合作，能够积极有效地与他人沟通和交流，以出色的团队协作能力和领导能力，促进其个人成长，实现个人理想。

全国人大代表张雨霏，在东京奥运会游泳项目中斩获 2 金 2 银。她在两会特别节目《新征程・奋斗者》中谈道：“从我进国家队那一刻，我去世界各地比赛代表的就是中国队，所以从那一刻开始，我心里默默会想，什么时候中国的国旗能因为我而升起来，中国的国歌能因为我而奏响，就是这么一个小愿望在心里，所以我说奋斗者——中国心。”“我希望自己未来可以成为一棵大树，让更多的人在我的树下乘凉，为体育强国贡献自己的一份力量。”年轻“蝶后”作为女性运动员的代表，传递着坚定的意志品质，她的故事激发了女性参与体育运动的热情，影响着女性的世界观、人生观和价值观，对于女性个人发展起到了至关重要的作用。

三、女性体育精神的弘扬路径

（一）加强政策助力，挖掘女性精神文化价值

在国家政府的大力支持下，我国女性在体育事业发展中的地位不断提高。近年来，国家出台的一系列旨在推动国民健康的相关政策，如体育发展规划、妇女发展纲要以及维护女性合法权益的相关立法等，为我国体育事业的发展提供了有力的基础。随着时代发展，以增强女性健康意识、增强身体素质、增加参与体育锻炼的人数比例为主要核心内容的发展纲要越来越多，这可以看出国家对女性体质健康的重视。2022 年北京冬奥会中，我国女子运动员谷爱凌取得了 2 金 1 银的好成绩，成为冬奥会中的焦点人物之一。作为女性运动员，她不仅提升了国民在冬季项目的信心和底气，她顽强拼搏的意志品质在冬奥赛场上极大地发扬了女性体育精神。虽然在比赛中，谷爱凌也曾出现过失误，排名有过落后，但是都未曾让她失去信心，反而越战越勇，在比赛中完美逆袭获得冠军。不轻言放弃，有勇有谋，铸就了她的成功与荣誉。她在采访中反复提到了女性力量的重要性，呼吁所有女性在生活中要更加独立自强、健康快乐，为自己绘出最精彩的人生。谷爱凌作为一名归化运动员，有着斯坦福名校学生、品牌代言人、时尚模特等多种角色，让大家打破了对于女性的认识，日常交流中她带着“京味儿”的普通话也引起了大家的情感共鸣。“天才少女”谷爱凌用她的人生经历和事迹展现了榜样的力量，她身上自信、奔放、勇敢的精神文化价值，真真切切地感染了身边更多的女性。“十四五”规划旨在为体育产业的未来发展制定一个明确的方向，以激励其发挥在经济社会发展中的重要作用，促进其可持续增长。通过国家政策的引导、资金支持、体育产业发展等都对大力发扬女性体育精神起到了关键性的作用，这些都积极地引导着女性体育精神朝着蓬勃的方向大步向前。

（二）培养新时代女性价值观，传播“她力量”体育精神

以大众传媒作为重要媒介，通过宣传和推广更多的与女性体育精神相关的话题，在社会中营造了积极向上的正能量氛围。2022 年 2 月，中国女足

加冕亚洲杯九冠王，醒目的“中国红”照亮了整个赛场，这份期待已久的成功在16年后让国民热泪盈眶。“你可以永远相信中国女足”“铿锵玫瑰”这种醒目有力的话语长时间占据网络热搜。中国女足运动员在赛场中展现了顽强拼搏的坚定信念，勇敢又美丽的形象气质，淋漓尽致地体现出女性体育精神的独特风采。竞技体育正逐渐成为展示女性力量的重要舞台，竞技赛场上的女性运动员，有着强劲的体育竞技能力，还散发着勇敢拼搏的精神与坚定自信的品格。“她力量”正逐渐打破人们的刻板印象，充分诠释了女性体育精神的重要性。在我国体育电影创作中，许多经典的体育电影都是以女性体育运动员为故事载体。这些经典的影视作品，见证着党领导的中华民族实现伟大复兴之路，女性视角的运用使得影片的历史象征价值从性别政治的角度上更加突出。以社交媒体为重要渠道进行信息传播，其核心思想都是提高女性参与体育锻炼的积极性；通过组织与体育主题相关的活动，如运动会、健步走、趣味活动等，激励更多女性参与其中；通过社会专业机构广泛宣传，鼓励女性勇敢表达自我、忠于自我的精神，是新时代女性共同的社会价值体现。女性具有鲜明的性格特点，兼具独特的内涵美，女性体育精神弘扬的是一种积极向上的体育精神，同时也是追求真、善、美的过程。

（三）加强学校体育教育，传承发扬女性体育精神

以体育学科为切入点，从体育教育的角度与高度进行定位，将“女性体育精神”融入日常体育教学中。在新教改形势下，将德育教育融入日常实践课程中，探索出体育育人的新路径，让越来越多的学生能够感悟且深刻体会到新时代女性体育精神的关键与内涵。在日常体育活动中应更多地引导学生顽强拼搏，将永不放弃的体育精神进行传承与发扬。例如将女排精神与德育教育相结合，整理出一系列中国女排优秀的成长故事，将女排精神贯通于德育目标中，结合课程思政内容，把激动人心的女排故事通过“晓之以理，动之以情”的方式讲述给学生，产生强烈的情感共鸣。女排精神所体现出的“祖国至上、团结协作、顽强拼搏、永不言败”等优秀品质，也是中华体育精神的精髓所在。还可以通过科普的方式阐述和说明女排精神的由来、“黄

金一代”中国女排的传奇故事、女排精神的传承与发扬。“女排精神”可以成为一个有效的宣传平台，通过举办各种体育活动，让学生们有机会亲身体验体育的乐趣，感受体育的独特魅力，并且能够从中获益，实现教学目标，使女排精神融入校园文化，潜移默化地培养学生不屈不挠、奋斗拼搏的精神。

高效的弘扬路径离不开学校的大力支持，同时需要成立更加专业一流的教师团队进行课程设计与组织。健美操就是一门集合了美与健的体育课程，能够启发学生智力，增强学生身体素质，强化学生体育精神，培养学生持之以恒的锻炼习惯，帮助学生塑造优美的形态、阳光自信的体育品质。校园体育文化是人们在教育教学实践过程中所创造的体育精神财富和物质财富的总和。它是以学生为主体、课外活动为主要内容的一种群体文化，与女性体育精神具有相似的属性，因此各学校应结合自身校园文化，通过正确积极的宣传方式弘扬传承女性体育精神，这对于学生的身心健康和全面发展都有着重要的意义，为学生终身体育奠定基础，是一条积极可行的教育路径。

【参考文献】

[1] 张明，袁芳，梁志军 . 体教融合背景下高校排球课程思政理论与实践研究——女排精神融入排球普修课程的设计 [J]. 北京体育大学学报 ,2021(9).

[2] 蒋旻 . 论中国女排精神的新内涵及其时代意义 [J]. 南京体育学院学报 (社会科学版),2016(6).

[3] 黄莉 . 中华体育精神的文化内涵与思想来源 [J]. 中国体育科技 ,2007(5).

[4] 李庚全 . 弘扬体育精神　涵养体育道德 [M]. 北京：群言出版社 ,2015.

[5] 陈亨明 , 杨冠强 . 从性别平等到论域转换：社会主义女性体育观的嬗变 [J]. 体育与科学 ,2021(3).

[6] 杨雪 , 陈丽 . “消费”与“遗忘”: 体育传媒建构下女运动员身体叙述的两极化研究 [J]. 成都体育学院学报 ,2021(2).

[7] 黄婷 , 林建君 . 女性运动员媒介形象呈现研究 [J]. 体育文化导刊 ,2018(4).

[8] 刘红，王福秋，刘连发．网络传媒对女性运动员形象的构建及其生活空间表达 [J]. 体育与科学，2017(6).

[9] 栾铁玫，鲁妮．新时代女性形象与中国国家形象传播 [J]. 对外传播，2021(11).

[10] 张秋．时代女性的全面发展与构建社会主义和谐社会 [J]. 理论学习与探索，2006(1).

价值、挑战与路径：健康中国视阈下女性体育健康促进研究

沈 霞 李文豪 李 岩*

摘 要：女性健康是“健康中国”战略的重要内容，而体育运动是促进女性健康的重要方式之一，如何实现体育助力女性健康事业的再发展和新突破，是我国女性健康事业和体育领域的重要问题。本文采用文献资料法、逻辑分析法分析了健康中国语境下女性体育健康促进彰显的价值、面临的挑战和创新路径。研究表明：第一，在“预防保健”“治疗前移”“运动即良药”话语下，运动健康成为女性健康促进极其重要的方式；第二，女性体育健康促进当前面临着女性对运动“知行不一”，运动习惯难以养成，女性健康运动社会支持不足等挑战；第三，女性体育健康应从“宏观—中观—微观”三个层面进行规划、革新与发展。在宏观层面，要将女性体育活动的健康促进行动纳入国家治理和公共政策中，确保女性的健康促进进程；另一方面，要从政策法规的引导和监督，为女性运动健康促进提供支持。在中观层面，主要聚焦于线上社群与线下社会单位对女性健康活动的干预与监督。在微观层面，要量体裁衣，注重不同女性个体健康意识、健康行为与健康能力的观照与培养。

关键词：健康中国；女性健康；体育健康促进

---

* 作者沈霞单位为北京航空航天大学体育部，李文豪单位为韩国国立群山大学体育学院，李岩单位为北京工业大学体育部。

前　言

党的二十大报告强调，要“推进健康中国建设”“把保障人民健康放在优先发展的战略位置，完善人民健康促进政策”。女性健康是全民健康的基石、是人类可持续发展的前提。多年来，我国女性健康事业成绩显著，但是，单纯的“治疗中心”“临床中心”已无法完全满足广大女性的健康需求。在“疾病谱从传染性疾病向慢性疾病转向”“未病中心”“治疗环节前移”等话语下，体育运动成为女性健康促进的重要方式之一，如何实现新形势下体育助力女性健康事业的再发展和新突破，是我国女性健康事业和体育领域的重要问题。本文采用文献资料法、逻辑分析法探讨了健康中国语境下女性体育健康促进彰显的价值、面临的挑战和创新路径，以期推进女性健康事业的科学化发展。

一、健康中国视阈下体育之于女性健康促进的价值意蕴

《“健康中国 2030”规划纲要》明确提出：“加强重点人群健康服务，提高妇幼健康水平。”截至 2022 年 5 月，全国共有妇产医院 793 家、儿童医院 151 家、妇幼保健机构 3032 家、妇幼保健机构专业人员 54.2 万人、床位 26.0 万张。妇女宫颈癌、乳腺癌防治等工作取得了积极成效。女性健康服务的公平性、可及性不断增强。[1] 不可否认，我国女性健康事业在硬件建设方面有了长足的进步，以妇幼保健机构、妇产儿童医院为核心的中国特色妇幼健康服务体系不断健全。

但值得注意的是，当代社会疾病构型发生明显转变，疾病谱从以传染性疾病为主加速转向以高血压、糖尿病、心血管疾病、呼吸系统疾病、脑卒中、肿瘤等慢性非传染性疾病为主。与此同时，疾病的治疗理念与方案也随着疾病谱发生了转变，即治疗环节前移，已病治疗中心逐渐转变为未病预防中心。而这些趋势的转变也启发女性健康应从传统的仅重视临床危重患者的急救，转向更加重视正常女性人群的预防和康复，综合运用好“预防保健—

临床医疗”的双重手段，共同围绕女性健康做好服务，真正实现从以重视生命安全为底线保障到更加重视生命质量的提升，实现可持续发展，更好地推进健康中国建设。

而在“预防保健”“治疗前移”“运动即良药”话语下，运动健康成为女性健康促进极其重要的方式，大量科学实践证明体育项目对于女性健康具有良好的促进作用。尤其是中国传统功法八段锦、五禽戏、《易筋经》等在防治骨质疏松、产后康复、睡眠障碍、心血管疾病、糖尿病、代谢综合征、绝经综合征等病症，以及改善下肢肌力和平衡能力、心理健康、更年期症状等方面都被证明具有良好的促进效用。进而言之，在运动健康促进的理念下，体育不仅是一种治疗和预防疾病的优化方案，更是一种提升女性群体生命质量的生活方式。

二、健康中国视阈下体育促进女性健康面临的挑战

（一） 女性体育健康促进的“知行不一”

熊欢教授在一项全国性的女性健康水平研究报告中指出，我国女性的身体健康意识、健康知识和健康行为三个指标得分呈递减趋势。其中，60% 以上的女性会主动关心自我的身心健康，并有意愿通过体育锻炼来改善自身的健康水平。但遗憾的是，仅有 26.3% 的女性表示自己有运动锻炼的习惯，大部分却表现为“有心无力”[2]。而这种“身不由己”主要聚焦于工作、家庭与婚姻、阶层等社会因素，以及女性个体的运动知识和技术、经验等，这些外部结构性因素都会成为制约其健康行动的障碍。[3]

（二）女性体育锻炼习惯难以养成

一方面，传统的“文静”“女子本弱”观念抑制了中国女性运动观念的滋生和运动习惯的发展。近年来，虽然女性等级运动员和教练人数逐年上升，女性参与群众体育活动的热情更加高涨，但女性健身锻炼的参与率与习惯的养成依然不尽如人意。另一方面，由于女性体育社会化的不充分，导致个体主动健康意识的缺乏，以及专业运动知识与技术的欠缺。因此，在体育

锻炼的过程中，很容易受到外部因素的“阻断”。比如，在塑形与减重的体育消费中，初见成效后的形体反弹，或者因负荷过重而导致的中途放弃，都会造成心理预期与现实情况的落差，从而影响运动习惯的形成。

（三）女性健康运动社会支持不足

当前女性健康运动的社会支持依然不足。比如，当前女性健康事业虽然取得了重大进展，但发展并不平衡。重点体现在城乡、地区间明显发展差距，而西部地区、贫困地区、边远山区和少数民族地区的女性健康工作相对落后的问题也十分突出。此外，我国农村地区及流动人口中的女性群体也是女性健康促进工作开展的重点。[4] 因此，从种种情况来看，女性健康事业的扶持与发展还需要注入更多的社会力量去实现。

三、健康中国视阈下体育促进女性健康的创新路径

面对新形势，在新时期，我国女性健康事业应秉承怎样的发展策略，对于实现健康中国建设是不可或缺的。本研究尝试从“宏观—中观—微观”三个层面进行规划、革新与发展。

（一）宏观层面

在《“健康中国 2030”规划纲要》战略的指示下，女性体育健康促进计划需要顶层的战略规划和政策法律的保障。首先，要将女性体育活动的健康促进行动纳入国家治理和公共政策中，确保女性的健康促进进程。比如，2023 年 6 月，全国妇联联合国家卫生健康委、国家体育总局启动“健康中国　母亲行动”宣传月活动，旨在落实《“健康中国 2030”规划纲要》《健康中国行动（2019—2030 年）》，通过多渠道、多维度普及疫情防控和健康知识，提升女性健康素养，助力健康中国建设。[5]

其次，要从政策法规的引导和监督，为女性运动健康促进提供支持。新中国成立 70 多年来，体育事业规划性文件从新中国成立颁布的《共同纲领》开始，到陆续颁布的《全民健身计划纲要》《奥运争光计划纲要》与《“健康中国 2030”规划纲要》等，不仅涵盖我国体育事业各方面的有效发展规划，

还具体到人民群众的切身要求。1995 年颁布的《中华人民共和国体育法》《全民健身计划纲要》中均提到促进女性在体育事业良好、健康发展中自身地位的提高。而妇女发展纲要的渐次颁布与更新，对增强女性健身意识，增强女性身体素质意义重大。如 2010 年《中国妇女发展纲要（2010—2020 年）》首次将妇女与健康放在体育事业发展领域的首位。《中国妇女发展纲要（2020—2030 年）》则进一步提出，提高妇女经常参加体育锻炼的人数比例，提高妇女体质测定标准合格比例。这些具有引领性和指导性法规的颁布都为女性体育健康促进提供了法制基础，保证女性健康的平等权利，促进了女性体育锻炼的有序发展。由此看来，大量的法规与政策已为女性体育健康促进提供了宏观保障，而未来制定专门的女性公共健康的体育促进纲要亦是一种必要方式。

（二）中观层面

中观层面主要聚焦于线上社群与线下社会单位对女性健康活动的干预与监督。首先，发动社会单位如社区、公司、学校和家庭的力量，实现相关体育活动的策划与实施。社群的作用在于提升女性体育活动参与意识和热情，形成体育健康促进的集体认同，进而帮助女性提高健康素养和主动健康的能力，促进其体育锻炼习惯的形成。如《中国妇女发展纲要（2020—2030 年）》中强调：提倡机关、企事业单位开展工间操。鼓励支持工会组织、社区开展妇女健身活动，不断增强妇女的体育活动意识，培养运动习惯。又如，一些中医院校的实践活动也颇有社会价值。山东中医药大学、天津中医药大学赴新疆支教团分别将太极拳作为主要支教教学内容[6][7]。南京中医药大学志愿者连续八年为黔东南地区提供支教支医服务，也将八段锦纳入支教的功法课内容[8]，其中这些支教对象中就包含着大量的女性群体。相对而言，这些团体的支教行为为西部地区、贫困地区、边远山区和少数民族地区的女性健康工作相对落后的问题做出了一定的改善。

其次，伴随着网络和自媒体的发达，线上社群也成为女性体育活动重要的动员与传播载体。大量自媒体健身 IP、大 V 将丰富的健身运动经验通过社群网络进行传播，并形成了一定规模的线上健身社群，激发了广大女性的体育锻炼热情、运动健康促进认同和体育消费“她经济”的繁荣。例如，2022 年“刘畊宏女孩”现象持续走热，演员刘畊宏的健身直播催生了一大批热爱健身、坚持运动的女孩子。因此，在健康运动计划实施时需要充分结合并发挥“克里斯玛”式个体与社群力量，结合线上与线下的方式，进行健康活动的创新、参与和分享。

（三）微观层面

在微观层面，要量体裁衣，注重不同女性个体健康意识、健康行为与健康能力的观照与培养。

第一，发挥女性个体的能动性，在科学指导女性体育活动的同时激发主动健康和参与健身运动的良好习惯。比如，武术创设了适合女性群体习练的木兰拳、木兰扇。实践证明，它对腰腿关节痛、冠心病及失眠等病症有积极的治疗效力和预防作用，对减肥以及中老年妇女的体形健美更有显著功效。在承继传统武术特征之外，木兰拳造型优美，动作舒展大方，武舞相融，符合当代女子的审美，具有强烈的时代感。[9] 由此可见，正是由于木兰拳、木兰扇套路的独特编排与设定符合女性的心理和审美诉求，才会受到广大女性群体的喜爱与推崇。

第二，着重提升女性个体的心理健康水平。世界卫生组织 (WHO）将健康定义为“身体、精神以及社会活动中的完美状态”。健康不仅是躯体没有疾病，还要具备心理健康、社会适应良好和有道德。而由于女性的生理特征及社会环境因素，使当代女性成为心理疾病及心理因素相关疾病的易患群体。据统计，近年来发病迅速增多的抑郁症、焦虑症、强迫症、躯体形式障碍等多种神经症的患病率，女性明显高于男性。因此，体育活动的设定在开展身体锻炼之外，也要兼顾心理健康的呵护。比如，健美操专项体育课教学后，女大学生的心理问题检出率明显下降，强迫症状、人际关系、忧郁、焦虑等症状及阳性项目数均低于教学前。[10] 八段锦等传统功法对中老年女性，尤其是更年期女性缓解抑郁、焦虑等亚健康心理问题也具有很好的效用。[11]

第三，要考虑到女性生命周期、地区、家庭结构以及民族文化的个体差异，针对性开发不同类型的科学运动项目和健身方法。比如，注重研究女性从幼儿、青少年、中年和老年全生命周期的健康，建立完善的、连续的体育促进模式，确保充分考虑妇女在生命各个阶段的健康需求，并根据不同周期的特征制定相应的体育活动。再如，不同的地区设定不同的女性锻炼方法。有研究者提出由于室内器械有氧锻炼速度平稳和恒定，更适合高原地区中老年妇女。[12]

结 语

人民健康是民族昌盛和国家强盛的重要标志。实施健康中国战略，对建设社会主义现代化国家、中国式现代化建设具有重要意义。我们要不断顺应新时代的新要求和人民对美好生活的向往，坚守维护女性健康的初心，促进女性参与体育锻炼，实现体育与家庭、工作、社会的良性互动。促进女性健康水平显著提升，推进女性健康事业不断实现高质量、科学化发展。

【参考文献】

[1] 光明网 . 我国妇女儿童健康水平显著提升 [EB/OL].(2022-05-30)[2023-06-22].https://m.gmw.cn/baijia/2022-05/30/1302972376.html.

[2] 熊欢 . 育龄妇女健康促进的体育干预研究报告 [R]. 国家社科基金一般项目 [17BTY0480]，2020.

[3] 熊欢 . 我国女性运动健康促进策略与路径研究 [J]. 体育学刊 ,2021,28(3):55-62.

[4] 宋莉 . 打造健康中国 妇幼健康先行 [J]. 中国卫生 ,2017(10):44-45.

[5] 国家体育总局 . “健康中国 母亲行动”宣传月启动 [EB/OL].(2023-06-01) [2023-06-22].https://www.sport.gov.cn/n20001280/n20001265/n20067533/c25654848/content.html.

[6] 齐鲁晚报 . 让爱飞跃万水千山，山东中医药大学志愿服务奉献爱心 [EB/OL].(2022-

09-30）[2023-06-22].http://k.sina.com.cn/article_5328858693_13d9fee4502001iw95.html.

[7] 中国青年报 . 天津中医药大学支教团在新疆传播中医药文化 [EB/OL].(2021-12-21)[2023-06-22].https://baijiahao.baidu.com/s?id=1719745757504226515&wfr=spider&for=pc.

[8] 扬子晚报 . 播撒希望的种子！南京中医药大学师生连续 8 年向黔东南进发，为当地百姓开展支教支医服务 [EB/OL].(2022-07-28)[2023-04-02].https://baijiahao.baidu.com/s?id=1739573546834589973&wfr=spider&for=pc.

[9] 成文艳 . 木兰拳对中老年妇女健身效果研究 [J]. 武术研究 ,2017,2(12):51-53.

[10] 张伟民 , 周洪福 . 健美操专修课对女大学生身心健康影响的研究 [J]. 湖北体育科技 ,2007(3):309-310+306.

[11] 张艳 . 运动健身对改善中老年女性体能衰退和亚健康心理的研究——以城市广场舞与八段锦相结合的健身方式为例 [J]. 当代体育科技 ,2014,4(35):154-155.

[12] 张建青 , 卢莉 . 高原地区中老年妇女健康宝典 [M]. 呼和浩特 : 远方出版社 ,2009:26.

健康中国背景下高校女生体育课程内容与评价体系构建研究

宋大维　王　忠*

摘　要：为落实"健康中国"发展战略，发挥高校对人民群众健康发展的社会效应，探讨当前高校女生体育课程内容与评价存在的主要问题，提出接轨终身体育与健全人格的高校女生体育课程新设想。本文采用问卷调查等方法对我国部分高校女生体育课现状进行调查研究，发现现阶段部分高校女生体育课程教学目标缺乏有效的实施手段；体育教学内容不仅缺乏竞技性内容，还存在低水平重复的现象；高校女生体育课程以终结性评价作为最终评价。为提升体育课程教学质量，打造优质的体育教育教学体系，本文在健康中国理念指引下，提出了要融入休闲型和竞技性相结合的体育教学内容，体育课程目标评价要双向反馈，过程性评价和终结性评价相结合，从而实现健康中国背景下的高校体育课程目标。

关键词：健康中国；体育课程；课程评价

一、引　言

随着国家和社会的高速发展，对人才的健康水平也提出了更高的要求。2022年，习近平总书记在党的二十大报告中提出，要大力推进健康中国建设，把保障人民健康放在优先发展的战略位置，完善人民健康促进政策。高

* 作者单位为北京联合大学体育部。

校是培养健康人才的最后堡垒，大学生健康状况不仅影响将来的职业需求，还关乎着国家发展的希望。大学生中，女大学生健康水平尤为重要，女性健康是全民健康的基石，提升女大学生健康水平是推进健康中国建设，中华民族可持续发展的有效手段。

近年来，我国大学生体质健康水平下降趋势一直没有得到有效控制。从调查看，真正导致大学生体质健康水平下降的人群主要是大部分女生和少部分男生；运动技能基础差和不爱动是女大学生不喜欢体育的主要原因。基于此，在健康中国背景下对普通高校女生体育课程内容设置与评价体系构建进行研究，旨在解决大学女生在身体素质和运动基础差异性情况下，通过内容设置与评价机制改革，促进这一群体在体育课程中逐渐培养体育学习兴趣，获得运动技能，形成终身体育意识与习惯，从而实现全面推进我国健康中国发展的伟大目标。

二、研究方法

（一）文献资料法

通过中国学术期刊网、查阅中国体育期刊中有关体育课程教学内容、评价和教学内容的研究论文，力求从中得到启发和借鉴，为本文的研究提供理论依据。

（二）问卷调查法

利用问卷星设计女生体育学习内容与评价调查问卷，将问卷随机发放到不少于 6 所普通高校 10 个女生专项班级群中，并最终获得 177 份有效问卷。

三、研究结果与分析

（一）现阶段高校女生体育课程目标与内容设置状况分析

1．高校女生体育课程内容基本能满足学生兴趣，但课程缺乏竞技性内容

目前，高校体育课程教学内容的多样化更多是迎合了女生的体育兴趣需求，体育课程竞技性内容也渐渐远离了体育课堂，像田径、体操这些传统体育课程逐渐淡出课程标准视野，越来越多的休闲体育课程登上了体育课程项

目的舞台。《全国普通高等学校体育课程教学指导纲要》（以下简称《纲要》）的特点更是淡化竞技体育，对竞赛的要求只是局限在能够参加体育竞赛层面，对竞赛目标、任务却只字未提，体育竞赛似乎只是少数运动员的舞台，高校女生体育竞赛与体育课程渐行渐远。

2. 高校女生体育课程内容与中学体育教学内容过多重复

现阶段依旧困扰我国学校体育领域中一个很重要的问题是体育课程上会出现低层次的重复，比如，排球垫球，大学和中学教材评价标准千篇一律，严重伤害了女生体育学习的积极性。女生体育教学内容长期存在着低水平重复已经成为大学体育教学中的主要矛盾，长此以往将会大大阻碍我国学校体育工作的健康发展。

3.高校体育课程目标缺乏有效的实施手段

高校体育课程教学目标过于集中，按统一标准，影响学生学习兴趣。教学目标设定都是以教师为中心，忽略了学生的实际需求，调查显示，女生对健康需求排在第一位（见图1）。《纲要》中体育课程目标表述过于笼统，缺乏实施的必要手段与方法，例如，将体育教学目标设定为“培养学生团队协作能力，促使学生养成体育锻炼习惯、形成终身体育意识”，表面看来，教学目标“大而全”，但是此类目标更适合作为长远目标，对短期教学工作的指导意义不大。

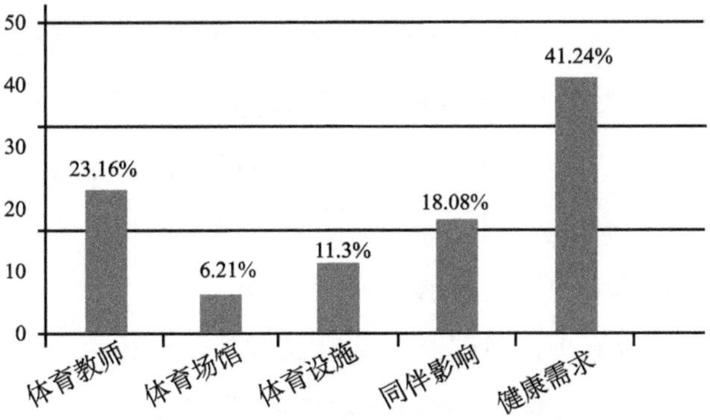

图1　大学女生对体育需求调查

（二）高校女生体育课程评价分析

1.高校女生体育课程评价方法有待商榷

研究表明，教学效果的评价不只是对学生成绩的定量评价，同时也应结合教师以及同学的主观评价，应把评价变成教育指导和改进教学双方的过程。国内高校体育课程评价不尽相同，评价内容主要包括身体素质、运动技能、课堂表现、体育理论、师生互评等；但是，对于女大学生而言，受到遗传营养、生活环境以及生理、心理等方面的个体差异性影响，她们的身高、力量、速度、耐力水平都大不相同，如果使用统一的评价标准，对她们是不公平的。

2.高校女生体育课程评价中定性评价占比偏低

在普通高校，女生体育课程评价主要以量化为主，但是教育活动过程是复杂的，并非所有因素都能够量化，即使是可以量化的内容，而由于量化标准的制定及操作过程不当也可能得出非客观的评价结果。当今的体育教育不仅要向女大学生传授体育基本理论、基本技术和战术等学科知识，还要培养学生健全的人格、良好的心理素质和职业意识等非认知因素和人文因素。随着评价内容向多元化方向发展，过分强调定量评价，忽视定性评价，显然是不科学的。

3.体育课程评价标准制定与学生的学习目标

目前，我国高校体育课程大纲考核标准过于千篇一律，考核标准和方法较死板，灵活性不够。对体育课而言，教师们在宣布各项考试标准时听到最多的学生反馈是："老师及格是多少分。"学生一开始在心理上就把自己的目标降得很低，目标定低了，学生学习的主动性和自觉性随之降低，这样不利于教学目标更好地完成。

4.评价方法基本上以终结性评价为主

根据教育评价原理，我国高校体育课程教学评价主要是针对学生运动技能、身体素质、运动参与等进行终结性评价。许多教师把体育课程评价的重心完全放在体育学习成绩的考核终结性评价的形式上，体育课程评价存在着为评价而评价、为评价而教学的现象，忽略了过程性评价。学生接受教育的过程是一个动态的发展过程，在这一过程中，学生参与的程度、进步的幅度、情感态度等会出现各种变化，过程性评价恰恰可以捕捉到这些问题和变化，为师生双方调整教学与学习提供及时的帮助。

（三）健康中国背景下高校女生体育课程教学内容构建

1.高校女生体育教学内容设计原理

基于健康中国背景下高校女生体育课程设计要结合体育教学原理和课程特点，改革其教学过程，围绕预期学习成果，通过问卷调查、毕业生对体育的需求来确定课程教学目标，按照课程教学目标、课程教学内容、课程教学方式方法、课程考核评价等环节形成闭环回路的课程教学新模式。体育课程教学中要强调学生学习成果，要强调学生学到了什么，而不是教师教了什么，重在学生自主学习、合作式学习，教师要更多地进行导演整个课程和技术性指导。

2.高校女生体育教学内容的设计模式

教师制定的教学任务要根据学生的实际需要，让大学女生学到她们想学到的体育知识与技能。在设计体育教学内容时，也要考虑到教育部颁发的《纲要》对大学生体育培养的目标和要求。健康中国背景下体育教学内容改革能使女大学生懂锻炼、会锻炼、爱锻炼，使她们能够遵守规则，做一个对社会有用的人（见表1）。

表1　健康中国背景下女大学生体育课程教学内容体系

学段	成果导向	终身体育	具体内容标准
大学	健康知识 休闲体育 竞技体育	掌握与理解终身体育接轨课程思政	(1) 科学体育健身知识、方法与安全； (2) 熟练掌握1～2项运动技能，使其中1项能成为终身体育的内容与手段； (3) 能够公平参加体育竞赛，遵守竞赛规则，逐步形成顽强拼搏的体育意志和团结协作的团队精神

3.高校女生体育课程教学内容应以培养兴趣为主

现在的学生兴趣非常广泛、多变，那么高校女生体育课如何适应每个人的兴趣来组织教学呢？事实上，还有一批学生对体育根本没有兴趣，难道体育课就可以不上吗？一个学生不做身体练习，不学习运动技术，不提高运动技能，怎么会产生体育兴趣呢？体育兴趣还有一个特点，就是它必须是在克服了种种困难、障碍和枯燥，在掌握和提高运动技能的过程中才能形成。必须把培养兴趣和满足兴趣这两个概念分清楚，教育是要培养兴趣，并由兴趣发展成习惯，而不是说学生想干什么就干什么。

4.高校女生体育课程教学内容要注重休闲型与竞技性相结合

在设计体育教学方案时，需要综合考虑学生发展需要以及终身体育发展的可能性，尽可能选择休闲体育与竞技性体育项目，将休闲体育引入高校体育教学，主要是为了愉悦身心、培养终身体育能力，同时也要注意学校体育与社会体育的过渡与衔接，在体育教学内容中纳入一些社会上普及程度较高的运动项目，方便大学生进入社会以后保持锻炼持续性；在重视高校女生休闲体育课程的同时，也不能丢掉传统的竞技体育课程内容，如田径、体操、球类活动等是经过千百年的提炼，虽说休闲娱乐性一般，但其对人类向更高、更快、更强发展以及锻炼学生勇敢、拼搏、抗挫折和培养团队协作等能力都有着其他项目不可替代的作用。

（四）健康中国背景下高校女生体育课程评价体系构建

1. 高校女生体育课程评价目标要双向反馈

教师在体育教学中要强化学生学习的最终目标，淡化各个等级的标准，由难点入手教学，并采用行之有效的教学方法，在心理上树立学生学好运动技术的信心。课堂中学生的学和教师的教以及教师和学生形成一种闭合的反馈环，双方互相影响。教师在教的过程中有意识地通过观察、提问、启发、检查等方法，不断地去发掘和发现学生在学习过程中出现的问题。例如，乒乓球课上要了解学生学习过程中遇到的疑点和学生对技术的接受能力，从而调整自己的教学进度和方法；而学生也可以通过教师的言语，比如批评或者表扬以及教师对学生的评价，认识自己在乒乓球技术上的不足和优势，进而知道下一阶段应该解决的问题。

2.要合理设计高校女生体育课程评价方法

传统的高校体育教学评价体系评价内容、标准过于单一，无法客观、全面反映大学女生在体育课程中学习到的知识与能力。健康中国理念下，高校体育教学评价体系应在评价内容上对学生体育理论知识、体育运动能力与运动技术、课堂进步等各方面进行全面评价，在注重运动技能的掌握情况之外，还要重视体育理论知识的掌握情况以及包括学习态度在内的平时表现；在评价方法与手段上要逐渐淡化女生身体素质评价指标。本文也并未反对测身体素质，而是应将身体素质指标列入运动技能专项身体素质范畴，因为运动技能的发展是需要身体素质作为支撑的。竞技体育作为一种文化必须进入学校体育和体育教学。竞技体育是人类体育文化的主体，也是人类文化宝库中灿烂夺目的瑰宝，必须把这部分文化遗产继承的任务纳入学校体育中来。竞技体育能够帮助女大学生发展体育技能和建立优良的心理品质与体育道德修养。

3.高校女生体育课程评价应采用过程性和终结性评价相结合的方式

过程性教学评价是体育教学中的中间环节，在体育课程单元结束之后或是一个教育活动结束之后采取的教学方式。在实施过程中，过程性教学评价方式还可以采用月评价的方式进行，评价次数不宜过多，一般以评价 2 ~ 3 次为宜。过程性的评价方式最好以定性评价和定量评价相结合的形式进行。过程性评价可以在课上或者课外活动时对学生体育学习效果进行评价，评价前成立考核小组，考核的标准主要是学生完成动作的熟练程度以及学生在运动过程中的表现能力和进步幅度。

四、结论与建议

（一）结　论

第一，以健康中国理念为指引，融入休闲型与竞技性相结合的体育教学内容，最大限度地满足学生个体和终身体育发展需求。

第二，体育教学评价是要将过程性评价和终结性评价相结合，将传统学生身体素质评价指标转化到运动技能中。每学期的评价次数以3～5次为宜。

（二）建　议

第一，体育评价次数要相应增加、教学内容要重新设计，建议教育主管部门关注女大学生体质健康状况，推出切实有效的制度。

第二，建议女生比例高的高校组织体育教师学习健康中国理念，率先进行教改实验，做出更有成效的女生体育课程教学内容与评价体系的案例。

【参考文献】

[1] 徐聊恩，等．成果导向教育 (OBE) 的教育改革及其在美国实践的经验 [J]．教育政策论坛，2005(8): 55-74．

[2] 毛振明，于素梅．体育教学评价技巧与案例 [M]．北京：北京师范大学出版社，2009．

[3] 卢元稹．当今学校体育中的几个理论与实践问题 [J]．吉林体育学院学报，2009，25(5)．

[4] 于西增．高校实施终身体育教育中教学评价研究 [J]．当代体育科技，2019，9（29）．

[5] 詹锦平．休闲时代背景下我国高校体育课程内容体系建构之研究 [J]．南京体育学院学报（自然科学版），2014,13(2)．

[6] 刘舒鹏，李延超．“健康中国”视角下我国学校体育改革与发展思路研究 [J]．浙江体育科学，2017(4)．

[7] 李锋，赵琴，韦光辉．“健康中国”背景下高校公共体育教学改革的模式及对策研究 [J]. 体育科技，2019,40(4)．

共性与差异：成年女性休闲体育参与的现实之困与破解之道

谭莉璇*

摘　要：适逢健康中国与体育强国的时代，女性群体作为休闲体育的受众之一，却面临着重重阻碍，体现在个人、人际、制度等多个层面。本研究基于休闲制约和协商策略理论，实证探讨差异年龄段成年女性在拉丁舞休闲体育运动中制约因素与协商策略的不同维度、相关关系和具体影响。研究发现：体验制约影响最大，其次是人际制约和结构制约，个人制约的影响最弱；为了实现拉丁舞休闲运动参与，该群体最常采用财务管理策略，其次是环境支持策略、自我管理策略、人际帮助策略和时间调整策略。五类协商策略对不同的制约因素分别产生正向影响或者负向影响，需要具体问题具体分析。总体特征与年龄组别之间体现出共性与差异。

关键词：女性体育；休闲体育；休闲制约；协商策略

一、引　言

随着时代的发展和人类对体育需求的扩张，休闲体育因其健身性、娱乐性、大众性成为现代休闲的重要方式。女性休闲体育备受瞩目和倡导，但其中所存在的现实问题仍需进一步分析与解决。对休闲体育制约的研究是从对单个因素分析转向整体研究的过程，克劳福德（Crawford）等学者（1991）

---

*　作者单位为上海体育大学。

将制约因素分为三大类型，即自身制约、人际制约、结构制约[①]，成为该领域研究中最常用的维度。在此基础上，邱亚君教授（2012）基于中国社会文化背景下女性休闲体育的行为提出了体验制约[②]。然而“即使有制约的影响，人们仍会通过各种各样的策略来参与他们所中意的休闲活动”[③]，协商策略的概念应运而生。但是目前国内外有关于女性休闲体育的研究大多以制约因素和协商策略的归纳和验证为主，缺少对其内部深层关系的探究，协商策略对于制约因素究竟存在怎样的影响，是学界比较少探讨的问题。本研究是在中国的语境下展开的本土化研究，在充分吸收借鉴前人理论和实践的基础上，讲好中国女性独特的休闲体育故事，进一步了解女性拉丁舞休闲锻炼者参与的内在机制，对开展全民健身和优化体育人本化建设提供一定的参考。

二、研究方法

（一）文献资料法

在中国知网（CNKI）、万方数据库、中文社会科学引文索引、Taylor & Francis Online 和微软学术等网络平台上检索相关关键词，大量研读与女性体育、休闲体育、休闲制约和协商策略等相关的中外文献资料。

（二）访谈法

对拉丁舞休闲女性锻炼者、拉丁舞教师以及体育学领域专家学者进行半结构式访谈，探索不同年龄阶段成年女性面临的制约和解决途径。在自然情境下收集材料，对该问题产生比较全面的解释性理解，为接下来的问卷设计奠定基础。

---

① Crawford D W, Jackson E, “Godbey G. A hierarchical model of leisure constraints，” Leisure sciences, 1991, 13(4): 309-320.

② 邱亚君、梁名洋、许娇：《中国女性休闲体育行为限制因素的质性研究——基于社会性别理论的视角》，《体育科学》，2012年第8期，第25-33页、第39页。

③ Jackson E L, “Recognizing patterns of leisure constraints: Results from alternative analyses，” Journal of leisure research, 1993, 25(2): 129-149.

（三）问卷调查法

参考本领域权威学者克劳福德和邱亚君有关休闲体育制约和协商策略的研究，于2022年4月至11月经实地考察后，采取判断抽样、偶遇抽样和滚雪球抽样的方法，以不记名方式通过线上和线下的双重方式收集问卷，共发放550份问卷，回收546份问卷，43份无效问卷，有效率92.12%。

（四）数理统计法

运用Excel以及SPSS26.0来对收集数据进行处理，根据统计学原理与科学方法对研究数据进行分析。对有效数据中心化、相关潜变量得分计算后，运用描述性统计、可靠性分析、探索性因子分析，进行正态分布检验、参数检验、信效度检验等数据处理。

三、研究结果

（一）人口统计学特征

了解成年女性参与拉丁舞运动的人口统计学信息有助于更好地把握该人群的各项基本情况。本研究中的年龄划分标准依据社会心理学中的戈登模式[①]，将成年女性的年龄阶段划分为3个时期：（1）成人早期(20～29岁)：社会联系和自主自决；（2）成熟早期(30～44岁)：稳定与成就；（3）成熟后期(45岁～退休)：尊严和控制。本研究为了更好地适应中国的社会和人口学特征，依据国内广泛接受的成年标准（即年满十八周岁），将“成人早期”的年龄设定为18岁至29岁。这一调整旨在更准确地反映我国青年向成年过渡阶段的人群特点。对收集到的样本数据进行描述性统计分析，结果如表1所示。

---

① Gordon C, Gaitz C M, Scott J,“ Leisure and lives: Personal expressivity across the life span，” Handbook of aging and the social sciences, 1976: 310-341.

表1　人口统计学特征

	项目	频率	百分比（%）
年龄段	18～29岁	300	59.6
	30～44岁	120	23.9
	45岁以上	83	16.5
受教育程度	高中及以下	44	8.7
	大学专科及本科	382	75.9
	硕士研究生及以上	77	15.3
职业	在校学生	217	43.1
	固定工作者	170	33.8
	自由职业者	80	15.9
	待业/失业	4	0.8
	退休	6	1.2
	其他	26	5.2
婚姻状况	未婚	352	70.0
	已婚无子女	20	4.0
	已婚有子女	127	25.2
	离异	4	0.8
月收入	2000元以内	201	40.0
	2001～5000元	168	33.4
	5001～10000元	96	19.1
	10000元以上	38	7.6
总计		503	100

（二）成年女性拉丁舞休闲锻炼者制约因素的维度与内容

成年女性拉丁舞休闲锻炼者的制约因素是在文献资料和访谈调研的基础

上获得的，依据国内外学者克劳福德、戈德比（Godbey）和邱亚君所提出有关休闲制约因素的理论结构和该项目的特点，探讨其在女性拉丁舞运动群体中的适用性和延展性。休闲制约作为本研究的理论基础，为本研究的实践提供了框架指导，本研究将制约因素归因为四类：个人制约、人际制约、结构制约和体验制约。

通过探索性因子分析来研究制约因素量表的维度构成，通过数理统计法中的 Bartlett 球形进行检验，运用 KMO 检验发现 KMO 值达到 0.888，表明因子分析适合于本研究中的相关数据。提取公共因子使用的是主成分分析法，接着用最大方差法正交旋转，依据特征根值不小于 1 的要求，总共提取了 4 个因子，方差贡献率加起来为 64.98%，各因子载荷在 0.58 ~ 0.84，表明休闲体育（拉丁舞）制约因素量表的结构效度比较好。通过顺序排列将它们依次命名为个人制约、人际制约、结构制约和体验制约四类。采用内部一致性信度 Cronbach 系数 α 来检测量表的信度，得出其内在一致性为 0.90，各分量表的 α 值分别为 0.85、0.72、0.69 和 0.89，该量表具有较理想的信度（见表 2）。

表2　制约因素因子分析结果

	个人制约	人际制约	结构制约	体验制约	h^2
身体状况不佳	0.673				0.564
自身懒惰	0.695				0.635
心理情绪状态	0.758				0.628
拉丁舞运动技能水平不足	0.672				0.551
对其他运动的兴趣和参与	0.677				0.529
照顾家庭的责任		0.719			0.563
亲朋好友的反对		0.760			0.703
缺少练舞的同伴		0.740			0.688

续表

	个人制约	人际制约	结构制约	体验制约	h^2
客观条件阻碍（交通、天气、时间等）			0.820		0.766
经济收入不足			0.655		0.721
运动时的身心感受				0.625	0.637
拉丁舞运动场所的物质环境				0.767	0.699
参与拉丁舞运动的人文环境				0.839	0.799
拉丁舞教师教学水平和风格				0.827	0.731
运动场所的服务质量				0.821	0.733
特征根	2.00	1.60	2.26	6.76	
方差解释率（Total=64.98）(%)	21.01	9.42	13.28	21.27	
内部一致性信度α	0.85	0.72	0.69	0.89	

（三）成年女性拉丁舞休闲锻炼者协商策略的维度与内容

依据国外学者 Jackson E.L. 和国内学者邱亚君教授所提出有关休闲体育协商策略因素的理论结构以及该项目的特点，探讨女性拉丁舞运动群体的具体情况。本研究将人们为减少制约因素，积极参与休闲体育活动的协商策略归因为五类：自我管理、人际帮助、时间调整、财务管理和环境支持。

通过探索性因子分析来研究量表的维度构成，通过数理统计法中的 Bartlett 球形进行检验，运用 KMO 检验发现 KMO 值达到 0.810，表明因子分析适合于本研究中的相关数据。提取公共因子使用的是主成分分析法，接着用最大方差法正交旋转，依据特征根值不小于 1 的要求，总共提取了 6 个因子，方差贡献率加起来为 68.97%，各因子载荷在 0.59 ～ 0.90，表明该量表的结构效度比较好，再通过顺序排列将它们依次命名。采用内部一致性信度 Cronbach 系数 α 来检测量表的信度，得出其内在一致性为 0.85，各分量表的 α 值分别为 0.88、0.90、1、0.77、0.63，该量表具有较理想的信度。

表3　协商策略的因子分析结果

	自我管理	人际帮助	时间调整	财务管理	环境支持	h^2
主动学习相关知识技能	0.843					0.716
不断培养兴趣，调动积极性	0.879					0.826
激励自己不断支持	0.753					0.716
提前制订好锻炼计划	0.670					0.614
进行拉丁舞自学训练	0.592					0.673
有他人共同承担家庭责任（如家人、家政等）		0.753				0.750
寻找同伴一起参加		0.900				0.878
舞伴间相互督促		0.878				0.843
缺乏时间则缩短练习时长			0.895			0.819
缺乏时间则减少参与次数			0.668			0.813
在经济收入的范围内参与				0.768		0.717
为参加拉丁舞运动努力攒钱				0.654		0.725
合理购买各种舞蹈装备				0.694		0.682
更换满意的场所实现参与					0.773	0.664
选择交通便利的场所					0.801	0.740
选择非高峰期时间段参与					0.711	0.751
特征根	3.40	2.97	1.73	1.69	1.94	
方差解释率（Total=68.97）(%)	19.99	17.49	10.16	9.95	11.38	
内部一致性信度α	0.88	0.90	1	0.77	0.63	

（四）不同年龄成年女性拉丁舞休闲锻炼者制约因素对比分析

首先，分析样本总体的制约因素特点，从下表“合计”一行中显示出本研究样本受到的制约水平介于2.34 ～ 3.24（量表分数范围为1 ～ 5分）。影响成年女性拉丁舞休闲体育参与的制约因素有四大类，其中体验制约对拉丁舞休闲参与的影响最显著，人际制约和结构制约次之，个人制约的影响最弱。

表4　差异年龄女性拉丁舞休闲锻炼者制约因素的量表分值比较

	个人制约	人际制约	结构制约	体验制约
18～29岁（n1=300）	2.49±0.10	2.94±0.11	2.71±0.11	3.33±0.11
30～44岁（n2=120）	2.11±0.15	2.59±0.20	2.35±0.21	2.98±0.19
45岁以上（n3=83）	2.11±0.19	2.58±0.20	2.98±0.23	3.25±0.20
合计	2.34±0.08	2.80±0.09	2.67±0.09	3.24±0.09
方差齐性检验显著性	0.242	0.008	0.015	0.717
F检验（df=2）	12.75*	8.33*	9.19*	5.55*

注：$^{*}p<0.05$。

（五）不同年龄成年女性拉丁舞休闲锻炼者协商策略对比分析

根据下表分析成年女性拉丁舞样本总体的协商策略特点，相较于制约因素，从下表“合计”一行中显示出本研究样本整个群体采取的协商策略水平较高，介于3.59 ～ 3.81（量表分数范围为1 ～ 5分）。协商策略分为五类，成年女性为了实现拉丁舞休闲运动参与最常采用财务管理策略，接下来依次为环境支持策略、自我管理策略、人际帮助策略，最后是时间调整策略。

表5　差异年龄女性拉丁舞锻炼者的协商策略量表分值比较

	自我管理	人际帮助	时间调整	财务管理	环境支持
18～29岁（n1=300）	3.78±0.08	3.76±0.10	3.57±0.10	3.90±0.07	3.76±0.07
30～44岁（n2=120）	3.54±0.13	3.50±0.13	3.59±0.13	3.67±0.10	3.64±0.12
45岁以上（n3=83）	3.53±0.15	3.48±0.19	3.69±0.18	3.67±0.13	3.53±0.13
合计	3.68±0.06	3.65±0.07	3.59±0.07	3.81±0.05	3.69±0.05
方差齐性检验显著性	0.682	0.502	0.409	0.681	0.49
F检验（df=2）	7.31*	6.39*	0.73	9.32*	5.18*

注：$^{*}p<0.05$。

（六）成年女性拉丁舞休闲锻炼者的协商策略对制约因素的影响

个体为了减少制约因素对休闲参与和休闲体验的影响会如何运用对策，是本研究重点探究的问题。运用线性回归分析协商策略对制约因素产生的具体影响，相关分析和回归分析结果详见下表。从样本总体来看回归模型的方差检验，F值除个人制约在小于0.05水平显著外，人际制约在小于0.01水平显著，结构制约和体验制约都在小于0.001的水平显著，表明模型中的自变量对因变量解释的部分十分显著。

表6　拉丁舞运动项目相关分析

	1	2	3	4	5	6	7	8	9
1.个人制约	1								
2.人际制约	.532**	1							

续表

	1	2	3	4	5	6	7	8	9
3.结构制约	.437**	.397**	1						
4.体验制约	.512**	.403**	.573**	1					
5.自我管理	−0.025	−0.077	.229**	−0.079	1				
6.人际帮助	−0.042	−0.084	−.241**	−.212**	.619**	1			
7.时间调整	.110*	.155**	.267**	.216**	−0.068	−.108	1		
8.财务管理	−0.042	0.069	−0.007	0.061	.350**	.365**	.206**	1	
9.环境支持	0.074	−0.018	.141**	.115**	.285**	.180**	.232**	.305**	1

注：$^{**}p<0.01$，$^{*}p<0.05$。

除了对内敛效度的基本要求，各变量间的判别效度也应该体现不低的水平。根据学者的研究，每个维度AVE的平方根不应该小于该维度与其他维度的相关系数，以此显示出维度和维度之间有着概念与实证的不同（Fomell等）。结果表明AVE的平方根均不小于变量间的相关系数，这表明各变量之间的判别效度比较理想。

表7　协商策略对制约因素的回归分析结果

	个人制约		人际制约		结构制约		体验制约	
	β	t	β	t	β	t	β	t
自我管理	0.019	0.323	−0.025	−0.415	−0.167**	−2.983*	0.043	0.743
人际帮助	0	−0.006	−0.052	−0.878	−0.135*	−2.44*	−0.269***	−4.724**
时间调整	0.114*	2.408*	0.139**	2.957**	0.198***	4.479***	0.152***	3.331***
财务管理	−0.07	−1.356	0.106*	2.085*	0.023	0.481	0.086	1.74

续表

	个人制约		人际制约		结构制约		体验制约	
	β	t	β	t	β	t	β	t
环境支持	0.049	0.996	−0.051	−1.054	0.17***	3.741***	0.09*	1.923*
	$F=1.744^*$ $R^2=0.021$		$F=3.638^{**}$ $R^2=0.042$		$F=15.045^{***}$ $R^2=0.154$		$F=9.831^{***}$ $R^2=0.102$	

注：$^{***}p<0.001$，$^{**}p<0.01$，$^{*}p<0.05$。

从样本总体来看，在成年女性拉丁舞锻炼者中采取的自我管理策略对结构制约的影响十分显著（$p < 0.01$）；人际帮助对结构制约的影响显著（$p < 0.05$），对体验制约的影响非常显著（$p < 0.001$）；时间调整对个人制约的影响显著（$p < 0.05$），对人际制约的影响十分显著（$p < 0.01$），对结构制约和体验制约的影响非常显著（$p < 0.001$）；财务管理对人际制约的影响显著（$p < 0.05$）；环境支持对结构制约的影响非常显著（$p < 0.001$），对体验制约的影响显著（$p < 0.05$）。

四、讨论与分析

（一）自我管理策略对于制约因素的影响

对于 18 ~ 29 岁年龄段（成人早期）的女性拉丁舞锻炼者来说，自我管理策略与结构制约呈负向相关，即自我管理策略得分越高时，其结构制约的得分则越低；而对于 30 ~ 44 岁年龄段（成熟早期）和 45 岁以上年龄段（成熟后期）的女性拉丁舞锻炼者，该策略对四个制约因素的影响都不显著，表明采取自我管理策略对减少她们的制约因素影响甚微。自我管理策略对于成人早期女性锻炼者的结构制约具有较强抑制性的原因是使用该策略能提前让个体预判各种客观状况（如资金不足、交通不便等），提高对外在因素或突发状况的应对能力，做好心理和行动的双重准备。

本研究结果符合班杜拉的社会认知论，即除了环境以外，人的认知和行为对于发展同样重要，三者之间会互相影响。个体的自我管理能力可以通过行动的过程、预期的结果来设定目标和挑战自我。本研究与米利森特（Millicent）等人的研究结果一致[①]，他们通过对业余铁人三项运动员的深度访谈发现，运动员会开展计划来克服休闲制约。虽然客观环境固然存在且较难改变，但是人们可以从认知和行动两方面出发，积极调动自己的主观能动性，从而破除重重阻碍，最终实现休闲体育参与。

（二）人际帮助策略对于制约因素的影响

从心理学的角度来分析，个人心理健康和社会心理刺激都对个人产生非常重要的影响。社会支持被认为是个体通过各种社会关联降低心理应激反应、缓解紧张焦虑心情、提升社会适应能力的积极影响[②]。本研究结果显示：成人早期女性采取人际帮助策略对四个制约因素的影响都不显著；而成熟早期女性的人际帮助策略对结构制约和体验制约呈负向相关；成熟后期女性采取该策略对结构制约和体验制约呈负向相关。这表明当采取人际帮助策略越多时，其受到结构制约和体验制约阻碍的可能性越小。成熟早期和成熟后期的女性大多已组建家庭，如何权衡照顾家庭的时间和自我休闲放松的时间是她们普遍面临的一个难题。个体的行为在一定程度上受周边人行动的调节，计划行为理论表明主体规范是影响个体意向和行为的重要因素，它表明对行动者产生重要影响的其他社会成员对自身的期望，能够直接影响到个体行为意向以及具体行动的形成。

人际帮助策略具体体现在两个方面：一是家庭成员支持的重要性，挣脱了家庭琐事的束缚，女性不仅可以抽出更多的时间参与体育锻炼，而且身心体验感更佳。在访谈到成功克服休闲制约的被调查者时，受访女性表示当自

---

① Kennelly, M., et al, " Constraint Negotiation in Serious Leisure, " Journal of Leisure Research,2013,45(4): 466-484.

② 李强：《社会支持与个体心理健康》，《天津社会科学》1998年第1期，第66-69页。

己要去跳舞的时候会把家务交给自己的家人（如婆婆、丈夫）来处理。二是同伴的重要性，这表明女性也需要更广的社会人际互动。当积极结交拉丁舞同伴并且进行良好互动时，同样可以有效帮助她们克服制约。此研究结果与过往研究相符，科察（Koca）（2009）针对土耳其妇女的休闲研究也发现她们采取的协商策略主要来自家庭承诺和社会的支持和认可[①]。科因（Coyne）也认为，想拥有健康就离不开良好的社会支持，人际帮助是社会支持的一部分，不仅可以为个人提供保护和缓冲作用，另外还对维持平和愉快的情绪体验感产生重大意义[②]。值得注意的是，成人早期女性采取人际帮助策略对四种制约因素的影响都不大，原因可能是该年龄段的女性各项制约水平都较高，她们面临着更多的休闲制约，因此仅仅运用该策略的作用并不明显。这符合谭建共关于大学生户外运动休闲制约与参与行为的研究[③]：处于大学时期的女生在自身制约、体验制约、人际制约和结构制约四个维度得分较高，表明女生会感受到更多的限制，也需要更多的策略来加以克服。

（三）时间调整策略对于制约因素的影响

成人早期女性采取时间调整策略时与个人制约、体验制约、结构制约呈正向相关，表明采取时间调整策略越多时，这三种制约的得分越高；对于成熟早期女性来说，该策略与人际制约呈正向相关；对于成熟晚期女性，该策略对四个制约因素的影响都达不到显著水平，究其原因与该年龄段人群休闲时间充裕，较少受到时间限制有关。

具体分析得知，当成人早期女性缩短拉丁舞参与的时长和次数时，其运动参与的连续性会被打断，锻炼的积极性随之降低，助长了自身惰性，从

---

① Koca C, Henderson K A, Asci F H, et al, " Constraints to leisure-time physical activity and negotiation strategies in Turkish women, " Journal of Leisure Research, 2009, 41(2): 225-251.

② Coyne J C, Downey G, " Social factors and psychopathology: stress, social support, and coping processes, " Annu Rev Psychol, 1991, 42:401-425.

③ 谭建共、严宇文：《大学生户外运动休闲限制与参与行为的研究》，《武汉体育学院学报》2018年第8期，第38-42页。

而使个人制约更加显著。拉丁舞需要参与者按时按量地连续参与才能达到较理想的锻炼效果，当训练时间得不到保障时，参与者的身心感受必然会受到不良影响，具体表现在跟不上教学进度、与舞伴及老师的情感联结减弱等方面，从而进一步增加成人早期女性的体验制约。该策略对结构制约的正向影响最显著，表明若参与时间不足，则天气、交通等外在因素阻碍个体参与拉丁舞锻炼的影响会加大；对于成熟早期女性锻炼者来说，缩短拉丁舞锻炼时长和次数会对人际制约产生非常显著的正向影响。通过访谈了解到，该年龄段女性的时间分配普遍比较紧张，她们要同时兼顾工作和家庭，所以当时间不充裕时就不得不占用跳舞的时间。B11（35 岁）表示："如果时间协调不过来，我还是会以家庭为重，毕竟家里小孩还小，需要照顾，所以有时顾不上去跳拉丁舞。"国外学者凯（Kay）和国内学者周良君的研究结果与以上发现一致：凯（1991）发现 60% 的被调查者会通过减少参与次数来克服经济制约（结构制约）；周良君（2019）发现马拉松跑者在遭遇休闲限制时也会在时间方面采取协商策略。

（四）财务管理策略对于制约因素的影响

对于成人早期和成熟早期女性拉丁舞锻炼者来说，财务管理策略对四个制约因素均未达到显著影响，表明当这两个年龄段的女性锻炼者采取财务管理时，对四类制约因素的影响都不显著，这与她们的金钱观和消费行为有关。而成熟后期女性拉丁舞锻炼者采取财务管理策略对结构制约呈显著的正向相关，表明其采取财务管理策略越多时，其受到结构制约阻碍的可能性就越大。

财务管理是对自己的经济收入进行合理分配的举措，人们更倾向于选择性价比高的拉丁舞锻炼方式。结构制约作为一种客观的外在制约因素会受到经济分配影响，当成熟后期女性对资金进行分配时，学费昂贵、交通不便等因素会显得尤为突出，因此她们会选择学费合理、交通便利的机构进行拉丁舞锻炼。C12（53 岁）表示："我的退休金每个月固定就是那么多，付不起太贵的学费，也觉得没必要。"金（Kim）（2015）探究首尔职业女性休闲制约和协商之间的差异时发现，环境和时间因素是限制休闲活动的主要因素，她们会通过财务方面的管理策略来克服制约。曹雪芹（2016）对户外冒险运动爱好的研究中发现他们会采用固定运动经费、合理购买运动装备等策略来管理财务。

（五）环境支持策略对于制约因素的影响

环境支持策略对本样本中三个年龄段女性锻炼者的制约因素影响程度各不相同，具体研究结果如下：成人早期女性采取本策略会对个人制约和人际制约产生负向影响，表明当更多采取环境支持策略时，其受到个人制约和人际制约阻碍的可能性越小；对于成熟早期女性来说，该策略对个人制约和结构制约呈负向相关，对体验制约呈正向相关；对于成熟后期女性来说，采取该策略对个人制约和结构制约呈负向相关，对体验制约呈正向相关。这表明当这两个年龄段的女性采取环境支持策略越多时，其受到个人制约和结构制约阻碍的可能性越小，受到体验制约阻碍影响的可能性越大。

环境支持策略作为一种外部条件的良性转化对克服成年女性积极参与拉丁舞锻炼产生了积极作用，外部环境的良好支持可以在一定程度上消解个人制约的束缚，比如距离位置近或交通便捷的锻炼场所更能吸引人们坚持参与拉丁舞休闲锻炼，克服"畏远""畏难"情绪，使其受到个人制约阻碍的可能性变小。因此本策略对于三个年龄段女性锻炼者克服个人制约都是有积极作用的；环境支持策略正好对应阻碍个体休闲参与的外在因素，假设交通不便则选择交通便利的场所，人潮拥挤则选择非高峰期参与锻炼，并且相对来说结构制约因素是影响程度较小且比较容易克服的因素。最后值得注意的是，该策略对于成熟早期和成熟后期女性锻炼者的体验制约产生的是正向影响，这是因为体验制约不仅包括对物质环境的体验，也包括对人文环境的体验。选择一个装修华丽、设备齐全的舞房的确可以保证物质条件，但是课堂中的人文环境却得不到保障，比如拉丁舞老师的教学风格和方法不适合自己、与其他学员不熟悉等，这些都会影响参与者的情感体验。C6（46 岁）就表示："我很喜欢这里的老师，上课有耐心，课堂氛围好。"本研究结果与周文婷（2017）关于马拉松跑步者的研究结果一致：跑者会根据实际情况调整到舒服、安全、少拥挤的环境进行锻炼①。

五、研究结论

通过对503位不同年龄段拉丁舞休闲锻炼者女性的调查研究，探索成人早期、成熟早期和成熟后期女性参与拉丁舞运动的制约因素、协商策略及相关关系。其中，制约因素共有15个题项，归纳为4个维度，即个人制约、人际制约、结构制约和体验制约；协商策略共有16个题项，得到5个维度并分别命名为自我管理策略、人际帮助策略、时间调整策略、财务管理策略和环境支持策略。值得一提的是，为了兼顾中国的研究语境和该项目的运动特点，具体题项呈现出独有的特征，即体验制约和财务管理策略的影响尤为突出。本研究中制约因素和协商策略各个维度的排序上与其他休闲运动或者户外运动有所不同，展现了成年女性参与该运动的独特之处。

总体而言，当成年女性拉丁舞休闲锻炼者采取协商策略时，除了时间调整策略对制约因素起正向影响，其他协商策略对四种制约都有显著的负向影响，即越多采取不同的协商策略，就越能抑制休闲体育制约。两个变量在三个年龄段中的具体相关关系也各有不同。这符合Jackson E.L.提出的命题：休闲参与独立于休闲制约，决定于人们对制约因素的最终协商结果。成年女性的身份标签使她们处于年龄身份和性别身份的双重弱势地位，但拉丁舞运动具有健身塑形、释放压力、增强自信等诸多益处，通过参与拉丁舞休闲运动来解构社会、大众对她们的刻板印象，通过与不同社会网络中的人群进行互动，使自己更快融入社会大集体中，以角色转换进行自我身份的调适和认同，从而完成对意义世界的主体性构建。

综上所述，差异的年龄段、不同的制约因素、多样的协商策略都是影响

① 周文婷、田海波、邱亚君：《马拉松跑者深度休闲限制变通策略的质性研究》，《武汉体育学院学报》2017年第11期，第80-84页。

休闲体育参与的因素，需要辩证看待，具体问题具体分析。对于女性休闲体育制约因素和协商策略的研究，不仅仅要了解和诠释女性的休闲体育现状和特点，更重要的是加强女性在该领域的话语权和决策权，使其努力突破各种阻碍以投入到休闲体育中，在体育锻炼中发展身心健康，提高女性的生活质量和幸福感。

【参考文献】

[1] Crawford D W, Jackson E L, Godbey G. A hierarchical model of leisure constraints[J]. Leisure sciences, 1991, 13(4): 309-320.

[2] 邱亚君，梁名洋，许娇．中国女性休闲体育行为限制因素的质性研究——基于社会性别理论的视角 [J]. 体育科学 ,2012,32(8):25-33+39.

[3] Jackson E L. Recognizing patterns of leisure constraints: Results from alternative analyses[J]. Journal of leisure research, 1993, 25(2): 129-149.

[4] Gordon C, Gaitz C M, Scott J. Leisure and lives: Personal expressivity across the life span[J]. Handbook of aging and the social sciences, 1976: 310-341.

[5] Kennelly M, et al.Constraint Negotiation in Serious Leisure[J].Journal of Leisure Research,2013,45(4): 466-484.

[6] 李强．社会支持与个体心理健康 [J]. 天津社会科学 ,1998(1):66-69.

[7] Koca C, Henderson K A, Asci F H, et al. Constraints to leisure-time physical activity and negotiation strategies in Turkish women[J]. Journal of Leisure Research, 2009, 41(2): 225-251.

[8] Goyne J C, et al. Stress ,social support and the coping process[J]. Annu Rev Pyschol, 1991(42):401-425.

[9] 谭建共，严宇文．大学生户外运动休闲限制与参与行为的研究 [J]. 武汉体育学院学报 ,2018,52(8):38-42.

[10] 周文婷，田海波，邱亚君．马拉松跑者深度休闲限制变通策略的质性研究 [J]. 武汉体育学院学报 ,2017,51(11):80-84.

课程思政理念在体育教学中的渗透和运用

——以瑜伽为例

万　梨　亓　昕*

摘　要： 体育课程思政运用体育课程建设、实施中各个环节的育人功能，完成“立德树人”根本任务。通过文献查阅、教学经验梳理等方法，剖析高校体育课程思政的价值。研究认为，体育课程思政的价值是锤炼意志品质，强化行为规范，加强道德修养，促进心理健康，塑造健全人格，成就幸福人生。东方传统体育瑜伽，区别于西方竞技体育的竞技性，更加注重正身正心的个人自我修养培养，注重让身体动起来，让心安静下来。通过体式、呼吸和冥想的练习完成调身、调息和调心的全方位练习，促使学生真实认识自我，全然接纳自我，与自己、他人、自然和谐相处。培养当代大学生，面对信息繁杂的社会，练好自己的身、安住自己的心、做身心健康的社会主义建设者和接班人。

关键词： 学校体育；体育课程思政；瑜伽

课程思政是把思想政治教育贯穿人才培养体系，全面推进高校课程思政建设，发挥好每门课程的育人作用，提高高校人才培养质量。大学生正处于世界观、人生观、价值观的成熟期，营造积极向上、青春活力的校园体育文化氛围，可以使大学生在践行体育运动的过程中培养其拼搏精神、公平竞争

* 作者万梨单位为北京大学医学人文学院，亓昕单位为北京大学体育教研部。

意识以及遵纪守法的爱国情强国志。体育课程思政理念着重大学生身心健康全面发展，树立大学生坚定理想信念、珍爱健康的生活理念，以及充满青春活力的珍爱生命的价值观。本文以高校瑜伽课程为例，详细分析瑜伽教学特点，深入挖掘瑜伽教学中的课程思政元素，使用科学合理的教学方法培育学生的世界观、人生观、价值观，通过多元化的考核方式来检验教学的思政效果。

一、大学体育课程思政的价值

（一）锤炼意志品质，促进品格内化

曾任北大校长的蔡元培提出：完全人格，首在体育。体育具有改变人的能力，学校体育中运动技能的学习和掌握，需要大量反复的身体练习，需要承受较大的身体负荷，运动实践过程极大地锤炼学生吃苦耐劳、团结协作、顽强拼搏、爱国奉献和永不放弃的意志品质。

（二）强化行为规范，加强道德修养

各类运动项目都有其运动规则，在学习和掌握运动技能的过程中，不断强化学生的行为规范和规则意识。尤其在体育竞赛中，明确的规则要求，无论是校内外的小比赛，还是省市大比赛，学生都必须严格遵守，尊重裁判、尊重对手，恪守体育道德规范，公正比赛。这在无形中培养了学生的规则意识、角色意识、竞争意识和合作意识，引导学生学会遵守约定、遵纪守法、遵守社会道德规范。

（三）增强调节能力，促进心理健康

体育运动有利于让学生宣泄和缓解学习和生活中的压力以及紧张、压抑、自卑等消极情绪，降低焦虑水平，促进学生保持积极向上的身心健康状态。科学研究表明，运动促使身体释放多巴胺等多肽物质，使人体直接感受到情绪的愉悦，让人充满活力和自信。

（四）塑造健全人格，成就幸福人生

体育运动满足人体本能的运动需求，释放身体能量的同时获得身体上的快感和心理上的满足，增强学生体质，改善学生身体形态和气质、提升个人

自信；体育运动中的优异运动表现带来成就感，使学生更加自信；体育运动中的“失败”，同样是一种挫折教育，培养学生正确面对挫折、不屈不挠的奋斗精神；体育运动中，与他人的交流和交往，使学生有归属感和安全感，避免孤独感，提升学生的人际交流能力和社会适应能力。

二、课程思政融入瑜伽教学实现路径

（一）瑜伽课程特点分析

瑜伽是一项东方古老修心健身的运动方式，区别于西方竞技体育的竞争性，其精神是在当下的此刻自我接纳，饱满地生活在每一个时刻；东方传统体育更加注重正身正心的个人自我修养培养，注重让身体动起来，让心安静下来；其内容包括呼吸调息的练习、体式调身的练习和冥想调心的练习。瑜伽作为东方古老传统的健身运动，yoga一词源起梵语“yug”，意为联结、结合。瑜伽通过呼吸、体式和冥想的练习建立联结，除了建立自己的联结，还有和他人、和自然的联结。

1.和自己的联结，身与心的联结

在体式练习中建立身体与心灵的联结，在静坐中感受平静，在站立中感受力量，在动态中感受平衡、稳定，在平衡中感受坚定，在倒立中感受勇敢，换一个角度看世界。

瑜伽的练习从静坐调息开始，安静下来，意识向内关注，感受自己当下的状态。通过对呼吸的关注、引导、控制来帮助我们身心稳定下来。呼吸的练习，不仅仅练呼吸，更是练习专注的能力，对意识的控制。印度先哲将我们的意识比喻成猴子，是很难驯服的，呼吸的练习是一种方法，帮助我们将意识专注在呼吸上，从而专注。为什么要控制意识？例如，手机是我们现代人生活的必备工具，给我们带来了很多便利，检查你用手机的频率和需求，除了它是必备工具之外，你一天多少次拿起手机是有用的，还是说，你不断地拿起手机，其实是不知道要干什么和该干什么。这就是意识，是你在使用你的手机，还是你的手机绑架了你？我们每天需要花一点儿时间正心，向内找到自己，了解自己，和自己和解，全然地接纳自己，无论是优点还是不足，建立起和自己的关系。

2.和自然的联结，提升人与自然和谐共生意识

瑜伽的练习里有很多体式源于自然的动物或植物，例如树式平衡体式。我们生活中经常看见树式，树式要稳定平衡，取决于什么？稳定根基，有力量的躯干。在我们的练习中是一样的，我们的脚站在大地上，是我们的根基，向下用力站稳；我们的躯干包括骨盆、脊柱、肩，保持中正位，稳定有力量。这样我们就可以像一棵树一样，保持平衡稳定了。树式是一个标志性的平衡体式，除了身体上的要求，更要求心理的稳定，要有耐心、不能着急，还有意识上的专注，三心二意必然站不稳定。随着练习，你会感受到大自然的规律，将你和自然联结在一起。

3.和他人的联结，提升团队意识

双人瑜伽是由两个人共同参与瑜伽动作的练习，相互之间通过呼吸和动作的协调，互借对方的支撑与力量，默契完成美妙的动作。练习中强调双方的交流与信任。把你的感觉和需求与你的搭档分享，交流能帮助你们彼此了解，增加双方的信任，相信搭档的支撑与力量，相信你们可以共同完成。要注意所有的双人配合前提是自己的体式在正位上，然后建立双人联结，就如你和他人的关系，应该是舒适、自然的，才能更加稳定持久。

瑜伽练习全方位地帮助缓解现代快节奏生活的身心紧张，学习如何留时间给自己，如何慢下来，滋养身上的那份宁静和自我接纳。瑜伽体式的练习，不是为了摆姿势，而是身体、呼吸和意识三者配合，用意识关注呼吸，用呼吸带动身体来完成练习。通过自己的意识、呼吸和身体的调控来达到力的传递，将意识调整到达每一个部位，将觉知放在每一个当下，包括练习中的进入、保持和退出。体式练习中保持对身体的觉察和感悟，在前屈中感受谦卑，在后弯中感受开阔，在侧屈中感受伸展，在扭转中感受纯净。在日常的每一次练习中，每一次呼吸都在强健我们的身体，锤炼我们的精神，开阔

我们的胸怀。

（二）课程思政融入瑜伽教学的具体措施

体育“课程思政”元素涉及范围广泛丰富，包含在使学生学知识的同时感受到思想教育，提升思想境界，把做人做事的基本道理、把社会主义核心价值观的基本要求、把实现中华民族伟大复兴的理想和责任融入教学之中。具体层面包括人生观、价值观、理想信念、品德修养及综合素质等方面。学校体育课程致力于享受乐趣、增强体质、健全人格、锤炼意志四位一体的具体目标。

1.找准课程思政元素是瑜伽课中践行课程思政理念的基础

由于体育课程种类多样，每一种体育项目有其独特的特点，在课程思政育人中具有多元价值，我们应该找准各个项目特点有机融入思政内容。例如，游泳和田径等个人项目，注重意志品质的磨炼，培养学生吃苦耐劳精神，使学生克服享乐主义；球类等集体项目，注重团队协作精神，培养学生的集体主义和爱国主义精神，使学生克服自我主义和个人主义；通过体育规则培养学生的规则意识，公正比赛、尊重比赛、尊重对手，正确看待输赢等。深入挖掘瑜伽课中的思政元素，合理设置体育课程内容，积极探索瑜伽和思政内容的有机结合。

(1) 个人的瑜伽技能学习，践行个人体悟

课程体系设计在满足借助运动技能学习促进学生熟练掌握必要的身体运动技能的同时，更重要的是如何在具体教学过程中培养学生运动兴趣与爱好，养成学生自主锻炼的习惯，以及如何培养学生运动能力、健康行为、体育品德等，来达到育人的目的。瑜伽练习中，最重要的是正身、正心、正念，身正则意正。其中专注呼吸的练习是正心和正念的练习，非常重要，也是区别于其他运动方式的一个特点。瑜伽练习中关注呼吸的过程首先是一个内观的过程，将所有的注意力向内专注，专注自身的变化与成长，更加清楚地了解自己的状态。其次，专注呼吸的过程是一个练习专注的过程，练习中不断地将注意力专注到当下的练习中，梳理杂乱多念的思绪，集中专一，从

多念到少念再到专注如一的状态。呼吸的练习（见表 1）根据学生的情况从观呼吸开始循序渐进地练习，调整和养成学生正确的呼吸模式，培养学生向内和专注能力，使学生学会通过调整自己的呼吸来调整自己的情绪和心理状态。学生在瑜伽练习中亲身感受到运动的益处：亲身体验瑜伽运动可以愉悦身心，预防疾病，促进健康。

表1　呼吸阶段性练习

阶段	呼吸类型	身体益处	思政元素
第一阶段	观呼吸练习	向内专注	内观、向内专注、静心
第二阶段	胸式呼吸	增加呼吸量，加强心肺功能	静心、非判断、接纳
第三阶段	腹式呼吸	增加呼吸量，放松身体	静心、放松、全然接受
第四阶段	乌加依呼吸	通过呼吸的控制，控制身体及意识	静心、调整、控制

瑜伽练习中，首先要了解自我，认识自己身心发展的当前状态、身体素质、运动能力、运动技能的水平，从自身的实际出发，有针对性地进行学习和锻炼。瑜伽体式的练习主要是正身和正心的练习，体式练习（见表 2）选择以人体三个平面的身体基本动作，如围绕矢状面、冠状面和横断面所完成的前屈后弯、侧屈和扭转的身体练习，建立和练习人体最基本的动作模式，以此为基础不断深入练习。在完成体式动作时，身体的姿态和人的情绪与心理是息息相关的，比如，后弯的体式主要是打开胸腔，也成为“开心”的体式，这一类体式的练习会使人产生心胸开阔的愉悦感。

表2　体式练习中的身体益处及思政元素

体式类型	体式名称	身体益处	思政元素
站立	山式站立、展臂式	保持身体的平衡，站立中身体肌肉系统的做工，骨骼系统的正位	中正、根基、脚踏实地
前屈	站立前屈、幻椅式、下犬式	脊柱后侧伸展，身体后侧运动链的伸展	在前屈中感受谦卑 重复练习
后弯	蛇式、骆驼式、桥式、轮式	脊柱前侧伸展，身体前侧运动链的打开，以及加强身体后侧运动链的力量	在后弯中敞开心扉 刻意练习
侧屈	风吹树式、战士侧伸张、三角伸展	脊柱侧面伸展，身体侧面肌肉力量，身体两侧的平衡感	在侧屈中感受伸展平衡
扭转	仰卧扭转、坐姿扭转、战士扭转	脊柱扭转，放松背部肌肉，增强身体螺旋式运动能力	在扭转中感受稳定 坦然面对不能完成的身体动作
倒立	犁式、肩倒立、半手倒立	手臂力量的加强，加强核心能力，促进内脏器官机能	勇敢 换一个角度看世界
平衡	树式、舞蹈式	身体整理力量，稳定	稳定、平衡

我们每个人都需要对自己的健康负责，正确认识健康，养成健康的生活方式。这就需要激发学生的自我健康责任意识、终身体育健身的动力，养成独立锻炼的能力，取得预期的锻炼效果。在个人技能的教授中培养大学生吃苦耐劳、独立自强、自律、百折不挠的意志品质。在体育教学中培养大学生乐观、积极向上的人生态度，以达到“润物细无声”的思政渗透效果，培养大学生将运动健身融入健康的生活方式，珍惜健康、珍爱生命。

（2）团队的瑜伽练习，提升集体意识

体育不仅仅具有健身的效果，更可以创造良好的氛围促进学生们的沟通交流。在个人瑜伽掌握的基础上，增加双人瑜伽和多人瑜伽的内容，在践行小团队瑜伽的练习中，使大学生学会如何和同伴配合练习，帮助同伴或在同伴的帮助下完成更高难度的体式练习，提高练习乐趣。团队瑜伽展示是学生自行组成小集体，根据编排的规则对已经学会的体式动作编排，配上音乐，团队共同创作完成。大学生在掌握体育知识技能的同时，融入良好的团队氛围中，团结协作，同伴间相互鼓励，相互促进，有利于同学们保持锻炼的频率，养成锻炼习惯。这不仅具有近期（在校期间）的效果，而且具有长远（走向社会以后）的影响。

2.科学合理的教学方法是瑜伽课中践行课程思政理念的重要保障

（1）线上线下

传统的体育教学以技术教学为主，课上的体育技术学习如果不通过练习和实际应用，那么技术就只是技术，不练习就不能很好地消化吸收，就不能掌握，不能运用到实践中，同时也起不到身体锻炼的作用。教学和指导活动只发生在课上，这大大地影响了体育教学的效果。毕竟课堂教学时间是有限的，仅仅依靠课堂教学模式难以培养体育意识和习惯。信息时代的到来，学生的生活和学习习惯发生了巨大的改变，对学校和教师都提出了新的挑战，作为教师应顺应时代的变化，对教学提出新的方法以满足学生多样化的需求。尤其对于体育教学而言，不能仅作为一门知识来掌握，而应亲身体验体育运动中的乐趣，感受体育带来的身心影响，养成运动习惯，并不断实践，才能体现出体育的意义。体育线上线下混合教学模式开展，使学生在线下面对面的授课中学习和实践运动技能，及时地辅以练习的纠正改进。同时通过线上课程进行课下练习，促进学生运动技能的掌握和熟练，提高教学效果，也提高学生的练习效果，使课上有更多的时间来开展课程思政的内容实施。

（2）课内课外

大多数教师只关注课程设计和课堂实施层面，出现学生上了体育课，分数很高，很喜欢体育课，但是课下仍然不会进行体育锻炼的现象。体育课内学生全员参与体育课堂的特点，将课堂内容合理分配，根据学生情况循序渐进进行讲解和练习，练习过程中及时纠正学生的技术错误，精准激活参与肌肉，通过反复练习建立正确的动作模式，为课外的练习打好基础。同时辅以小组讨论的形式解决同学们练习过程中出现的问题，相互鼓励、相互学习，增加练习乐趣。督促学生课外练习，布置练习的时间、次数和强度，量变引起质变，以保证练习的效果。对于体育锻炼而言，学会技术并不能让身体有健身效果，健身效果是在一次一次的锻炼过程中积累体现的。因此，学习动作技术是掌握一种锻炼的方法，掌握方法之后，日积月累的练习才能达到健康身心的目的。

（三）合理、多元化的考核方式是检验课程思政实施效果的重要指标

课程思政视域下的体育教学采用教师评价和学生评价、过程性评价和结果性评价相结合的多元化的考核方式来促进教学效果验收与提高，以教促学，以考促练。

第一，教师的过程性评价，增强思政育人活力。教师的身份具有一定的权威性，可信度较高。在体育教学过程中，对学生的练习给予学生更多正向的鼓励与肯定，以培养学生运动意识、学生运动习惯养成为目标，而不仅仅是对学生技术上的评判。教育评价同时也起着对教学成果的监督作用，以此来评判教育过程是否达到教育的预期目标。针对学生的个体特点，注重学生学习过程，而非仅仅是结果，综合评价学生课堂学习情况和线下练习情况。学生主动参与练习，锻炼的效果才能体现出来。

第二，个人技能的同伴互评，相互学习。同伴互评的目的之一，使学生站在评判者的角度学会对技术进行判断，什么是好的技术，学会欣赏和辨别技术水平。对于体育类实践课程，我们在培养学生个人技能的同时，也需要培养学生欣赏和评鉴运动的能力。传统的教学通常采用教师评价的方法，学生自己不能体会到评价过程，也不能对别人的练习作出评价。目的之二是将评判他们的过程中所得到的启发，运用到自己的练习中，可以使学生的练习更加具有目的性和方向性。评价的过程是一个相互学习的过程，如何避免错误动作以及如何将练习完成得更加精确，同时具备彼此欣赏鼓励的作用，使同学们努力将自己的技术达到精确娴熟。

第三，团体展演方式评价，在竞赛中增强规则意识。团队的展演促进伙伴之间的集体意识，他们有共同的目标，遵守展示规则，协商挑选瑜伽体式进行编排和队形的变化，团结协作、共同完成团体展示。其作用是促进学生反馈和交流的价值，评价的过程实际上是信息交流的过程，加强了同学间认知与情感的互动，促使同学进行自我反思、相互学习，扬长补短，共同进步。大学生在体育竞赛中，树立和践行遵守体育规则、团结队友、尊重竞赛对手的良好品质，养成学法、知法、用法、守法的意识和习惯。

三、总　结

体育课程思政理念着重大学生身心健康全面发展，树立大学生坚定的理想信念、珍爱健康的生活理念，以及充满青春活力的珍爱生命的价值观。本文以瑜伽为例，深度挖掘瑜伽教学中的课程思政价值，区别于西方竞技体育的竞技性，瑜伽更加注重正身正心的个人自我修养培养，注重让身体动起来，让心安静下来。通过体式、呼吸和冥想的练习完成调身、调息和调心的全方位练习，促使学生真实认识自我，全然接纳自我，与自己、他人、自然和谐相处。选择个人的瑜伽技能学习和团队的瑜伽展示的教学内容，提升同学的瑜伽技术和集体意识。通过科学合理的线上线下教学模式，以及课内教学、课外练习的方式保障瑜伽课中课程思政的践行。采取合理、多元的过程性评价、同伴互评等方式来检验教学效果。

【参考文献】

[1] 习近平 . 把思想政治工作贯穿教育教学全过程　开创我国高等教育事业发展新局面 [N]. 人民日报，2016-12-9(1).

[2] 杨祥全 . 铸魂育人：体育课程思政建设的紧迫性与自身优势探究 [J]. 天津体育学院学报 ,2020,35(1):13-16.

[3] 赵富学 , 陈蔚 , 王杰 , 等 . “立德树人”视域下体育课程思政建设的五重维度及实践路向研究 [J]. 武汉体育学院学报 ,2020,54(4):80-86.

[4] 王秀阁 . 关于“课程思政”的几个基本问题——基于体育“课程思政”的思考 [J]. 天津体育学院学报 ,2019,34(3):188-190.

[5] 赵晶 , 闫育东 , 高江航 . 课程思政融入高校体育课教学的本源回归、价值塑造与路径思考 [J]. 体育学刊，2021(5).

[6] 赵富学 , 魏旭波 , 李莉 . 体育学科核心素养课程化现状检视及机制设计 [J]. 体育学刊 ,2019,26(4):94-99.

[7] 瑞隆 . 瑜伽 3D 解剖书 1 ：肌肉篇 [M]. 赖孟怡，译 . 北京：北京联合出版公司 ,2014.

[8] B.K.S 艾扬格 . 艾扬格瑜伽：精进习练指南 [M]. 田燕，潘雨，译 . 北京：北京联合出版公司，2016.

新时代女性助力中国式现代化健康中国建设研究

王胜辉*

摘　要：追求健康是当下人们比较关注的一件大事，作为社会平等的一员，女性健康不仅关乎自身，更关系到千万家庭的幸福。随着社会经济的发展，女性对自身的人生价值和健康追求有了更为清晰的认知，健康意识和素养逐年提升，生活方式与公共卫生更加重视，生活质量不断提升，自身价值不断彰显。本文采用文献资料法、问卷调查法对新时代女性助力中国式现代化健康中国建设进行研究。深刻分析新时代女性在当今社会所处的重要地位和发挥的巨大作用。新时代女性对于增强国民体质、增进国民健康，实现健康中国目标必不可少，新时代女性“半边天”作用日益凸显，对助力中国式现代化健康中国建设贡献重大。

关键词：新时代女性；助力；中国式现代化；健康中国

前　言

《中国妇女发展纲要（2021—2030年）》指出：“妇女是人类文明的开创者、社会进步的推动者，是全面建设社会主义现代化国家的重要力量。”“男女平等和妇女全面发展程度，是衡量社会文明进步的重要标志。”

党的十八大以来，以习近平同志为核心的党中央将“坚持男女平等基本

* 作者单位为北京市西城区体育科学研究所。

国策，保障妇女儿童合法权益”写入施政纲领，作为治国理政的重要内容，充分发挥女性“半边天”作用。女性参与经济社会发展的能力和贡献率明显提升，社会地位显著提高，合法权益得到有效保障，健康状况得到极大改善，对推进健康中国建设影响巨大。

党的二十大对推进健康中国建设作出了新部署，明确把保障人民健康放在优先发展的战略位置。当前，我国正处于百年未有之大变局，要充分发挥女性在社会生活中的独特作用，实现其人生价值，增强女性的获得感、幸福感、安全感；科学规划女性助力中国式现代化健康中国建设的路径，不断为新时代女性搭建平台，不断为健康中国建设添砖加瓦。

一、新时代女性生活状况调查

（一）小我融入大我，更加积极主动

随着社会不断进步，影响女性生活价值观念改变的因素更加多元开放，推动新时代女性精神文化的载体不断丰富。广大女性在历经国家重大事件和危机面前，深刻体会在中国最有安全感，祖国是最坚实的依靠。

越来越多的女性思想更加多元包容，行为和价值取向更加理性自觉，人生理想目标更加务实清醒，法治意识不断增强。主动把个人小我融入社会大我，在积极推进中国式现代化新征程上不断展现更加积极主动的责任与担当、更加勇于挑战的自信与独立、更加果敢决断的睿智与冷静。

（二）进步意识提高，勇于不断挑战

新时代女性对自身的工作状态发生重大改变，由于受传统思想观念影响，女性在就业、生活、家庭等各方面面临着“找到平衡与接受挑战”的双重压力。知识的快速更新，工作节奏的加快，往往使不少女性面临“知识迭代速度快，本领恐慌”的压力。不少年轻女性开始通过阅读、自学、网课等形式不断自我充电学习。

择业方面也有了很大转变，自主创业成为新时代女性自谋职业的重要途径。私营企业、个体工商户等就业群体，不断掌握新的工作技能、寻找新的

商机，正成为日常。利用互联网平台直播带货，成为货车司机、网约车司机等，正成为新时代女性就业创业趋势。

（三）家庭重要性凸显，更加关注健康

新时代女性更加注重家庭建设，身兼母亲和妻子的双重角色，在弘扬中华民族家庭美德、树立良好家风方面发挥着独特作用。新时代女性既有社会角色，又有家庭角色；既有社会责任，又有家庭责任。一方面，新时代女性更加自尊自信自立自强，在参与社会发展中自身得到发展；另一方面，新时代女性注重家庭建设，肩负起尊老爱幼、教育子女的责任，推动并引领社会主义核心价值观落地生根。

随着公民科学素养的不断提升，人们的健康责任和健康观念也在不断增强和改变，越来越多的人不断加入到科学健身队伍之中。健康行为和生活方式正逐渐成为一种日常时尚被越来越多的女性所接受。新时代女性在养成健康的生活习惯、守护家庭成员健康方面，作用日益凸显。

（四）培养良好情操，教育更加多元

女性在空闲时选择放松、朋友聚会、去公园景点“打卡”成为日常，而逛博物馆、阅读、运动健身、参加公益活动、旅行等俨然成为众多新时代女性的新风尚。

母亲的教育和引导对孩子的未来发展有着决定性影响。一个优秀的母亲能为孩子创造一个和谐、健康、快乐的成长环境，同时培养他们独立思考、解决问题的能力。在教育孩子方面，新时代女性的角色不仅是传授知识和技能，更重要的是情感和品行教育。通过言传身教，传递正确的价值观。更加注重孩子积极参加体育锻炼，培养孩子健康的身体，健全孩子的心理行为，增强团结互助和团队合作意识，全面提高孩子的社会适应能力。

（五）生活更加理性，消费服务升级

随着新时代女性家庭生活质量提升，消费结构发生重大改变，生活类服务需求日益增长。但同时，崇尚节俭、绿色环保正成为一种新的时尚。新时代女性积极践行绿色、健康的生活方式，保持乐观、开朗、豁达的生活态

度，对待如何理性消费等问题更加清醒自觉。

新时代女性不断寻求更高质量、更高水平的家庭教育服务。关注教育投资和追求更高精神文化价值，成为当下新时代女性向往的一种生活方式和个人追求。

二、新时代女性健康状况调查

（一）女性整体健康情况分析

妇女健康反映了国家全民健康水平、生活质量和文明程度。根据第七次全国人口普查，女性人均预期寿命提高到 80.88 岁。2021 年，我国孕产妇死亡率已降至 16.1/10 万，位于全球中高收入国家前列。

而对于影响广大妇女健康的宫颈癌和乳腺癌，我国实施了农村妇女宫颈癌和乳腺癌筛查项目。截至 2020 年，妇女“两癌”筛查工作已经覆盖了近 2600 个县市区，累计为 1.3 亿人次妇女提供了免费宫颈癌检查，为 6400 万人次妇女提供了免费乳腺癌检查。截至 2022 年，全国共有妇幼保健机构 3032 家，妇产科医师数达到 37.3 万人，妇幼保健机构人员 54.2 万人，妇产医院 793 家。

《2019 中国女性健康年度报告》显示，中国每 10 位女性中，就有 3 名存在痛经问题；有 46% 的女性经期存在不规律的问题，且呈现出年轻化趋势。据我国 2017 年《职业女性健康状况白皮书》的调查结果显示，75% 的女性人群处于亚健康状态，64% 的受访女性最近一年至少去医院看病一次，大部分职场女性都存在着腰椎疼痛、记忆力下降等多种健康困扰。

（二）女性健康环境发展状况

女性健康不仅仅涉及个人，更涉及一个家庭甚至整个社会，关注女性健康不是某个个体单方面就能实现的，它需要我们全社会的共同努力。关爱女性健康是提升家庭健康水平、促进家庭和谐的重要方面，家庭和谐幸福则是国家发展、民族进步、社会和谐的重要基石，也是妇女共享经济社会发展成果的重要体现。

1．公共服务领域围绕女性健康

2012年以来，中国妇女发展基金会共向30个省（区、市）捐赠1740辆“母亲健康快车”及车载医疗设备，价值约2.4亿元。持续围绕女性健康领域，着力打造健康扶贫综合模式，以“母亲健康快车”为载体，依托医疗专家团队，进学校、进社区、进乡村，开展义诊咨询、健康宣教、基层医生培训、接送孕产妇及危重病人等多种形式的健康服务，受益人次超过3616万。

2．基础设施方面精细落实

在全国各地的机场和火车站，不少带婴幼儿出行的父母，越来越强烈地感受到公共场所哺乳室和母婴室的便利。截至2020年9月，全国已建立女职工休息哺乳室的基层企事业工会达24.09万个，覆盖女职工1866.07万人。交通运输部在大型客运枢纽、公路服务区中均设立母婴室、母婴候乘休息区等设施，全国大型客运枢纽均建设使用面积一般不少于10平方米的独立母婴室，并配备相应设备。在各大客运枢纽站场因地制宜为妇女儿童营造良好的候车环境。住房和城乡建设部修订颁布《城市公共厕所设计标准》，大幅度提高女性厕位比例，从原来的1∶1提高为3∶2，人流量较大地区为2∶1，同时提出设置无障碍厕所、第三卫生间（无性别厕所）等要求，加强城市公厕精细化管理。相关部门着力推进，更多的友好环境和城市公共设施正在形成和建成。

3．科技助力妇女健康

科技部在国家科技重大专项、国家重点研发计划等专项中，安排多个项目开展妇女健康方面的科学研究，针对妇女儿童发展的研究项目支撑力度不断加大。启动“妇女常见多发疾病防治研究”“安全有效避孕节育新技术和产品研发”等项目，在妇女疾病防治及妇女避孕节育研究等方面起到支撑引领作用并提供重要技术支撑；通过对生殖健康领域相关技术研发，从整体上提升我国妇女生殖疾病和出生缺陷防控科技水平；通过“传染病防治”科技重大专项的实施，乙肝病毒母婴阻断率提高到90%，在高发区、综合示范区部分重点人群中，对艾滋病单阳家庭患者采取早期抗病毒治疗，使配偶的HIV新发感染率下降67%。

三、如何定义新时代中国健康女性

如何称得上是新时代健康女性？怎样定义健康女性？正所谓仁者见仁，智者见智，不同的人就会有不同的视角、不同的定义，我认为新时代幸福中国里的健康女性应具备几个方面。

（一）拥有健康的心理

心理健康有利于促进身心的健康发展，对家庭、社会安全有着极大影响。拥有一个健康的心理是生命形态得以继续的保证之一。

现在心理学家们普遍认为，情商水平的高低对一个人能否取得成功也有着重大的影响，甚至超过智力水平。情商包括：一是认识自身的情绪。因为只有认识自己，才能成为自己生活的主宰。二是能妥善管理自己的情绪，即能调控自己。三是自我激励，它能够使人走出生命中的低潮，重新出发。四是认知他人的情绪。这是与他人正常交往，实现顺利沟通的基础。五是人际关系的管理，即领导和管理能力。

（二）拥有和谐的家庭

家庭是社会的细胞，和谐家庭是和谐社会的基础，构建社会主义和谐社会必然要求家庭的和谐。和谐家庭是指男女平等、夫妻和睦、尊老爱幼、热爱学习和勤奋拼搏的家庭。作为社会的细胞，家庭是每个人成长的摇篮，和谐家庭是洒满阳光的恬静港湾，是家庭成员心理负担的“减压器”，是化解社会矛盾的“缓冲器”，家庭是否和谐，关系到每个家庭成员能否自由平等和健康全面地发展，关系到和谐社会能否顺利实现。

一个和谐家庭更容易产生有着健全人格、高尚情操的女性，一个有着健全人格、高尚情操的女性又对构建文明社会、促进家庭和谐有着不可忽略的力量，乔治·赫伯特曾经说过：“一个好母亲抵得上一百个教师。”德国教育家福禄培尔说过：“国家的命运与其说是掌握在当权者的手中，倒不如说是掌握在母亲的手中。”女性的思想道德素质，对于和谐家庭的创建有着难以估量的作用。

女性要从自己做起，不断加强品性修养，培养高尚的道德情操，为在家庭中形成男女平等、夫妻和睦、勤俭持家、邻里团结的良好家风做出自己的努力，实现家庭和谐与社会和谐协调发展。

（三）拥有属于自己的事业

人生就像一个舞台，好的演员一定都是多面手。一份事业，带给女人的不只是金钱，更是女人对自己的认同和自我价值的实现；不仅是经济上的独立，更是精神上的独立。当女人为了一份事业打拼，你可能会遇到很多无奈，但同时，你的心中也会为自己感到骄傲。有一份工作，不仅是经济上的一份保障，更是不断提升自我的过程。尤其是在一些重男轻女思想严重的地区，有一份事业和收入，可以提升女性的地位，也可以让女性更洒脱地生活。

四、新时代女性助力健康中国展望

充分发挥妇女“半边天”作用，积极贯彻男女平等基本国策，必须始终把妇女工作放在重要位置，努力实现妇女平等依法行使民主权利、平等参与经济社会发展、平等享有改革发展成果。

女性健康是全民健康的重要基石，也是实现“健康中国”战略目标的重要支撑。女性健康不仅关系到妇女自身的幸福水平，也与整个家庭的幸福生活息息相关。提升女性健康水平，促进家庭健康状况，将为创造家庭美好生活提供基础保障。全方位普及健康知识，优化健康服务，进一步提升广大妇女的健康意识和健康素养，以妇女健康带动家庭健康，助力健康中国建设。

人民健康是民族昌盛和国家强盛的重要标志。广大妇女不仅成为健康中国的践行者、推动者，更成为受益者、享有者。通过持续不断努力，妇女健康素养水平不断提升，健康生活方式加快形成，“全民健康、女性自立、带动家庭”的目标逐渐呈现，广大妇女在健康中国建设中的独特作用得到有效发挥。

相信在党的领导下，一定能大力推动妇女健康事业发展，助力健康中国建设行动，共同创造更加美好的未来。

广西女性参与少数民族传统体育现状与发展策略

肖崇瑶*

摘　要：广西作为一个少数民族聚居的省份，拥有丰富的民族传统体育文化资源。女性作为重要的民族传统体育的传承者，在民族传统体育参与中起着重要的作用。经过文献综述研究发现，女性相对于男性来说，在民族传统体育中的参与人数较少、参与度较低，并且在民族传统体育文化的传承中处于边缘地位。影响女性参与的原因分为外部原因和内部原因，外部原因包括对参与体育的认知不足、场地等条件限制等，内部原因包括缺少相关训练知识和害怕受到讥笑等。针对现状，提出了提高广西女性参与少数民族传统体育的策略：加大扶持女性参与广西民族传统体育项目；促进经济发展，提供更多参与广西民族传统体育的机会；多种模式发展广西民族传统体育项目。

关键词：广西民族传统体育；女性；传统体育项目参与

广西壮族自治区作为一个多民族聚居的省份，具有丰富的少数民族传统体育文化资源。通常我们看到民族传统体育活动的开展和传承中大都以男性为主，女性在参与体育活动中受到较多的限制，参与的项目种类、意愿及认可度都远不及男性，在民族传统体育文化的传承中容易置身事外，这样不利于民族传统体育文化的传承，也不利于女性的体育发展。本文通过文献综述的方法，对女性参与民族传统体育，尤其是广西的民族传统体育中所面临的

* 作者单位为桂林信息科技学院体育与健康学院。

一些问题进行探讨，提出相应的建议，以期为进一步促进和推广广西女性在民族传统体育文化传承中的作用。

一、广西民族传统体育现状

广西壮族自治区位于祖国的南疆，居住着壮、汉、瑶、苗、侗、仫佬、毛南、回、京、彝、水、仡佬12个世居民族，是我国设立的五个少数民族自治区之一。广西世居的各民族在历史发展的长河中，形成了独特的地域文化，尤其在生产实践和劳动生活中形成了内容丰富、形式多样的民族传统体育资源，而少数民族传统体育文化正是少数民族传统文化体系中重要的组成部分。据统计，我国民族传统体育项目达977种，其中少数民族的达676种[1]。广西共有478项，主要集中在壮、瑶、苗、侗、仫佬族等民族[2]。广西常年开展的少数民族传统体育项目有壮族的板鞋和投绣球，瑶族的射弩，苗族的爬坡杆和打草球，侗族和壮族的抢花炮，仫佬族的步虎掌和草龙舞，毛南族的同填、同顶和同拼，回族的摔跤，京族的跳竹竿，彝族的打磨秋，水族的赛马，仡佬族的荡秋千和打花笼，以及深受各民族喜爱的打陀螺、踢毽球、赛龙舟、武术、舞龙舞狮等项目[1]。

2020年12月，广西出台了《关于进一步加强少数民族传统体育工作的实施意见》，提出要加强少数民族传统体育资源开发和产业扶持力度，推进少数民族传统体育与旅游、文化等融合发展[3]。广西民族传统体育通过多种方式发展，主要有：以学校作为民族传统体育传承与发展的重要阵地的体育教育发展模式，以民族民俗节庆体育为主的农村发展模式，以全民健身为核心的社会大众发展模式，以民族传统体育训练与竞赛相结合的体育竞赛发展模式，以市场化发展为主导的市场运作模式等[4]。

二、广西女性参与民族传统体育现状

（一）女性参与民族传统体育活动的程度较低

广西有着丰富多彩的少数民族传统体育项目，各民族在民族传统体育项目的设置上形式、特点、意义等方面各不相同，但有一个共同特点，那就是有分别独立属于男性和女性的体育活动。但纵观这些项目，我们不难看出：活动多数强调力量、耐力、速度且具有一定的对抗性，更符合男性的生理、心理特征。在以前，男女两性不参与属于对方的体育活动。而项目中以男性的项目为主，甚至有的项目传男不传女[5]。现在很多男女都参加的项目，实际上以前是专属于男性的项目，女性参与时参与性和适配度都不如男性，女性参与项目时所处的地位低于男性。大部分时间女性更多是作为退居在后的“啦啦队”。这种节庆习俗活动的背后依旧是“男尊女卑”的性别意识[6]。

（二）女性在广西民族传统体育活动组织中处于边缘地位

民族传统体育的诞生，往往与宗族活动密不可分。在宗族带有宗教色彩的仪式活动中，有大量充满体育元素的舞蹈和竞技项目，以达到祭祀神灵的目的。在过去的祭祀活动中，大多数是由男性主导，女性处于从属和配角的地位，有的活动甚至不允许女性参与，认为女性参与会触怒神明。由此可见，女性在民族传统体育文化的传承中处于边缘地位[7]。

在少数民族的宗教传统仪式活动中，大多数是由德高望重的男性族长主持，女性通常只做一些辅助和后勤工作。在这样的组织形式下，男性拥有对活动绝对的管理权，传统的性别分工与传统文化习俗紧密相关。形成这样的原因与长期受到的父权制思想的熏陶密不可分，女性从小便较少有机会参与到民族传统体育项目中来，女性对于自身传统角色的定位成为一种潜意识，抑制了少数民族女性的自身发展，这种角色定位更是严重抑制了她们主体意识的发挥。长此以往，女性会更加自发主动地远离民族传统体育的传承和保护，认为这是男人的事情、政府的事情，与自己无关。

（三）影响女性参与民族传统体育活动的因素

影响女性参与民族传统体育活动的因素分为外部因素和内部因素。其中外部因素是影响女性持续参与体育运动的主要因素，女性自身还是有意愿参与体育锻炼的，但在工作和劳动之余，还要负责家务劳动，消耗了女性大量的时间和精力，有的人因此认为劳动和家务已经有足够的运动量了，不需要再单独进行体育锻炼[8]。场地和锻炼条件是另一个重要的外部影响因素，现在很多乡镇及村庄还未普及公共体育设施，想要找到一个合适的体育锻炼场地有一定的困难，很多体育锻炼只能因地制宜，因繁就简。因此像只需要一块空地就可以进行的广场舞、腰鼓等项目有较好的群众基础。

不懂得训练方法和怕受到他人的讥笑是影响女性参与民族传统体育活动的两个主要内部因素[8]。没有科学合理的训练方法通常会使得训练事倍功半，影响参与运动时获得的快乐，并且容易受伤，因此无法形成一个正向的反馈，进而影响体育参与的意愿。怕受到他人讥笑主要是如果没有形成一个良好的运动环境氛围，身材较差、运动能力较差的运动参与者容易因为不佳的运动表现被他人讥笑。往往也正是这群人内心较为敏感，受到他人的评价容易产生动摇。

三、促进女性参与民族传统体育的策略

（一）加大力度扶持女性参与广西民族传统体育是基础

在民族传统体育发展的过程中，需要政府部门相互协作，在政策、经费、专业人才等方面提供相应的资源，将零星的、自发的体育参与行为发展为有组织、有规划的系统行为。在制定中、长期规划的过程中，应当充分地考虑如何促进女性参与民族传统体育，为提高女性参与民族传统体育指明发展的道路；有组织、有规划地开展相应的比赛、活动和培训，划拨专项的经费用以完善场地、器材等硬件设施；加强女性在民族传统体育项目中的话语权，多对女性参与民族传统体育项目取得的成就进行报道，激发舆论更多积极正面的讨论。

（二）经济发展是推动男女共同参与广西民族传统体育的推手

女性参与民族传统体育要有一定的物质基础和前提条件。进一步推动经济发展有助于消解女性在家庭角色中的刻板印象，从传统的性别观念的束缚中解脱出来，不再是男性的附属品，在社会中展现自身独特的魅力，求得自我生存和发展，形成更为独立、自主、独特的个性[9]。经济发展程度较高

的地区，人民群众对于文化产业的需求会更高，会有更强的意愿参与到体育中来。经济的发展是民族传统体育发展的重要因素，同是在广西，南宁、桂林、柳州地区的广西民族传统体育项目的普及程度和参与深度就显著高于广西其他城市。

民族传统体育的发展不仅受益于经济的发展，同时也会反哺经济的发展。2014 年《国务院关于加快发展体育产业促进体育消费的若干意见》提出，到 2025 年体育产业总规模超过 5 万亿元，为我国体育产业发展提供了方向[10]。一个良性发展的民族传统体育市场会吸引更多资金的投入，随之孕育出大量的工作岗位，有更多的女性可以参与到民族传统体育项目中来，能够更好地传播民族传统体育的文化，形成正向的循环。

（三）发展模式百花齐放是促进女性参与广西民族传统体育的保障

广西民族传统体育的发展目前还处于一个摸索阶段，各种发展模式百花齐放，主要有学校体育、全民健身、民俗节气体育活动、民族传统体育竞赛、市场化发展等多种模式[4]。各种模式之间相互补充、相互促进，形成一个有机整体，每种发展模式在不同的时期所产生的作用和侧重点是不同的，在广西民族传统体育发展的过程中，有机地调整各种模式发展的侧重点可以最大程度地保障良好发展。在各种不同的发展模式下，会诞生出各种不同的组织形式，女性可以充分地参与进行，在不断的磨合中找到可以凸显女性性别优势的位置。

（四）丰富文化内涵、创新体育模式是吸引女性参与广西民族传统体育的关键

广西民族传统体育拥有丰富的内涵，可以挖掘出很多优秀的经典。一方面，优秀的传统文化应当得以保护，减少原生态体育文化元素的流失。另一方面，在大力发展和传承的过程中创新性地加入符合现代流行元素的优秀内容，诞生出更具有观赏性、娱乐性、参与性的体育模式，既有规范规则的竞技模式，也有寓教于乐适合群众参与的大众健身模式。只有满足不同人群对体育参与的需求，吸引更多的人参与到民族传统体育活动中来，满足社会发

展和个人的需要，才能推动民族传统体育文化的发展。民族传统体育的发展如果不能体现其价值和功能，其发展将是盲目和毫无意义的[11]。通过丰富的内涵所提供的文化吸引、社交吸引和健康理念吸引，让女性从更多的角度认识并参与到民族传统体育项目中来，而不仅仅认为体育参与是工作或家务劳动的替代。

四、结　语

广西拥有丰富的少数民族传统体育资源，女性更深入地参与到广西民族传统体育的传承和发展中来，对广西民族传统体育和女性自身都有非常重要的意义。现在女性在广西民族传统体育中的参与度还可以进一步提高，这不仅需要女性自身更加积极主动，也需要全社会各方面的资源和支持。

【参考文献】

[1] 陶丽丽，冉荣，李倩影．传承与发展：广西民族传统体育文化与旅游融合发展研究[J]. 体育科技，2022(1).

[2] 朱岚涛，陈炜．广西少数民族传统体育文化资源调查研究 [J]. 广西民族研究，2012(3)：146-153.

[3] 广西壮族自治区人民政府办公厅．广西壮族自治区人民政府办公厅关于进一步加强少数民族传统体育工作的实施意见（桂政办发〔2020〕112 号）[J]. 广西壮族自治区人民政府公报，2021(3)：9-13.

[4] 李胜恒．广西民族传统体育的发展模式与路径研究 [J]. 武术研究，2022(2)：94-96.

[5] 袁娇．少数民族女性传统体育参与中的性别区隔与解构 [J]. 辽宁体育科技，2009(3)：4.

[6] 谭小春，邓落霞，王锦．社会性别视角下贵州少数民族妇女与民族传统体育参与问题 [J]. 体育成人教育学刊，2015(3)：4.

[7] 张选惠，李传国．社会性别视角下的妇女传统体育发展研究 [J]. 成都体育学院学报，2012(11)：4.

[8] 闫明 . 新农村背景下广西农村妇女体育参与现状调查与对策研究 [D]. 广西：广西师范学院，2014.

[9] 康健 , 梁恒 . 女性视角下湘西地区民族传统体育的传承与发展 [J]. 科技视界，2014(26) ：2.

[10] 国务院 . 国务院关于加快发展体育产业促进体育消费的若干意见（国发（〔2014〕46 号）[R]. 2014.

[11] 宋晓楠 , 地里木热提 · 阿不都卡的尔，孙健 . 文化自觉视域下中国传统体育文化发展方向的思考 [J]. 北京体育大学学报 , 2017(2):5.

北京高校女性教师体育消费行为特征及影响因素研究

许奕昕　王晔媛　亓　昕*

摘　要： 研究目的：为了进一步探究女性体育消费特征，激活女性体育消费，本文对北京市高校女性教师体育消费行为的特征以及影响北京市高校女性教师消费行为的主要因素进行分析。研究方法：本文以北京市高校女性教师为研究对象，采用了文献研究法、问卷调查法等方法。研究结果：(1) 北京高校女性教师体育消费行为特征表现为体育消费水平较高、以实物型体育消费为主。(2) 观看体育赛事影响北京高校女性教师体育消费支出。(3) 运动量影响北京高校女性教师体育消费支出。研究结论：针对北京高校女性教师体育消费的结构特点和影响因素，提出促进该群体体育消费的对策建议，以更好地开发体育消费市场。(1) 倡导高校女性教师运动健身，培养体育消费习惯。(2) 构建高校女性教师观赛场景，推动体育消费增长。

关键词： 女性体育；体育消费；影响因素

2014年，国务院印发《关于加快发展体育产业促进体育消费的若干意见》，该意见提出了“到2025年群众体育健身和消费意识显著增强，人均体育消费支出明显提高”的发展目标。近年来，女性运动健身的意识不断增强，体育消费的需求不断增长，女性成为体育消费的生力军。女性体育消费也成为研究的热点话题。高校女性教师是指受过专门教育和训练，并在高等

---

* 作者单位为北京大学体育教研部。

教育中担任教育、教学及行政工作的女性知识分子，因具有较高的学历和收入水平，具备一定的闲暇时间，成为女性体育消费研究的重点人群。

北京成功举办了2008年奥运会和2022年冬奥会，掀起了运动健身和体育消费的热潮。“十三五”期间，北京市经常参加体育运动的人口比例达50.18%。《2021年度北京市居民人均体育消费调查报告》显示该年度北京市居民人均体育消费3310.3元，清华大学五道口体育金融研究中心发布的《中国城市体育消费报告》预测北京的人均体育消费在2025年将超过4000元。北京市民具有体育消费的领先性，因此本研究选取北京市的高校女性教师作为研究对象，采用文献研究法、问卷调查法、数理统计法和访谈法，研究其体育消费的行为特征和影响因素，以更好地提出促进体育消费的建议。

一、文献综述

体育消费分为两个方面，一类指体育机关、事业单位等管理职能部门的消费，另一类指居民个人的体育消费。林建君定义体育消费为具有消费能力的消费者（主体）为满足享受和发展需要对消费资料和劳务（客体）产生依赖关系。鲍明晓认为从需求角度看，体育消费满足人民日益增长的美好生活需要，是功能性消费、符号性消费和地位性消费的混合品。根据不同概念定义，体育消费被划分为不同类型。徐钟仁将体育消费分为体育实物消费、体育劳务消费和体育信息消费。程林林等将体育消费分为实物型消费和服务型消费。亨弗雷斯（Humphreys）等认为体育消费包括体育参与、现场观看比赛和通过体育媒体观看比赛三种方式。综上所述，本研究聚焦居民个人为主体的体育消费，将体育消费划分为实物型体育消费、参与型体育消费和观赏型体育消费。

女性体育消费会受到年龄、职业、受教育程度、收入、闲暇时间、消费观念、体育产品的价格、消费场所的距离远近等各方面的影响，其体育消费的动机包括强身健体、消遣娱乐、兴趣爱好、身份象征、社会认同、社交价值、情感寄托、审美表达等。女性体育消费者逐渐呈现高学历、高收入、年轻化、带动家庭消费的特点，消费结构正在由实物型为主向参与型、观赏型体育消费转变。

二、问卷设计

根据研究需要，按照“设计问卷—征询专家意见—修改意见—发放问卷—回收问卷—问卷统计”的流程，确定调查内容，编制并发放《北京高校女性教师体育消费行为影响因素研究》调查问卷。问卷涵盖了社会人口学变量（年龄、受教育程度、婚姻生育状况），经济学变量（收入、工作类型），身体健康情况，时间安排情况，体育活动情况，赛事观看情况，体育消费动机和体育消费支出等方面问题。问卷量表部分克隆巴赫 Alpha 值为 0.684，基于标准化项的克隆巴赫 Alpha 为 0.654，信度大于 0.6，数据可接受。探索性因子分析结果显示 KMO 值为 0.724，巴特利特球形检验显著性＜ 0.001，具有良好的结构效度。邀请 5 位专家审定问卷的内容效度，评价结果为“较完善”，说明问卷内容总体符合要求，具有有效性，可以用于开展研究。

三、北京高校女性教师体育消费的基本情况

（一）北京高校女性教师基本特征概况

本研究问卷在北京大学、中国石油大学、北京物资学院、北京印刷学院、中华女子学院、北京体育大学等若干所高校发放，共计收到 112 份问卷，其中 109 份为有效问卷，问卷回收率为 97.32%。

从年龄来看，被调查的高校女性教师青年组（18 ～ 44 岁组）和中老年组（45 ～ 59 岁和≥ 60 岁组）人数占比分别为 45.9% 和 54.1%，样本分布相对均匀，符合高校目前在校在职教师情况。从婚姻生育情况来看，已婚状态占样本总数的 79.8%，处于未婚、离异、丧偶等非已婚状态的占样本总数的 20.2%；已育教师总计占样本总数的 78.0%，未育教师占比为 22.0%。从个人年收入来看，被调查高校女性教师中年收入在 10 万元以下的占比为 12.8%，年收入 10 万～ 19 万元的最多，占比为 38.5%，年收入 20 万～ 29

万元的占比为 35.8%，年收入 30 万元以上的占比为 12.8%。从教育程度看，被调查的高校女性教师学历在大学本科及以下和研究生学历的人数占比分别为 26.6%、73.4%，接受调查的高校女性教师以研究生学历居多。从工作类别看，教学科研和行政管理两类被调查者占比分别为 45.9% 和 54.1%。从职称来看，被调查的高校女性教师中具备助教（初级）职称、讲师（中级）职称、副教授（副高级）职称和教授（高级）职称的人数分别占样本总数的 22.0%、38.5%、27.5% 和 11.9%。

（二）北京高校女性教师体育锻炼的运动量

本部分为调查过去一年北京高校女性教师的体育参与水平，采用梁德清体育活动等级量表（PARS-3），了解该群体的体育锻炼时间、强度、频率并计算其体育锻炼活动量。量表的重测信度为 0.82，运动量 = 强度 × 时间 × 频率，其制定标准为：小运动量≤ 19 分，中等运动量为 20 ～ 42 分，大运动量≥ 43 分。

根据统计，被调查的高校女性教师中体育锻炼活动量为小运动量的占样本总数的 59.6%，中等运动量的占样本总数的 24.8%，大运动量的占样本总数的 15.6%。《2020 年全民健身活动状况调查公报》中“成年人每周参加一次及以上体育锻炼的人数比例为 67.8%，经常参加体育锻炼人数比例为 30.3%”，因为女性体育锻炼比例会略低于男性，本研究样本与全国数据趋势大致吻合。

（三）北京高校女性教师观看体育赛事的情况

被调查的北京高校女性教师中过去一年未观看过体育赛事的占样本总量的 23.9%，观看过体育赛事的占样本总量的 76.1%。在观看过体育赛事的被调查者中，从观赛方式来看，采用电视、电脑、手机或平板电脑观看体育赛事这三个选项的响应率累计超过所有选项占比的 80%，而现场观赛占 1.77%，说明被调查者主要采用电视、电脑、手机或平板电脑观看体育赛事，线上观赛渠道占据主流。

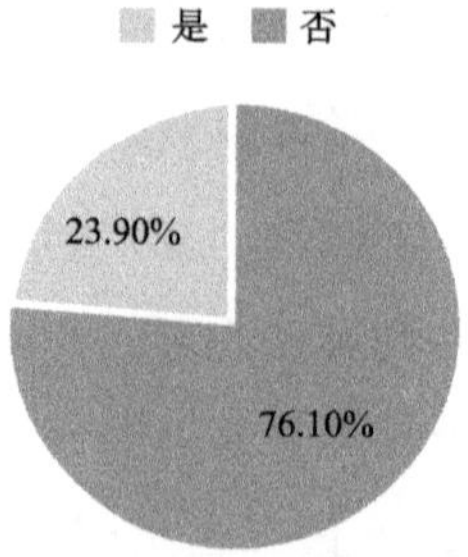

图1　观看体育赛事情况统计图

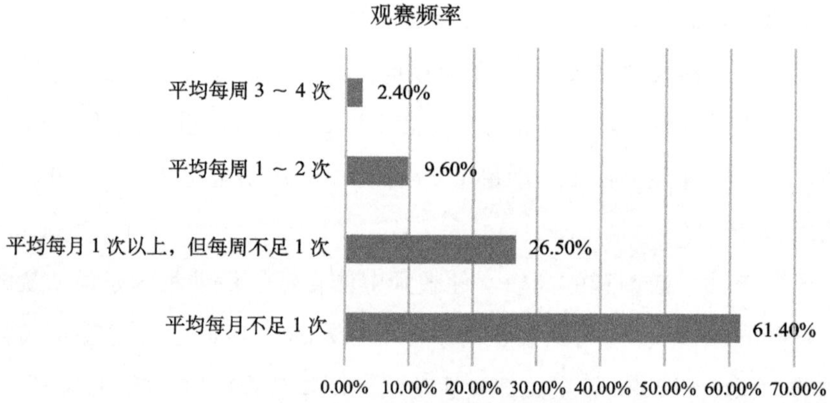

图2　观看体育赛事频率统计图

四、北京高校女性教师体育消费行为特征及影响因素分析

（一）北京高校女性教师体育消费结构分析

实物型体育消费旨在调查过去一年北京高校女性教师群体购买体育鞋服、体育用品和器械、体育报刊和体育纪念品等的花费，参与型体育消费则调查该群体用于体育锻炼、体育旅游、体育比赛（报名及参赛）等的花费，观赏型体育消费则是关于购买体育比赛门票、充值体育视频会员等的花费。

表1　体育消费支出描述性统计

变量	分类	频数	百分比	平均值标准差
实物型体育消费支出	有	101	92.7%	2899.94±4710.68
	无	8	7.3%	
参与型体育消费支出	有	72	66.1%	1605.54±3644.86
	无	37	33.9%	
观赏型体育消费支出	有	30	27.5%	241.66±1107.30
	无	79	72.5%	
个人体育消费总支出	有	102	93.6%	4747.14±7331.00
	无	7	6.4%	

表1显示，被调查的北京高校女性教师过去一年的体育消费支出平均值为4747.14元，高于2021年北京市居民人均体育消费3310.3元，说明该群体具有强大的体育消费实力。但体育消费支出标准差为7331.00，说明被调查者群体内部体育消费支出差异巨大。研究表明被调查者以实物型体育消费支出为主，参与型体育消费次之，观赏型体育消费最少，这也与目前我国体育消费的特征相吻合。

（二）北京高校女性教师体育消费影响因素分析

1.人口学特征与不同类型体育消费的分析

独立样本T检验用于分析定类数据与定量数据之间的差异情况。被调查者不同年龄组对体育消费支出没有显著性差异。李骁天等人在运用北京市第三次群众体育调查数据做研究时发现采用OLS（普通最小二乘法）进行回归分析时，结果未呈现因年龄因素产生的消费差异。石振国等人研究发现居民的休闲体育消费受年龄因素的影响不大，整体消费仍处于较低水平，不过中年群体的消费水平相对较高。

单因素方差分析用于分析多组定类数据与定量数据之间的差异情况。被调查者不同学历水平对体育消费支出没有显著性差异。受教育程度的高低会影响人们的体育消费意识和体育消费决策的选择。因为本研究中绝大部分群体属于大学及以上学历，可能在大学学历内部层面差异表现不明显。

表2　个人年收入与体育消费的相关分析表

	个人年收入	个人体育消费总支出	实物型体育消费支出	参与型体育消费支出	观赏型体育消费支出
个人年收入	1				
个人体育消费总支出	0.108	1			
实物型体育消费支出	0.173	0.857**	1		
参与型体育消费支出	0.010	0.786**	0.385**	1	
观赏型体育消费支出	−0.053	0.387**	0.152	0.277**	1

表 2 显示，被调查者的个人年收入与体育消费支出没有显著相关性。根据 2022 年国家统计局的统计公报，“中间偏上收入组人均可支配收入 47397 元，高收入组人均可支配收入 90116 元”，87.15% 的被调查者属于高收入群体，研究表明处于高收入的居民增加体育消费金额的愿望相对较小，可能经济原因不是影响他们进行体育消费的障碍。但值得一提的是，个人年收入与实物型体育消费支出在 p=0.072 显著性水平下相关，结果边缘显著，如增加研究样本量可能会呈现不同的结果。

2.观看体育赛事与不同类型体育消费的分析

表3 观看体育赛事与体育消费的独立样本t检验分析表

观看体育赛事情况（平均值±标准差）				
	观赛（n=83）	未观赛（n=26）	t	p
个人体育消费总支出	5592.15±8092.31	2049.62±2727.94	3.416	<0.001**
实物型体育消费支出	3362.09±5197.316	1424.62±2071.379	2.766	0.007*
参与型体育消费支出	1912.70±4109.616	625.00±825.984	2.687	0.008*
观赏型体育消费支出	317.36±1261.173	0.00±0.000	2.293	0.024*

表3显示，本研究采用独立样本t检验判断是否观看体育赛事对北京高校女性教师个人体育消费总支出、实物型体育消费支出、参与型体育消费支出和观赏型体育消费支出的影响。观看过体育赛事的群体与未观看过体育赛事的群体在个人体育消费总支出上存在显著性差异。观看体育赛事与参与型体育消费总支出的莱文方差等同性检验显著性$p=0.009 < 0.01$，不假定等方差，显著性$p=0.008 < 0.01$，说明两类群体在参与型体育消费上也存在显著性差异。

3.体育锻炼活动量与不同类型体育消费的分析

表4 运动量与体育消费的单因素方差分析表

运动量（平均值±标准差）					
	小运动量（n=65）	中等运动量（n=27）	大运动量（n=17）	F	p
个人体育消费总支出	4070.05±7326.672	4147.48±6193.756	8288.41±8361.549	2.412	0.094
实物型体育消费支出	2545.86±4760.995	2559.67±4107.259	4794.18±4710.680	1.648	0.197
观赏型体育消费支出	270.32±1379.011	235.89±596.341	141.24±278.489	0.091	0.914

本研究采用单因素方差分析判断不同运动量对北京高校女性教师个人体育消费总支出、实物型体育消费支出、参与型体育消费支出和观赏型体育消费支出的影响。其中参与型体育消费支出未通过方差齐性检验。过去一年运动量小、中、大三组教师个人体育消费支出在 $p=0.094 < 0.1$ 显著性水平下呈现差异，比较其消费均值发现，大运动量的教师体育消费支出最高，中等运动量的教师体育消费支出也高于小运动量的教师。

表5　运动量与体育消费的相关分析表

	运动量	个人体育消费总支出	实物型体育消费支出	参与型体育消费支出	观赏型体育消费支出
运动量	1				
个人体育消费总支出	0.184	1			
实物型体育消费支出	0.107	0.857**	1		
参与型体育消费支出	0.238*	0.786**	0.385**	1	
观赏型体育消费支出	−0.023	0.387**	0.152	0.277**	1

注：$p^{*}<0.05$，$p^{**}<0.01$。

表 5 显示，被调查的北京高校女性教师运动量与个人体育消费支出的相关系数为 0.184，$p=0.056 < 0.1$，在 0.1 显著性水平下相关，结果边缘显著。运动量与参与型体育消费支出的相关系数为 0.238，$p=0.013 < 0.05$，在 0.05 显著性水平下呈正相关关系，运动量越大，则其参与型体育消费支出越高。

五、结论与建议

（一）结 论

1.北京高校女性教师体育消费行为特征表现为体育消费水平较高、以实物型体育消费为主

被调查者的平均体育支出为4747.14元，标准差为7331.00，被调查者的平均体育消费支出也超过了预计2025年北京市民的平均水平，其消费水平具有领先性，但在被调查者内部也存在巨大的差异性。被调查者的体育消费结构与我国其他群体并无差异，以实物型体育消费支出为主，参与型体育消费次之，观赏型体育消费最少。其选择较多的体育消费形式为与家人一起消费、个人消费、参与学校组织活动和与同事朋友一起消费。

2. 观看体育赛事影响北京高校女性教师体育消费支出

过去一年观看过体育赛事的教师与未观赛的教师个人体育消费总支出、实物型体育消费支出、参与型体育消费支出和观赏型体育消费支出在0.05显著性水平下均呈现差异，且观看过体育赛事的教师体育消费支出高于未观赛的教师。

3.运动量影响北京高校女性教师体育消费支出

运动量与参与型体育消费支出呈正相关关系，运动量越大，则其参与型体育消费支出越多。

（二）建 议

针对北京高校女性教师体育消费的结构特点和影响因素，提出促进该群体体育消费的对策建议，以更好地开发体育消费市场。

1. 倡导高校女性教师运动健身，培养体育消费习惯

运动量在一定程度上会正向影响参与型体育消费，因此要倡导北京高校女性教师多参与运动健身，培养消费习惯。北京高校女性教师选择较多的体育消费形式有参与学校组织的活动和与同事朋友一起消费，高校在体育消费中扮演了重要角色。高校可以帮助女性教师成立自己的运动社团、运动协

会，支持社团和协会举办具有女性特色的体育健身培训活动，鼓励女性教师通过分享和交流来相互帮助，提高运动技能，形成良好的运动健身氛围。高校可以引进丰富的运动项目，鼓励更多女性教师尝试新兴运动，参加相应的体育锻炼和赛事活动，增加参与型体育消费。各高校间可以组成联盟，共享体育场馆资源，给予优惠折扣，让高校女性教师可以在不同学校场馆间流动，这样既增进了校际教师间的友情，又增加了场馆的体育消费。多措并举逐步培养起高校女性教师的体育消费习惯。

2.构建高校女性教师观赛场景，推动体育消费增长

信息时代，注意力是稀缺资源，也是核心资源。优质的体育赛事在竞争注意力方面不落下风，它吸引各路媒体争相报道，也将获得广大观众的关注，即便部分北京高校女性教师平时可能并没有观看体育赛事的习惯。此外，对体育赛事素材进行深度挖掘、整理加工甚至二次创作，仍然有着很好的传播效果，借助新媒体和短视频平台的力量，可以持续吸引观众的注意力。吸引北京高校女性教师群体进行体育消费，从获得注意力开始，从观看体育赛事开始，她们只有了解体育，感受到体育的魅力，才有可能爱上体育，进行体育消费。因此要从供需两端发力，掌握该群体消费需求，解决观赛和消费的痛点（如赛事精彩程度不高、看不懂体育比赛等），通过引入精彩海外赛事、扶持本土特色赛事、降低观看赛事门槛、鼓励赛事二次创作等手段构建观赛场景，全方位多角度吸引高校女性教师观看体育赛事，同时不断提升赛事品质，用优质内容留存用户，逐步培养她们的消费习惯，向线下购票观赛和线上付费观赛导流。

乡村女性体育教师职业发展现状、困囿与纾解①

闫　静　徐诗枧　温雨竹　刘光怡*

摘　要：基于乡村女性体育教师职业发展的现实审视，对于深化乡村体育教师队伍改革具有重要时代价值。对乡村女性体育教师职业发展的现状、困境和纾解路径展开探讨，研究认为，乡村女性教师职业发展过程中呈现年龄泛年轻化、高等学历普及化、婚恋与家庭两极化和体育师资专业化等现实特征。其职业发展困囿在于自身学历约束、教育条件限制、专业培训与职业生涯规划、自身的学习自主性和缺乏教学反思。鉴于此，提出构建社会支持体系、改良内外部职业环境、分阶段做好职业规划、对女性体育教师具体问题精准施策等建议。

关键词：乡村教师；女性体育；体育教师；职业发展

教育大计，教师为本。乡村体育教师队伍建设肩负着全面提高乡村人口素质，振兴乡村体育教育水平的历史重任。党的十九大以来，国家对于新时代教师队伍建设的关注与重视显著提高，《关于全面深化新时代教师队伍建设改革的意见》中明确提出，要加速教育现代化进程，着力建设社会主义教育强国，努力培养造就一批令人民满意的高素质教师。女性体育教师作为乡

---

*　作者闫静单位为云南师范大学体育学院，徐诗枧单位为云南师范大学教育学部，温雨竹、刘光怡单位为吉林体育学院研究生处。

①　本文系吉林省社会科学基金重点项目（项目编号：2021A28）。

村体育教育工作开展的关键环节，其职业发展水平对乡村体育教育质量起决定性作用。提高乡村女性体育教师职业发展水平，对于破除乡村体育教育行业“玻璃天花板”，抹除性别刻板印象具有积极作用。因此，深入探究女性体育教师职业发展因素，并拓展其发展能力，是实现农村女性体育教师职业可持续发展的有效途径，也是助推体育强国建设、助力达成城乡共同富裕目标的能量引擎。

一、乡村女性体育教师职业发展现状

（一）年龄结构层次的“泛年轻化”

就年龄情况而言，调查对象的平均年龄约为 27.5 岁，其中，年龄在 25 岁以下的有 17 人，占比 18.48%；26 ～ 30 岁年龄段有 44 人，占比 47.83%；31 ～ 40 岁年龄段有 21 人，占比 22.83%；41 ～ 50 岁年龄段有 8 人，占比 8.7%；年龄在 51 岁及以上的有 2 人，占比 2.17%。从年龄构成可推断，乡村女性体育教师多以中青年为主，这类人群在接受调查过程中更具便利性；由于熟手型女性体育教师面临更多课业要求和代际差异，多数调研时间与课程冲突，在实地调研过程中对这类人群的接触机会更小，受访群体人数相对较少，绝大多数老年教师智能设备使用率相对较低，且多数人对问卷链接和二维码的网络安全问题持有存疑的态度，导致年长的女性体育教师填写问卷的成功率不高。这也反观女性体育教师年龄的“反年轻化”，尤其是刚毕业不久的新生力量占据一定比例，这既为乡村体育教师队伍建设注入活力，也给现有师资结构的“青黄不接”现象埋下隐患。

（二）高等教育学历的“普及化”

就学历而言，调查对象的学历较为集中，全部调查的教师中没有初中及以下学历；而高中或中专学历有 2 人，占比 2.17%；高职、大专学历有 10 人，占比 10.87%；本科学历有 66 人，占比 71.74%；硕士及以上学历有 14 人，占比 15.22%。从学历结构可知，乡村女性体育教师绝大多数受过高等教育，学习经历几乎涵盖了小学、初中、高中、大学甚至硕博等全阶段。

整体学历偏高更容易挖掘乡村女性体育教师职业发展内在认知价值，也有助于更系统、全面把握研究职业发展主题的认知规律。其中本科学历占比较大，这与传统应试教育观念和中国高等教育扩招现状密切关联，而初中及以下学历几乎没有，也侧面印证现代教育对扫除“文盲”的现实趋向。但较为遗憾地看到，乡村女性体育教师中更高层次学历的占比尚低，还需要关注硕士学历及以上的体育教育工作者为何不选择在乡村学校体育扎根的现实问题。

（三）婚恋与家庭状况的“两极化”

乡村女性体育教师的婚恋问题长此以往也受到关注，从调研结果看，已婚和未婚的群体占比趋平，其中已婚人数 47 人，占比 51.09%；而未婚人数 43 人，占比 46.74%。结合年龄的交叉分析发现，已婚教师年龄普遍偏高，而多数年轻化新手教师则尚处于未婚状态。偏远的工作环境以及交际圈子的狭窄，让婚恋问题成为乡村女教师的一大“烦恼”。部分青年女性体育教师因为婚恋问题的困扰而不得不选择离开。年轻女性体育教师的婚恋问题如果不能解决，很可能导致形成农村基层教育无人坚守的局面，对于该类群体，需要在提高工资待遇的同时，关心乡村女性体育教师婚恋问题，组织女性教师参加乡村各种体育文化活动，融入当地社会。另一点需要关注的是已婚女性体育教师的家庭问题，调研中有中年教师提及女性体育教师除教育工作外往往需要处理好家庭繁杂事务。

（四）体育教师队伍的“专业化”

女性体育教师是体育教师队伍中不可或缺的重要群体，而中小学女性体育教师又是一个数量较为庞大的群体，中小学女性体育教师的专业素质能力高低是个比较复杂的话题。调研中也涉及询问教师是否属于专任教师，是否拥有教师资格证等问题。结果显示，有 67 人目前是专任体育教师，占比 72.83%；而 25 人并不是专任体育教师，占比 27.17%。受访的女性体育教师几乎都具备教师资格证，且大部分为体育专业资格证，极少数为其他科目兼任体育。四分之一的教师学习经历中并非“术科”出身，对于这类女性体育教师还需加强专业素质能力的培养。同时乡村女性体育教师的专业素质能力受多种因素影响，提升乡村女性体育教师整体的专业素质能力更是一个系统工程[1]。

二、乡村女性体育教师职业发展困囿

（一）教育条件限制

教育条件也是制约乡村女性体育教师的一大因素。乡村教育的软件和硬件较为薄弱，无法与城市社区优质教育资源布局相比拟，这些都是乡村女性体育教师教育受限的先天条件。受访者中有位班主任说道："我们从小生活在农村，在体育上还算有点儿天赋，我还算好，在这边担任教师。留在这边学校也是因为离家近，如果允许的话我也想去城区学校发展。"此外，一旦新手教师初入职场留在乡村从事体育教学，后天教育条件的鄙陋也一定程度上影响乡村女性体育教师的去留，例如较强的教学任务压力。对新生代乡村教师来说，还面临经济负担、晋升职称以及个人婚恋方面的压力。新疆西部计划的新手型教师认为："在新疆支教工作压力比较大，事务繁多，比较累，最关键还是离家远。"乡村女性体育教师的职业选择受教育先天条件和后天条件的双重制约，先天条件中城乡教育二元差异化难以避免，而教育均等化问题尤其是东西部教育资源配置差异问题也应当得以重视。

（二）专业培训与职业生涯规划

乡村女性体育教师自主发展意识薄弱，受专业培训的机会较少，且职业规划不主动。从专业培训方面来看，内蒙古牙克石一位教师提道："参与培训的体育教师数量不一定，总体上比较少。"浙江海宁的教师也表示："对体育教师来说，专业培训不多，语、数、英老师培训反倒挺多。"反观现实，乡村女性体育教师的专业培训受限，主要原因在于体育专业层面的培训对乡村教师尚未倾斜，培训的数量和质量上均有待提升。此外，多数培训机会在性别上普遍更照顾男性，女性体育教师的培训机会只有相对公平，没有绝对公平，尤其是对于远程公差这类型的培训，女性体育教师因兼顾家庭因素长时段远距离的外出培训更是甚微。乡村学校由于学生人数少，多数女性体育教师需要“身兼数科”，多学科的教学分散了教师精力，教学质量和教学积极性自然会受到影响。调研中超过半数教师除担任体育教学工作外，还需要兼任其他事务。例如，一位福建小学班主任告诉我们：“比如说安全口、卫生口，包括一些其他办公口，它都属于行政职务，由体育老师负责，这已经超出体育教师教学本身的工作范围了。”越来越多额外的教学和行政事务融入乡村女性体育教师的“本职工作”，纯粹的体育课程教学稍有淡化，这种现象在乡村小学较为常见。

（三）学习自主性不足

教师自主学习能力发展不足在乡村学校较为普遍，对于乡村女性体育教师来说，现实中在自主学习和自我提升上并不能有效实现。河北的郝老师说道：“现在这个职业能力或者说专业能力，我觉得我各方面还是有，但还有很多需要去学习、去提高的地方，现在的工作无法腾出时间单独学，在以后的工作当中，有机会还是会去提高一下自己吧！”此外，也有教师提及性别在自主学习和专业技能掌握方面的差异性问题，来自北京的一位老师认为：“大家的传统观念可能都觉得体育老师是男生多一点儿，尤其是男老师在技能的学习上，还有教学方面，如那些球类等技巧性的学习更强。女性体育老师不太占优势，只有一些操课还行，而且都为人师表，更多以教为主，没见多少老师还把重心放在学上。”乡村女性体育教师自身的学习自主性不足还体现在：难以明确自身专业地位，教师自主发展的内驱力有待提升；教师的教育理论素养普遍较低，而且教育理论学习的氛围不浓；缺乏主动寻求同伴互助，未能在借鉴他人中完善自己；自觉参加在职进修与培训现状不容乐观。

（四）缺乏教学反思

教师职业发展的历程应是从“非关注”到“虚拟关注”到“生存关注”到“任务关注”到“自我更新关注”。然而在现实中，乡村体育教师缺乏教学反思。首先是认识上的偏差，坚持开展教学反思的乡村女性体育教师比率偏低。一位年轻教师说道："我们的课业负担较重，没有时间写教学反思，即使部分教师写了教学反思，也是为了应付检查而写。"不难发现，在乡村学校，有些女性体育教师的思想认识不到位，导致反思行为的缺失。尤其是对新手型教师而言，缺少相关方法且反思能力较差。调研中发现多数教师的反思方法不足，反思能力比较欠缺。此外，写作形式单一，缺乏深度，具体体现在优势方面写得多，不足之处挖掘得少。大量反思都停留在对一些体育教学现象的描述上，而对现象背后的教育理念、对学生发展水平的影响、课程目标的落实情况、教材的运用、学生综合能力的变化、今后教学的影响等方面的思考却相对缺乏[3]。

三、乡村女性体育教师职业发展纾困

（一）以教育为本，构建乡村女性体育教师职业发展社会支持体系

乡村女性体育教师职业发展需经历从职业化阶段到专门化阶段再到专业化阶段。在乡村学校层面，要重视教师职业信息的共享，提升数字素养，打破"数据孤岛"壁垒；重视教师交往和合作能力的培养，相互学习和借鉴；要提升乡村女性体育教师在学校的福利待遇，让女性体育教师成为职业规划课程的开发者、乡村教育的"拓荒者"。在社会支持层面，首先国家和政府对乡村教师资源的倾斜，例如加强经济保障，引入政策鼓励和扩大西部计划招募数量等。在企业端，可以加强学校与教育类企业的校企合作，为乡村女性体育教师提供更多培训及发展机会；还可以以地方性龙头企业的赞助和资金支持来推进乡村学校体育的发展，在对乡村女性体育教师的工作上适当给予福利倾斜。在社会组织中也可以培育女性性别平等的教育组织和专门针对乡村地区的帮扶体育组织，为乡村女性体育教师的工作与生活提供人文关怀。

（二）改良内外部职业环境，完善乡村女性体育教师的激励机制

乡村女性体育教师职业发展的关联环境因素主要涉及个体内部环境与群体外部环境两大方面。从个体内部环境来看，个体的专业知识、专业能

力、性格特征和职业价值观对其影响颇深。除能力外，良好的性格特质也是乡村女性体育教师的加分项，对于女性来说，更应富有独立、热情开朗、诚实正直、温良宽厚等“她力量”；要树立好正确的职业观，具有职业信念和职业幸福感。从群体外部环境来看，学校的管理制度及支持体系对乡村女性体育教师职业发展具有助推性作用，应着力建立多维性、发展性的教师评价体系，做好教师培训、进修等保障性工作，同时优化教师奖惩和激励机制，激发内在潜能。优化乡村女性体育教师的外部发展环境以促成专业成长，在培训、职称评聘、表彰奖励等方面向乡村女性体育教师倾斜，实施多种形式的乡村女性体育教师成长项目，加快乡村女性体育教师成长步伐。健全“传帮带”机制，充分发挥名师、名校长、骨干教师的示范引领作用，通过结对子、组建学科小组、纳入工作室等方式，主动为乡村女性体育教师当导师、做榜样，帮助乡村女性体育教师提高专业发展能力。

（三）分阶段做好职业规划，塑造更多熟手型乡村女性体育教师

乡村女性体育教师职业发展是经验积累与内化的过程，对于不同阶段的教师要因人施策，从新手到熟手再到专家，贯穿教师的职业生涯周期具有连续性和阶段性。在此过程中，务必遵守职业道德，拓展职业知识，提升职业技能，构建职业人格并发展专业自我。对于新手型教师（教学经历 5 年以内），要尽快适应乡村教学环境，实现角色转换。对于熟手型教师（教学经历 5 年以上），要在常规熟练处理教学事务的基础上，不断积累知识经验，提升科研创新水平，能在现有岗位上扎根。对于专家型教师（在学科教学或学术研究领域有所专长），要高效处理教学事务并创造性提出新观点，发挥“传帮带”作用。做好乡村女性体育教师职业生涯规划，积极开展自我评价，确立明确的职业发展目标，进行自我评估与环境评估，选择正确的职业成长路线、职业定位与施策、职业评估及反馈。这就要求新时代乡村女性体育教师树立正确的职业发展意识，拓展职业知识和渠道，提高专职能力。

（四）参照职业化指标因素，对乡村女性体育教师具体问题精准施策

结合调研情况，首先，要明确乡村女性体育教师的职业发展认知，乡村学校管理人员要主动了解本校女性体育教师对职业状态、职业能力、职业地位、政策支持、未来规划、个体期望的一些认识，针对具体的薄弱环节加强教育和引导，使其对职业发展认知产生“质”的飞跃。其次，需要保障乡村女性体育教师的职业培养状态，要加强乡村女性体育教师的培养指导，可以通过提供更多研修访学机会和拓宽该群体的晋升渠道来改变体育课程与教学方面“男强女弱”的社会鄙视链。再者，进一步缩小乡村女性体育教师的职业外部差异，注重城乡地域差异、体育与其他学科差异、男女性别差异等，尤其是要对女性体育教师参与行政事务加以鼓励和支持。最后，乡村女性体育教师职业发展中还需要关注学生安全、性别歧视、时间冲突、生理差异、社会观念、科目偏倚、家庭关系、奖惩机制、工作困因（指工作中出现困难的影响因素）等，尽可能全方位、多层次关注其职业持续健康发展。

四、结　语

乡村女性体育教师职业发展应遵循水平适度、梯度合理与自身匹配的原则，充分激发乡村女性体育教师职业发展能动性、提高职业发展针对性、缓解职业发展懈怠性、汇聚职业发展支持性、释放职业发展人本性，进而优化乡村体育教师队伍结构，激活乡村体育教师队伍创造力。未来应进一步推动乡村女性体育教师专业全面发展、协调发展、均衡发展和高位发展，提高乡村女性体育教师职业认同感、归属感、获得感，着力解决高素质乡村女性体育教师“下不去、留不住、教不好”问题，助力乡村体育振兴、教育振兴、城乡教育二元平衡目标实现。

【参考文献】

[1] 曹科，李志辉 . 乡村教师专业自主发展现状调查研究 [J]. 教育理论与实践，2023，43(8):30-33.

[2] 植凤英，王璐 . 乡村振兴战略背景下乡村教师使命感的内涵结构、价值及培育 [J]. 教育理论与实践，2021，41(13):46-50.

[3] 刘泽云，郭睿，田梦 . 教师性别对学生学习成绩的影响——基于师生性别匹配视角的研究 [J]. 教育与经济，2023，39(3):64-74.

[4] 王敏 . 教师职业生涯规划与专业发展的深度融合 [J]. 中学政治教学参考，2022(13):99.

我国精英女运动员公益慈善的行善理路、实践向度与主要特征

阳煜华　吴广亮*

摘　要：目的：精英女运动员公益是我国女性慈善公益事业创新历程中的一个特殊印记，对其进行理论观照，可以摸索出实践者的经验之路，记录思想者的大义之举，汇聚创新者的启发之言。方法：运用慈善社会学和社会性别理论，采用文献资料法和逻辑分析法，探讨我国精英女运动员公益慈善的行善理路、实践向度与主要特征等问题。结论：以我国精英女运动员“性善—行善—劝善—扬善”的理路为思考起点，得到以下结论：(1) 我国精英女运动员公益实践的内外动因：精英女运动员的兼性气质与公益事业逻辑耦合，竞技成绩引致的社会资本与公益事业嵌套运作，加上源远流长的中国女性公益发展史；(2) 三个实践向度：作为发起人和操盘人成立公益组织主导公益的新气象，作为形象大使和志愿者参与公益的新格局，通过公益实现成功转型的新赋能；(3) 三个特征：重在扶“志”而非扶“资”，形成公益闺密圈扩大社会影响力，公益行动转化成家庭的宝贵精神财富。

关键词：精英女运动员；体育公益；体育慈善；基金会；女性社会组织

* 作者阳煜华单位为北京化工大学文法学院社会体育系，吴广亮单位为中国人民大学体育部。

党的十八大以来，党中央一系列重大决策部署明确了慈善事业是我国基本经济制度、民生保障制度和社会治理制度有机组成部分的新定位，提出了充分发挥慈善第三次分配作用、促进全体人民共同富裕的新要求，为新时代中国特色慈善事业发展提供了根本指导。

在党的二十大报告中，习近平总书记明确指出："引导、支持有意愿有能力的企业、社会组织和个人积极参与公益慈善事业。"[1]男女平等是中国的基本国策，在新时代公益事业中也必须遵循这一根本性的总政策。在公益活动对象、公益项目议题上须男女平等，在公益事业参与权、公益组织领导层上也须男女平等。回溯中国女性公益的演进过程，可以清晰地看见一条进路：从传统的、存在于私领域的、个人主体的、"赐予"性质的慈善，逐渐向现代的、存在于公领域的、专业团体的、提供"公共产品"的公益逐渐转化。

20世纪90年代，新中国体育在世界体坛开始勃兴。从此，女运动员在奥运金牌榜上撑起了大半边天。相伴而生的是，我国精英女运动员开始涉足公益慈善事业。因具有特殊的国情和社情，与西方发达国家不同，我国精英女运动员的慈善公益实践起步较晚，掣肘因素多，初期发展较慢。但是，在党和国家、社会各界及爱心人士的关心支持下，精英女运动员慈善公益获得了稳健发展，迅速成为一股活跃的新生力量，并逐渐成为全社会持续关注的热点。

对我国精英女运动员公益慈善的行善理路、实践向度与现有特征的理论关注，具有一定实践价值——可以摸索精英女运动员公益慈善路上实践者的经验之路，记录思想者的大义之举，汇聚创新者的启发之言，终而成为我国女性慈善公益事业创新历程中的一个特殊印记。

一、"女性参与使公益更有效"：我国精英女运动员的行善理路

我国精英女运动员作为新中国女性慈善公益史上的表率力量，不仅在竞技场上巾帼建功，亦在生活中反哺社会，为公益事业发展注入了源源不绝的

动能。追溯动能的来源，可以循着郑杭生先生曾提及“善”的四种境界“向善之心、从善之意、行善之举、至善之境”[2] 50-58，梳理为古—今、内—外两对关系。首先，女性慈善公益发展的历史土壤丰厚异常，从古、渐近、至今形成了一脉相承的女性公益发展史。其次，女性慈善公益的政策支持体系坚强有力。在公益慈善事业中重视女性力量的参与，既是践行习近平总书记在党的十九大报告中提出的坚持男女平等基本国策，保障妇女儿童合法权益的具体体现，也是落实可持续发展目标的自觉担当。再次，精英女运动员的兼性特质与公益事业可以达成逻辑耦合。最后，竞技成绩引致的社会资本与公益事业精密嵌套运作。前两点构成了我国精英女运动员慈善公益的外部环境，后两点则是内在原因，外因只有通过内因才能起作用（见图 1）。善的能量，内蕴于精英女运动员的身体里，在“性善—行善—劝善—扬善”的理路中得到不断放大和迭代增强。

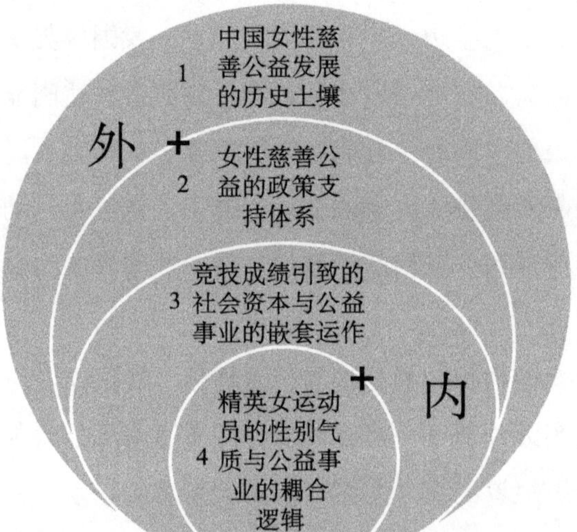

图 1　我国精英女运动员的行善理路分析图

（一）中国女性慈善公益的历史之维与时代强音

在探讨中国女性慈善的论题时，必须从历史的维度厘清脉络。自古以来，我国女性就深秉扶贫济困、乐善好施、守望相助的传统美德。近代以降，女性突破传统社会角色，开始经由慈善工作进入公共领域，将个人有价值的经历转变为实现群体跃升的摹本。在中国特色社会主义新时代，尤其是1995年第四次世界妇女大会召开之后，越来越多的女性精英进入慈善领域，中国女性慈善也整体进入女性公益时代。

1.个体自发和宗教驱动杂糅的古代女性慈善

我国古代女性慈善更偏重“慈善”的属性，是一种上对下、高对低、富对贫、“盖仁心出乎天性”的，建立于仁慈和慷慨之上的人与人之间相互关心和帮扶的自觉自愿的行为。自汉代始，便有妇女参与慈善赈济的记录。唐初，景教传入中国，“福报”思想成为妇女行善的心理动因。宋代，经历了从行善到劝善的妇女公益“转型”，妇女民间慈善活动“涉及面极广，诸如赈饥救荒、扶弱救困、赋食赠衣、助婚济丧、施医舍药、慈幼恤孤、修治堤堰、筑路铺桥、掘井架亭、兴办义学等无不见女性参与的身影”[3]67。她们的善举常以分散、自发的个体行动为主，多以祈福避祸为初衷，杂糅着个体自发和宗教驱动的双重动力。

2.理性自觉渐显的近代女性慈善

清末民初，西方思潮涌入、女子学堂兴起、女性意识觉醒、女子追求平等和参与社会活动的诉求声浪渐强。1906年，我国第一个妇女慈善团体——中国妇人会成立。抗日战争时期，女性慈善与爱国主义充分结合——中国战时儿童保育会成立，上万名妇女倾情救助难童达十万多名。近代女性慈善的发展是一个理性自觉逐渐加强的过程，出现了少数充当劝募角色的女性，女性慈善的独特力量得到少数先觉者重视，全国性媒体自觉为女性慈善发声，由女性个体、群团主导的规模不一的慈善散发于各领域等现象，最终昭示了女性参与慈善的社会角色与身份的转变。近代的女性慈善已初现为“公共利益”的性质，它的指向是公领域，“向非特定多数人的利益，也意味着公民在共同的、共识的领域和场景中关注公共事务，为增进共同的利益，推进社会公正、公平地发展而采取集体性协调行动。”[4]41-57 直至新中国成立之后，宋庆龄先生一直支持中国的福利事业，成为最具爱心的公益典范。

3.全民参与的新时代女性公益

改革开放以来，广大妇女积极参与国家和社会事业管理，参与基层民主政治建设，参与扶贫帮困、保护生态、志愿服务等社会公益活动。2009 年，以性别界定的中国最大 NGO——中国妇女发展基金会成立。2016 年《中华人民共和国慈善法》的颁布和 2021 年的修订工作，赋予女性公益更多机会，为慈善公益事业作为第三次分配机制提供了法治保障。党的二十大报告先后提及四次“公益”和一次“慈善”，充分显示了“发挥第三次分配作用”和“在高质量发展中促进共同富裕”的层层递进关系。目前，已进入各级妇联组织、基金会、企业、媒体、公益自由人等多元公益主体协力打造公益服务载体的全民公益时代。

（二）精英女运动员的兼性气质与公益事业的耦合逻辑

从社会心理学来看，我国精英女运动员的性别角色呈现出“双性化”（兼性气质）特征。美国心理学会（APA）和牛津大学编纂的心理学百科全书（2000 年版）将性别角色定义为：由一定的文化所认定的适合于男性和女性的行为系统，同时还包括那些被看作是构成男性和女性的基本的态度和情感。[5]430-457 一般地，性别角色被分为“男性化”“女性化”“双性化”和“未分化”。有学者在对 133 名国家队主力女运动员进行 CSRI 量表测量后发现，大多数处于男女兼性状态——“双性化”，她们既具有“典型男性特质，如独立的、主动的、开朗的、雄心勃勃的、自信的、善于经营事业的、理智的、长于领导能力的、体格健壮的、有探险精神的、勇敢的”，也具备“典型女性特质，如体谅人的、仁慈的、天真的、热情的、亲切的、整洁的、机智得体的、富于想象力的、善于理解的、乐于助人的、袒露情绪的、甘于奉献的”。[6]27-32

女性特质与雄心壮志完美地融于精英女运动员身上，使其更加适合承担公益工作。她们在技术细节上精益求精，在推进公益项目、开办公益组织、担任公益大使等实践活动中，也力求完美，注重细节，使得其主导和参与的公益行动美誉度颇高。

（三）竞技成绩引致的社会资本与公益事业的嵌套运作

2020 年东京奥运会上，中国代表团派出 431 名运动员，其中女运动员占比 69%，夺金数占中国队金牌总数的 58%（22/38）。中国高水平竞技中的“女强男弱”现象由来已久。迄今为止，中国体坛“20 金俱乐部”排名榜前三分别是杨扬、郭晶晶和吴敏霞。为中国实现冬奥金牌“零的突破”的杨扬，在 23 年的竞技生涯中手握 59 个世界冠军，成为中国精英运动员难以超越的丰碑。

竞技成绩作为精英女运动员人力资本的产出形式，引发了个人无形资产的迅速增值。杨扬在役及退役后，先后获得中国青年五四奖章、全国五一劳动奖章、全国三八红旗手等荣誉称号，相继担任国际滑联运动员委员会委员 / 速滑第一理事、世界反兴奋剂机构运动员委员会副主席、国际奥委会委员，北京冬奥组委运动员委员会主席、全国政协委员、全国青联委员等重要职位。2006 年退役的杨扬在其后运动员生涯中，经历了任职国际体育组织、投身慈善公益事业和创办体育产业的三次转变。2011 年，她携手中国红十字基金会发起成立体育公益专项基金——冠军基金。2013 年，创立上海浦东飞扬冰上运动中心。

在身跨政、商、公益三界的“冰雪女王”身上，充分体现出个人资本转化为社会资本的过程。社会资本研究集大成者罗伯特·普特南认为，社会资本“主要由社会信任、社会规范和参与网络三大要素构成”。[7]112 在杨扬从运动员到体育管理者的第一次转型中，充分体现出社会信任对于秩序、控制、团结的维护。无可匹敌的竞技成绩使她在国际组织任职过程中一路绿灯，社会交往中的易变性和不确定性大幅消减。在体育管理者到公益人的第二次转变中，已经搭建起来的参与网络成为社会资本嵌入公益事业的具体载体，有助于各方参与者的协调与交流，并促进集体行动。在公益人到体育产业创业者的第三次转变中，她明辨社会规范，摆正商业和公益的正确位置，恪守被允许与被禁止的界限，完成了嵌套运作的过程。

二、我国精英女运动员公益慈善的实践向度

（一）精英女运动员主导公益的新气象：作为发起人和操盘人，成立公益组织

近十年，我国体育公益事业见证了精英女运动员作为发起人和操盘人，成立公益组织，主导公益的新气象。在杨扬的积极促进下，中国红十字基金会和北极星基金会联手创立了冠军基金。基金现运行四大板块业务——“运动员职业发展”“青少年体育教育”“社会倡导”“线上课程”，尤以前两大板块为核心。“运动员职业发展”已成为国内首屈一指的专业技能公益培训，包括职业转型培训、实习就业、信息交流、咨询辅导、大病救治、创业支持，具体项目简介和社会影响见表 1。依托江苏省发展体育基金会建立的惠若琪女排发展基金（“惠基金”）牵头发起 VAL 排球联赛、“爱不落地”排球公益赛，并不定期为山区孩子举办雏鹰运动会。

表1　冠军基金现运行的公益项目及社会影响

工作领域		服务内容	项目名称	项目内容	项目进展及社会影响（截至2020年12月）
运动员职业发展	服务对象	国家注册的专业在役、转型期、退役运动员	1.教育培训（侧重职业转型）	教育培训为运动员提供自我认知、生活技能、求职面试、职场表达，儿童运动指导、创新创业、公益创业、行政管理、英语培训班等职业发展培训	已累计向120名运动员提供实际就业岗位，10000名运动员提供咨询辅导服务，开展130场职业发展培训活动，筹集公益保险善款近100万元，获得运动员和社会各界的广泛认可
	服务目标	助力将赛场素质转化为职场能力，规划运动生涯和职业发展，促进顺利转型	2.实习就业	与企事业单位合作，打造运动员实习就业平台，提供工作岗位机会	
	服务特点	提供从运动生涯到职业生涯发展的全程服务	3.信息交流	为运动员搭建与社会各界链接的交流平台，提供国家政策、行业资讯、求职应聘等前沿信息	
			4.咨询辅导	通过面对面、网络等形式为运动员的需求提供一对一专业解答	
			5.大病救助	设立运动员医疗救助基金，救助因大病而陷入困境的运动员	
			6.创业支持	为运动员创业提供培训、办公空间、专家辅导、行业咨询等一系列支持	

续表

工作领域		服务内容	项目名称	项目内容	项目进展及社会影响（截至2020年12月）
青少年体育教育	服务对象	青少年中的特殊亚群体	1.乡村中小学快乐运动	面向中西部等偏远地区的乡村中小学进行体育教师培训，组织学生开展快乐运动活动，捐赠体育器材和装备，提升和改变该地区体育教育理念，增强学校体育教师队伍能力建设，推动学校体育文化建设，改善校园体育基础主设施	已覆盖全国200所中小学和社区，培训体育老师、志愿者近3500名，受益青少年达116万人次，捐赠的体育设施、器材和用品价值1230万元
	服务目标	参与体育运动、普及快乐运动理念，用冠军精神点亮青少年未来	2.社区快乐运动	借助社区平台和资源，发挥社区体育的教育功能，组织开展青少年社区体育活动，帮助孩子健康快乐成长，催生培育孵化社区青少年体育社团，促进社区体育的可持续发展	
	服务特点	惠及偏远乡村中小学、城市打工子弟学校	3.城市打工子弟学校快乐运动	通过体育教师培训，建立体育社团，捐赠体育器材和装备，提升打工子弟学校体育教育水平，促进随迁子女的身心健康和全面发展	
			4.健康冠军	以学校或社区儿童为对象，以体育运动游戏为载体，组织运动员在内的志愿者进入校园，普及营养健康与运动知识，帮助其建立健康积极向上的生活态度和生活方式	

续表

工作领域		服务内容	项目名称	项目内容	项目进展及社会影响（截至2020年12月）
社会倡导	服务对象	青少年	1.冠军公益梦想计划	为运动员搭建奉献社会的体育公益平台，推动青少年参与体育、推广快乐运动理念，让冠军精神点亮少年未来	吸引200多名冠军直接参与冠军基金项目或转介其他社会公益活动。先后帮助冯坤、徐莉佳、吴静钰、王丽萍等人实现公益梦想。冠军论坛已经举办3届，500余名来自政府、企业、公益等领域的代表和众多冠军运动员出席活动并发表主旨演讲，在推进跨界合作、传播体育正能量、提升体育社会影响力方面迈出第一步
	服务目标	推动体育在社会发展中发挥更大影响力	2.冠军论坛	就如何发挥体育影响力搭建的跨部门、跨领域交流平台。致力于推广体育价值，促进奥林匹克运动与公益事业参与方的交流沟通、学习合作	
	服务特点	充分利用平台优势，对接政府、企业、慈善组织、媒体、运动员、青少年等相关方的需求	3.政策倡导	就推动青少年冰雪人才可持续培养、社区儿童青少年体育设施规划和建设、重视中大学体育赛事建设、反兴奋剂立法、运动员保障、学校体育教师配置等议题进行提案	
线上课程		基于以上三个工作领域的线上衍生教育公益项目	冠军成长学院	利用在线平台，提供学校体育教育、职场机能提升、行业分享交流和运动员风采展示等内容	2019年发起，已开设20节主题分享课、233节职场表达与英语训练营课程，直接受益1600人次，课程观看量达1.5万次

本表数据来源：冠军基金官网http://www.championfoundation.com.cn/。

（二）精英女运动员参与公益的新格局：作为形象大使和志愿者，参与公益活动

中国志愿服务指数历年调研均显示，中国女性志愿者参与正式的志愿服务活动占比高于男性，女性已经成为中国公益慈善、社会治理创新和可持续发展不可或缺的重要力量。[8] 绝大多数精英女运动员参与公益项目的主要路径，是与知名公益组织合作成为形象大使、代言人、志愿者、宣讲人。这种参与方式不牵涉过多时间与精力，在役者可以利用训练比赛间隙，退役者可以在主业之外灵活介入，成为对慈善公益事业感兴趣的女运动员的入门选择。

早在 20 世纪 80 年代，国乒队队员邓亚萍就通过“结对子”方式资助了一个河南桐柏县的女孩。1992 年巴塞罗那奥运会“两金”得主邓亚萍将 5 万元奖金捐予河南，使数百名失学儿童重返课堂，成为中国奥运冠军捐助社会公益事业的第一人。2007 年，她受邀担任中国体育基金会公益形象大使。冠军基金创始人杨扬和惠基金创始人惠若琪也在成为基金发起人之前，就以志愿者身份连续多年参与过国际组织的体育公益活动。

历经十余载的发展，我国精英女运动员活跃在乡村振兴、扶贫助弱、抗击疫情、社会救助、绿色发展、妇儿保护、教育培训等诸公益实践领域（见表 2），已经形成了一股新风，开了一幅新局——由散点发生的自发善心义举，发展成为依靠国内外公益组织（中国体育基金会、中国人口福利基金会、中国少年儿童文化艺术基金会、中国妇女发展基金会、冠军基金、惠基金等）及其品牌项目（幸福工程、母亲水窖、妈妈制造、儿童运动指导师培养项目、雏鹰运动会），利用多种参与形式（发起人 / 联合发起人、大使、志愿者、宣讲人、嘉宾），形成政府、企业、非营利机构、媒体和个人的坚强公益合作联盟，实现新时代女性公益慈善事业的创新发展。

表2　近年我国精英女运动员参与的部分公益项目（活动）简表

运动员	项目	时间	公益项目	参与形式
邓亚萍	乒乓球	21世纪初	中国十佳劳伦斯冠军奖“蒲公英计划”、“心灵之光计划”、“携手明天计划”	中国十佳劳伦斯冠军奖委员会主席
杨扬	速度滑冰	2009	国际人道主义机构“儿童体育事业筹款”（埃塞俄比亚）	志愿者
付小芳、刘莎莎	台球	2011	中国人口福利基金会“幸福工程——救助贫困母亲”公益项目（北京）	爱心大使
刘莎莎	台球	2018	中国少年儿童文化艺术基金会关爱农村留守儿童“爱·助成长计划”（北京）	爱心大使
张豆豆、杨伊琳	艺术体操	2014	母亲水窖时光流逝公益项目（北京）	项目推广大使
陈露	花样滑冰	2020	润保芳德公益基金会冰雪慈善夜（北京）	联合发起人
隋文静	花样滑冰	2021	中国儿童少年基金会“春蕾计划”（赣州）	志愿者
孙一文	击剑	2021	芭莎慈善夜“童心同爱，美育未来”（深圳）	慈善嘉宾
惠若琪等	排球	2022	“爱不落地”排球公益赛（南京）（林莉、刘晓彤、龚翔宇、吴梦洁参与）	发起人
刘蕙瑕	跳水	2022	社区公益服务（武汉）	党员志愿者
徐云丽	排球	2022	“交通安全大篷车”（宁德）	公益宣讲人
陈露、魏秋月、吴静钰等	花样滑冰、排球、跆拳道	2023	安踏公益“全民健身日‘益’起助力孩子茁壮成长”（北京）	志愿者
高敏	跳水	2019	“跳水女皇高敏公益之夜”（北京）	发起人
		2023	成都大运会火炬手（成都）	志愿者
王军霞	田径	2023	“东方神鹿王军霞公益巡讲”（北京）	发起人

本表数据综合自互联网。

（三）精英女运动员突破公益的新赋能：通过公益实现成功转型

在精英女运动员的公益事业中，往往存在着一条由体育人，到公益人，再到创业人（其他职业）的发展路径。女运动员因伤病、年龄、家庭等各种原因主动或被动选择退役之后，往往存在着一段迷茫期。她们对体育再也提不起兴致，却又找不到任何非体育专业技能以谋生。在职业转型过渡期中，恰是公益活动化解了郁结，打开了再出发的思路。

以杨扬为例，2006 年她把都灵“最后的铜牌”所获 1 万美元奖金捐赠给国际公益体育组织“儿童乐益会”，正式告别运动员生涯。接踵而至的是无所事事带来的焦虑。一次偶然参加非洲体育志愿活动让她看到了光，从此决意加入体育志愿服务行列。2008 年汶川地震后，杨扬和邓亚萍、高敏、谢军组成的体育冠军心理援助团跟随红十字会一同前往灾区，让她锁定了公益路径的一个焦点：青少年体育教育。2009 年，杨扬在香港注册北极星慈善基金，形成公益规划的载体，也成为思考体育精神转化为公益力量的始发点。此后，杨扬在国际体育组织中“跑步前进”，身担多重重任，成功把国际奥委会的“运动员职业发展项目”引入中国。2011 年 5 月，北极星和中国红十字基金会联合成立了冠军基金，正式把退役运动员的职业培训项目引入中国。至此，冠军基金的两大支点——青少年体育教育和运动员职业发展，初步形成。2013 年，她创办了滑冰学校，正式开始向创业者转型的征途。“我自己经历了从运动员到创业者、到国际组织管理层等的职业道路转变，这当中我必须克服诸多障碍与困难，例如语言、文化、管理经验、社会经验等等。以开放、积极的心态，保持好奇心，不设限，困难只会让你变得更好，更强。”[9]

公益事业需要整合资源，但商业却需要竞争、扩张和市场。同样地，前国家女排队长惠若琪也从惠基金发起人，转型为 191 运动空间创始人和惠动乐体育教育首席执行官。两种截然不同的体验，让她们的体育人生再度赋能。

三、我国精英女运动员慈善公益的主要特征

（一）精英女运动员的公益行动重在扶“志”，而非扶“资”

在竞技场上，“失利—成长—成名”是成为精英女运动员的必经路径。但是，这并不是故事的终点，还会进入“再次失利—调整—成长—崛起”的循环。在训练场上，她们可以无数次重来，直至技艺臻于化境，心理坚不可摧，从而造就了面对任何生活挑战都能展现出坚韧、信心和底气。1998 年，杨扬因被判犯规痛失长野冬奥会金牌。她没有寄望于改变外界因素夺回金牌，而是清晰地告诉自己调整心态，重新出发。

在整个职业生涯中，她们不知疲倦地循环再循环。这种顽强拼搏，勇于进取，不予自我设限，方得无限的榜样力量，启迪了身处不同境遇的女性群体的心志，为女性播撒了勇气、恒心、自信的种子，成为慈善事业中不可或缺的中坚力量。考察冠军基金的现有项目可以发现，直接安排就业已不是重点，而是在职业转型、技能提升、信息交流、咨询辅导、创业支持方面授人以渔。明显的“赋能理念”注入，帮助了退役运动员实现从“他助—自助—助人”的人生转变。所以，重在扶“志”成为我国精英女运动员主导的公益组织的首要特征。

（二）精英女运动员群体形成公益闺密圈，扩大社会影响力

因为有相似的职业体育经历，也同样渴求平衡母职和事业发展，杨扬、陈露、吴静钰、刘虹、惠若琪等功勋女将经常在线上线下互相助力，成为公益事业的“冠军妈妈团”。她们关注最少受惠者的利益，为弱势群体（退役运动员、伤残运动员、偏远地区儿童青少年等）的平等发展摇旗呐喊，通过自身的禀赋和资源践行罗尔斯所言“通过某种补偿或再分配使一个社会的所有成员都处于平等地位的愿望”[10]18。她们借助基金会平台和自媒体，号召微信、微博中相熟的运动员，建群或发起相关讨论话题，充分发挥精英女运动员的意见领袖作用，有意识地传播社会性别知识，获取对公共事务的话语权。如杨扬的微博就拥有庞大的粉丝团，粉丝间的互粉、转发、评论、回复

等能见行为最大限度地放大了公益行为的影响力。每当中国传统佳节和国际节日来临，情感细腻丰富的“冠军妈妈团”都会拍摄主题公益宣传视频置于基金微信公众号上，以女运动员群体的力量赋能中华文化传承、女性力量彰显和促进国际和平友谊。

（三）精英女运动员的公益善举会转化成家庭的宝贵精神财富

1976年，女权主义者艾德丽安·塞西尔·里奇（Adrienne Cecile Rich）提出了“制度化的母性”(Institutionalized Motherhood），意指父权社会对母性进行了两层建构，一是把母性建构为前话语的存在，成了一种“无须讨论”的默认状态和绝对正义。作为女性，“有一天会成为母亲”是一件不存在“选择”的事，是女性身份天然具备、生而有之的重要方面。二是“母亲是子女的首要照料者”以及“母性是始终把孩子的利益置于自身利益之前的”。权且不论，父权社会对“母性”的第二层建构充满了荒谬与无根源性。单就精英女运动员也会被置于社会角色期待中来讨论，精英女运动员公益行为客观上将会产生巨大的家风价值。吴静钰在2022年以《永远不要低估一位母亲的信念》为题在全球数字体育高峰论坛上发表了公益演讲，“我想没有什么能让女儿亲眼看到妈妈比赛和通过妈妈克服困难参加奥运的故事，更能让她了解什么是奥林匹克精神，什么是战胜困难，追寻梦想的体育力量”。[11] 孩子的第一所学校是家庭，冠军妈妈用自己的努力给孩子树立了行动标杆，生育后复出赛场，以不屈不挠、无所畏惧的姿态迎接对手，她的赛道就是最好的课堂。她们以身作则地通过公益行为赋予个体以意义、加快社会资本积累，促进慈善文化向公益文明转化，将泽惠每一个家庭。通过家庭成员共同参与体育运动和公益活动，间接地影响家庭体育习惯养成和儿童运动参与兴趣，带动体育认知的改变，形成从严从实的家教、稳定向上的家风，对家庭氛围和下一代成长产生积极影响。

四、结　语

赛事有终点，公益无止境。许多精英女运动员把公益事业规划为自己的新赛道，实现了从体育人到公益人，再向创业人的转变。她们在役时有限介入，退役后全力投入，从出于良知的“传统慈善”走向遵循科学的“新兴公益”，在实践向度上形成了新气象、打造了新格局、实现了新赋能，将平等、尊重、包容、发展的公益精神和价值观传向社会的每个角落。不仅打造了一个女性奉献爱心的样本，更重要的是试图建立一种实现“社会性别主流化”的机制，让扶持和互动进行良性循环。正如惠若琪所说：“公益是爱的循环，是公益人和受益人的双向奔赴和互相激励。”[12]1-2 在这场奔赴中，不能仅凭一腔热血，需要完善顶层设计，需要多元主体参与，更需要加强跨界联动。

【参考文献】

[1] 新华社．高举中国特色社会主义伟大旗帜　为全面建设社会主义现代化国家而团结奋斗——在中国共产党第二十次全国代表大会上的报告 [EB/OL], https://www.gov.cn/xinwen/2022-10/25/content_5721685.htm.

[2] 江立华，王斌．何以为善：郑杭生慈善社会学思想理论评析 [J]. 社会学评论，2016,4(2):50-58.

[3] 张赛玉．中国女性公益慈善的回溯与展望 [J]. 长春理工大学学报，2016(29):67.

[4] 杨团．慈善蓝皮书：中国慈善发展报告 [M]. 北京：社会科学文献出版社，2009:41-57.

[5] Kazdin A E. Encyclopedia of Psychology[M]. New York: Oxford University Press, 2000. vol6:430-457.

[6] 阳煜华．兼性理想：我国精英女运动员性别角色研究 [D]. 北京：清华大学，2013:27-32.

[7] 潘博，王立峰．新时代党建引领基层治理面临的现实困境及其化解路径——以社会资本为分析视角 [J]. 社会主义研究，2020(5):112.

[8] 公益慈善论坛凤凰新闻．中国志愿服务调查报告——女性志愿者调研报告 [EB/OL]. https://ishare.ifeng.com/c/s/v002LIQpVuYR4RAyL2f10TCy--qXzjSBZdgcajRO4Bn--ULSY__. 20230820.

[9] 中国慈善家 . 冰雪女王杨扬：体育不应该只有输赢 [EB/OL].https://www.zgcsj.com/zz/2021-08-11/220.shtml.

[10] 约翰 · 罗尔斯 . 正义论 [M]. 何怀宏，等译 . 北京：中国社会科学出版社 , 1988:18.

[11] 中青在线 . 吴静钰：永远不要低估一位母亲的信念 [EB/OL], http://news.cyol.com/gb/articles/2022-09/04/content_VzyYmhvMJ.html.

[12] 中国慈善家 2021 年度人物 | 惠若琪：像迷恋赛场一样迷恋公益 [J]. 中国慈善家，2022(1):1-2.

健康传播视角下女性体育人物纪录片叙事分析

——以《太极木兰》为例

杨　洋*

摘　要： 近年来，由于国家号召全民健身，以及新冠疫情的影响，大众的健康意识普遍增强，中国也因此进入了健康中国和建设体育强国的加速落实时期。由于自身身体素质及各类客观因素的影响，女性在此环境下依旧不具备参与众多主流的高强度运动的条件，因此选择何种运动的问题首当其冲。太极，作为中国传统健身项目，运动门槛较低，适合女性初学者参与。《太极木兰》便是在此背景下，响应国家“十四五”规划中对于推动妇女事业发展的号召拍摄的纪录片，该片是以河北省石家庄市太极拳社会体育指导员何兰芝为拍摄对象的体育人物纪录片，借助影像来反映太极民间推广所存在的困境和太极拳对于中老年人生活状态的影响，从而探析出太极拳在当代中老年人群体中的体育价值与社会功能。本文将从纪录片《太极木兰》出发，分析太极拳对于妇女身体健康事业的促进作用。通过对纪录片的综合分析，可以得出两方面的结论和建议：一方面，太极拳对于女性的体魄健康、社交方式、心态性格等多方面有着积极的现实意义，因此也希望有更多女性参与到太极运动中来，提高自身的生活水平与质量；另一方面，推动运动发展需要专业人员，太极拳社会体育指导员在推动全民健身事业的发展中发挥

* 作者单位为上海体育大学。

了重要作用，对提升全民的生活质量，树立终身体育价值观有着重要的意义。所以尤其希望有更多女性太极爱好者加入到指导员的行列中来，带动女性群体更好地进行专业、规范的太极运动。

关键词： 健康传播；女性体育；体育纪录片；太极拳推广；社会体育指导员

一、研究背景

首先，在2020年新冠疫情的大背景下，全社会更加关注体质健康问题，特别是中老年人的身体健康问题，因为强健的体魄是抵抗病毒最好的防护，所以老年人的免疫能力备受社会关注。

其次，在全民健身的号召背景下，中老年人群体也更加重视健身养生，在诸多的健身项目当中，太极作为门槛相对较低的健身项目，更加简单易学且适用于中老年人，所以获得了众多中老年人的青睐。

再次，太极作为中华传统文化的一部分，也得到了国家的大力支持和民间的广泛推广，对于太极文化的传承与发展是当下社会关注的热点。

在快节奏的社会环境之下，退休的中老年人也可以通过学习太极来实现对生活节奏的转化，通过太极养生调养身心，更好地适应生活环境和合理地规划自己的生活状态。

但也要看到太极拳社会体育指导员的现状并不乐观，面临着诸多亟待解决的现实问题，许多太极拳民间教练缺乏专业性的资质，在传授太极拳的过程中，并没有经过科学规范的专业培训，由此太极拳在民间的推广效果会大打折扣。

最后，太极拳社会体育指导员在太极拳推广过程中是承上启下的重要部分，他们在太极文化推广中起到了什么作用？面临什么样的困难？急需解决什么样的问题？以及他们的生活状态是什么样的？这些都是有记录价值和传播价值的，我们可以通过记录太极拳社会体育指导员的生活、教学的体育故事来更好地讲述太极拳文化传播和推广的现状。讲述这个群体的优质纪录片很少。

二、作品简介

（一）作品梗概

本纪录片主要以河北省石家庄市太极拳社会体育指导员何兰芝为拍摄对象，主要拍摄的场景为何指导教授学员的日常，对何指导练习太极拳过往经历的采访，以及太极拳学习、比赛、教学照片素材的整合。

本纪录片主要以两条主线进行讲述，第一条是以时间为主线，通过对何指导的采访，由主人公自述自己学习太极拳、参与太极拳比赛、考取太极拳国家级专业证书，并最终成为一位太极拳社会体育指导员的过程，同时穿插主人公过往回忆照片与视频资料。第二条是以事件为主线，通过纪实镜头展现何指导退休后的生活日常。两条主线穿插结合，相互呼应，过往回忆与当下生活相互融合，逐步展现何指导练习太极拳的体育人生。

（二）片名含义

关于本片的片名，经过再三修改最终确定为《太极木兰》。首先，考虑到的是通过何兰芝指导员从学习到教授太极拳的体育故事，来展现太极对于她人生的改变，所以取何兰芝指导员名字中的“兰”字，寓意学习太极拳的很多人有着像她一样的相似经历，以她来展现热爱太极拳群体的一角。其次，片名将她的名字与太极相结合，也寓意太极与她的生活不可分割。最后，兰花具有花中君子的美称，寓意着典雅、高洁、美好。兰花的寓意与太极“一阴一阳之谓道”中人道的思想相呼应。一方面，木兰的寓意是结合典故“木兰从军”，木兰从军讲述了木兰代替父亲去征战的古代故事，体现了木兰保家卫国的英雄气概，也有孝敬父亲的女儿情怀。结合何兰芝指导员的人生经历，她从市区回到回迁村社区，一部分的原因就是想要替自己的父亲将太极拳这项运动在自己的老家南高营村推广普及起来，这样既不负自己作为国家社会体育指导员的职责使命，也能圆满完成自己父亲想要在村里发扬太极拳运动的夙愿。另一方面，“木兰”坚毅勇敢的人物形象将太极力量感的寓意表现出来，同时也是在凸显何兰芝指导员在学习和传授太极拳的过程中，一路攻克难关、坚持不懈的精神，赞许她拥有和木兰一样勇于担当重任、机智聪慧、勇敢坚强的品质。

（三）中心思想

通过本纪录片的创作，重点挖掘两个方面的意义，一方面是展现太极拳在社会推广的现实困境，从而强调太极拳社会体育指导员坚守的价值和意义；另一方面是讲述太极拳对于中老年人体魄健康、社交方式、心态性格等多方面生活状态的现实意义。同时纪录片希望通过何兰芝指导员的体育人生，展现出太极拳“坚持、传承、改变”的价值。

“坚持”的价值，包含着个人的坚持和群体的坚持。从个人方面，通过何兰芝指导员的体育故事，展现个人学习太极拳的持之以恒的坚韧品质，因为太极拳的学习是门“慢”学问，要稳扎稳打，欲速则不达。从群体方面，何兰芝指导员代表着太极拳社会体育指导员这一群体，在坚持推广太极拳这一体育运动和体育文化方面的赤子之心。

“传承”的价值，则有两条传承的脉络，一条是家庭传承，一条是社会传承。一方面于家庭传承而言，在何兰芝指导员学习太极拳的生涯中，从父亲的血脉相承，到丈夫耳濡目染，再到自己将太极拳教授给自己的亲属，最后是传承到自己的孙子孙女，太极拳变成一条凝结家庭精神的纽带。另一方面于社会传承而言，则是作为“教师”身份的何指导，有着数以百计的学员接受过她的专业指导和教诲，无论是政府机关、公园广场，还是社区活动，这些来自五湖四海的学员，都因为太极拳聚在一起，都因为太极拳有了新的联结。

“改变”的价值，在机关单位工作了一辈子的何指导，因为生活中有了太极拳的加入，退休生活反而过得多姿多彩、富有生气。改变之一就是拥有强健的体魄，何指导通过练习太极拳强身健体、调养身心，提升自身机体的免疫能力，而这也是在呼吁中老年人以运动来提升身体素质，抵御疾病入侵。改变之二就是拥有更广阔的社交圈子，何指导通过比赛、授课认识了很多志同道合的朋友，在退休的时光里，她社交圈子相识的朋友也丰富了她的生活，拓展了新的社交圈子，这样能让中老年人更有与社会联结的动力。改变之三就是拥有豁达的心态性格，何指导通过修习太极拳，让她火暴的性格温和了不少，对于家庭琐事、孩子教育、生活心态都有了更加释然通透的看法，太极拳受传统哲学渗透影响，具有哲理性，充满辩证思想，对于中老年人的思维方式也会有良性的引导。

三、纪录片叙事背景和人物选择

（一）纪录片的叙事背景

于社会环境而言，该纪录片的叙事有三大背景。第一大背景，受新冠疫情影响，大众的健康意识普遍增强。在“健康中国”国家战略背景下，逐渐倡导“体医结合”，在以治病为中心转变为以人民健康为中心的国家健康理念下，民族传统体育有了新的发展契机。第二大背景，“健康中国”理念下呼吁“全民健身”，并且将全民健身与全民健康深度融合，培养大众科学健身意识，大力推广群众性体育运动，着力发展体育产业，以此提升国民健康水平。第三大背景，近年来，我国面临老龄化速度的加快、老龄化人口规模大、城乡体育资源配置差异大、老年人身体机能的不断下降等现实问题，为减轻国家和社会的负担，长期性发展老年体育成为一项利国利民的举措。立足于现实，我国应当大力发展适应老年人的体育运动，改善老年人的健康状况，提高老年人的生活质量。

于地理人文背景而言，主人公何兰芝是河北人，河北省作为杨式太极拳的发源地，对于她的太极拳学习有很强的地理文化影响。杨式太极拳是由河北省邯郸市永年区人杨露禅及其子杨班侯、杨健侯，其孙杨少侯、杨澄甫等人发展创编的。由于杨氏太极拳姿势开展、平正朴实、练法简易，因此深受广大群众热爱，开展得最为广泛。2006 年，杨氏太极拳经国务院批准列入第一批国家级非物质文化遗产名录。截至 2017 年，国家体委正式公布的 88

式、24 式以及在许多场合表演的，都是这种杨式太极拳或由其演化而来的。河北省邯郸市永年区被命名为“中国太极拳之乡”“中国太极拳研究中心”。综合河北省太极拳历史渊源而言，河北省形成了浓厚的太极拳文化氛围，这样天然的人文与地理优势，为太极拳的推广与传承奠定了丰厚的资源基础。

（二）纪录片叙事人物选择

该纪录片选择何兰芝指导员为主人公，主要是因为在她的体育人生中，展现出了太极拳“坚持、传承、改变”的价值。“坚持”的价值，包含着个人练习太极拳的坚持和她所代表的社会体育指导员这个群体的坚持。“传承”的价值，包含着家庭太极拳学习的传承和作为教练与学员之间的社会传承。“改变”的价值，包含太极拳的学习使得她拥有强健的体魄、广阔的社交圈子和豁达的心态性格。通过她的体育故事，从社会方面，能展现太极拳民间推广的现实困难，强调太极拳社会体育指导员坚守的价值和意义；从个人方面，何兰芝指导员日常展现出太极拳对于中老年人体魄健康、社交方式、心态性格等多方面生活状态的良性影响。

四、纪录片叙事结构和叙事理念分析

（一）交错式渐进结构叙事：双线索交叉叙事

人物纪录片的故事表达是以人物为核心进行的，在纪录片创作过程中，因为人物故事分为两部分表达，一部分是当下的生活状态表达，一部分是回忆叙事采访表达，因此对于影片的叙事方式采用了纪实性记录拍摄和图像叙事与采访相结合的方式，通过这样的方式进行一个更加充分的人物故事表达。

采用交错式渐进结构叙事，最重要受到两个因素制约。一方面是因为对于人物故事的挖掘中，发现基于主人公本身年龄现状，以及主人公辉煌的体育故事大多是过去式，并且缺乏大量的影像资料，所以很多想要的素材无法通过纪实摄像展示。另一方面是因为新冠疫情影响，上门拍摄受到制约，主人公年事已高，加上小区疫情封锁管控严格，因此很多拍摄进度并不尽如人意。所以综合特殊的拍摄现状，决定采用双线索交叉叙事的方式来讲述人物故事。

双线索交叉叙事的第一条主线是回忆性时间叙事，采用访谈结合照片叙事的方式。该主线主要是根据讲述何指导从接触太极拳，到逐步成为太极拳体育指导员的人生经历。第一部分讲述她最早学习太极的原因，第二部分讲述她认为学习太极最艰难的时刻，第三部分是她逐步参与太极拳比赛、考取专业证书、参加太极拳讲座活动的讲述，第四部分是她成为太极拳体育指导员的经历，第五部分是照顾家庭与太极拳练习的平衡，第六部分是她独居生活的简述。在以上六个部分中，结合采访讲述的内容穿插展示摄影记录素材，通过这样的方式加强语言叙事与画面叙事相结合，丰富故事表达。

双线索交叉叙事的第二条主线是纪实性事件叙事，主要是将镜头对准何指导新冠疫情期间生活状态纪实，采用纪实跟拍人物生活叙事方式。该主线主要是对于何指导当下生活状态的记录，展现太极拳已经成为她生活中不可或缺的一部分。第一部分是跟拍记录何指导每日晨起练功的日常，第二部分是何指导回看自己年轻时的太极拳练习影像记录，第三部分是何指导介绍自己的各种太极拳比赛的演出服装，第四部分是何指导结合自己年轻时的照片讲述自己太极拳学习、比赛、授课经历，第五部分是跟拍记录何指导带学员练习以及学员对于何指导的评价，第六部分是跟拍记录何指导与子女相处以及生活日常。

（二）阶梯渐进式结构叙事：多样丰富的表现效果

本纪录片从电视纪录片的叙事结构来分析，主线属于阶梯渐进式叙事结构，本纪录片按何指导太极拳学习生涯、比赛生涯、教练生涯、退休生涯四个板块进行分析，以何指导的人生脉络为逻辑顺序，展开情节的延伸，从主人公体育人生，挖掘深刻内涵，让观众有个深入浅出的观看过程，一种循序渐进的讲述叙事结构，这种叙事结构符合受众的心理认知，也合乎故事表达的客观规律，同时这样的叙事结构逻辑清晰，也能展现多样丰富的表现效果。

阶梯渐进式结构叙事注重时间逻辑，递进叙述。本纪录片对于何指导学习太极拳、参与太极拳比赛，并最终成为一位太极拳社会体育指导员的人生经历进行展示。本纪录片的主线就是以时间顺序进行人物故事的讲述，第一板块是何指导学习太极拳的经历，着重讲述她学习太极拳的原因、地点和学习太极拳的入门困难。第二板块是何指导参与太极拳比赛的经历，在这个板块着重展现了她在比赛和参与大量太极拳实践活动中的故事。第三板块是何指导逐步成为一名社会体育指导员，并在机关与社区公益教授太极拳的经历。第四板块是回归生活，展示何指导如何平衡家庭与太极拳练习。这样的阶梯渐进式结构叙事，使得观众能更好地在纪录片中了解人物故事脉络，同时以时间线为主的递进叙述更好地深入分析人物经历。

阶梯渐进式结构叙事注重张弛有度，疏密结合。第一，主次分明轻重差异。在叙事中不同板块的占比也有差异，对于参与太极拳比赛与进行太极拳教学工作板块的呈现占比更大一些，对于她的生活日常展示占比更小一些，这样能将主题中心表达得更加明确。第二，叙事呈现方式，多种融合。采用采访回忆讲述与过往摄影摄像资料结合展示的方式，使得故事的回忆讲述更加有画面依据。第三，今昔交错，时空对比。在主线采访叙事中，穿插主人公现在退休生活的纪实影像，通过不同时间线下的人物状态对比，更加激发故事性的表达。

五、纪录片声画叙事分析

（一）纪录片中解说旁白叙事功能分析

旁白的创作与影片的表现力有着密切的关系，旁白的解说承担着介绍信息、承接画面、烘托气氛、突出重点、表达情感的作用。在本纪录片中大量旁白的设计，都是在拍摄主人公运动过程的镜头中，主要是对于主人公采访和日常观察中拍摄的素材进行重新整合和表达。本纪录片中的旁白主要分为两类：背景介绍和情绪表达。

本纪录片旁白背景介绍，主要分为环境介绍和人物介绍。环境介绍主要是介绍主人公每日锻炼的场地和时间，比如："每天清晨五六点，何指导吃完早饭，都会到小区的楼下和学员们一起晨练。"这段内容就是配合主人公下楼晨练的纪实画面进行解说。再比如："2020年因为新冠疫情的影响，让很多户外健身区域都暂停了开放。"这段内容就是配合主人公新冠疫情期间在郊区公园锻炼的画面进行解说。人物介绍主要是对于和主人公以及主人公有关系的人物介绍，比如："爱人去世以后，她没有和儿女在一起生活，但是一个人的独处时光，也是过得满满当当。"这段内容就是解说为什么在生活日常画面中，没有家人出镜的原因。再比如："现在她每日早晨教授的学员，大多是父亲那一辈乡里乡邻的儿女，让何指导苦恼的是，和曾经在市区公园教授的学员相比，村里的学习氛围和热情不高。"这一部分就是介绍画面中出现的学员和主人公的人物关系。比如："1999—2013年是何指导在太极拳成绩中最高光的15年，这15年间她从零开始，到参加全国，省、市、区的一些赛事。"这段内容就是配合画面对于主人公的人物资料背景介绍。

本纪录片旁白情绪表达，主要分为主人公情绪表达和主旨情绪表达。主人公情绪表达主要是在台词中转述主人公的话来表达情绪，比如："用她的话来说，每天的晨练，都是有期盼的，那份期盼仿佛一根无形的线，牵引着她的坚持。"这段内容就是配合主人公下楼健身画面进行解说的。再比如："她也逐渐劝解自己，只要有人学，我就用心教，但做脚下事，莫问未来路。"这段内容就是配合主人公教学员练习太极拳的画面进行解说的，通过旁白来转述主人公教学时的内心独白。而主旨情绪表达主要是旁白站在导演视角，通过台词传递出情感，比如："俗话说：树挪死，人挪活。这人就要多运动才能更有精气神。"这段内容就是结合主人公在小公园锻炼进行的解说，目的是通过主人公对体育的热爱，激发更多观众投入到体育运动中。再比如："练习太极拳，修炼的不只是身形体魄，更是门调控身心的学问，包括控人和控己。正如太极拳功理《易经》所言，'一分为二,二合为一'，太极拳是如此，人生亦是如此。"这段内容是配合纪录片结尾主人公生活日常画面进行解说，目的是通过主人公学习太极拳修炼了自己心性与体魄的体育故事，来鼓励更多中老年人参与到太极拳的学习和锻炼中来。

（二）纪录片中配乐叙事功能分析

纪录片是视听结合的艺术表达，在纪录片的表达中，声音表达分为语言表达、环境音表达、音乐表达。在本纪录片中，音乐表达主要有渲染氛围、推进叙事、激发情感的作用。首先是渲染氛围，本纪录片中，大多的音乐风格选择是古风舒缓的纯音乐，这样的音乐基调和整体的纪录片叙事风格相匹配，一方面与主人公的年龄相符合，另一方面和太极拳整体以柔克刚的特性相呼应。由此背景纯音乐在无形中表达出纪录片的主要基调氛围。其次是推进叙事，这个部分主要体现在：开场慢镜头的音乐卡点转化空镜头，音乐的每一次转换是镜头场景的转换。还有就是开场人物采访的混剪配合着动画，音效音乐有相机声的转变，以此作为层次转换的逻辑连接。最后是激发情感，这个部分主要体现在与旁白解说相互呼应的部分，特别是结合旁白中渲染人物形象和影片主题的抒情性表达，音乐作为烘托，丰富了纪录片中旁白情绪的渲染力，增强观众的共情。

（三）纪录片中镜头语言叙事功能分析

镜头是视听语言中最重要的组成部分，尤其是纪录片的镜头语言表达，画面语言运用好，可以创作出引发观众共鸣的作品。在本部纪录片中，对于镜头语言的叙事主要侧重三个方面：镜头景别切换、镜头节奏把握、镜头色彩与构图。

在本部纪录片中，镜头景别切换侧重删繁就简，朴素大方。多侧重中景、近景、特写的转换，另外就是推镜头、摇镜头的结合。因为该纪录片拍摄主要分为采访镜头、跟拍镜头、环境空镜。对于采访镜头，主要采用特写与近景两个景别切换，采用双机位拍摄。在本部纪录片中，镜头节奏把握侧重舒缓叙事，娓娓道来。纪录片中的节奏结合故事主线讲述的轻重进行快慢调整，在纪录片的开头和结尾部分大多是快节奏的剪辑，开头通过碎片化的信息，快速展示人物故事梗概，结尾通过快节奏的镜头对主人公的日常生活进行展示。

在本部纪录片中，镜头色彩内暖外冷，构图多样简约。色彩与构图主要根据纪录片的情感表达以及情节推进进行调整和处理。本部纪录片的镜头色彩主要分为三个部分：室内拍摄色彩、户外拍摄色彩、照片动画色彩。对于室内场景的拍摄色彩主要采用暖色调处理，这样让画面的温馨感增强，而且使得人物画面更加柔和。对于户外拍摄的色彩主要采用冷色调处理，因为户外的场景，主要是晨练的拍摄占比比较大，所以在户外场景的色彩上，冷色调更加贴合时间设定和场景设定。而对于照片动画色彩的处理也主要采用暖色调，原因是暖色调给人的感受更加有叙事感和回忆感。

本部纪录片的镜头构图采用多种构图相结合的方式，但是整体的构图设计遵循干净、简洁的构图风格。在本部纪录片中，对于室内采访的拍摄主要采用不对称构图来加强画面的活泼性和动感、采用对称构图加强画面的平衡感和稳定感。在本部纪录片中，对于室外采访的拍摄主要采用“#”字形构图加强画面和谐度、采用框式构图增加画面的纵深感来聚集视线、采用S形构图来增强画面的韵律感，流动感采用三分法构图与对称式构图增强画面的结构性，采用水平线构图与垂直线构图，使得画面更加广阔伸展与挺拔高大。

六、作品的贡献

（一）关于太极拳方面

通过本纪录片的创作，重点挖掘太极拳两个方面的意义。一方面是展现太极拳在社会推广的现实困境，从而强调民间太极教练坚守的价值和意义。另一方面是讲述太极拳对于中老年人体魄健康、社交方式、心态性格等多方面生活状态的现实意义。同时纪录片在讲述何兰芝指导员的体育人生的过程中，希望展现出太极拳“坚持、传承、改变”的价值。

本纪录片从第一方面展现太极拳在社会推广的现实困境，通过拍摄对象的体育人生经历，从侧面展示太极拳在社会推广中面临规范性、安全性、统一性的现实困境，太极拳学员缺乏专业性的学习方式，城乡太极拳推广效果差距大，太极拳相关赛事传播流于形式和商业运作缺乏文化内涵。而从强调太极拳社会体育指导员坚守的价值和意义的角度而言，从影片中可呈现出太极拳社会体育指导员这一群体面临的现实问题：太极拳教育传播缺乏理论内涵，重视套路形式，优质教学资源供给不平衡不充分，优质太极拳社会体育指导员超负荷教学损伤身体，社区太极拳活动缺乏组织和安排，太极拳学员健身意志力薄弱且组织纪律性差，太极拳教学方式单一刻板，缺乏变通。基于纪录片所呈现出太极拳推广的现实困境，提出三方面建议。第一，从国家方面，加大政府投入力度，提供硬件基础设施。建议拓展宣发渠道，建立太极拳推广网络，传播太极拳文化内涵，规范社会性太极拳赛事承办单位。第二，从社会体育指导员方面，建议改变教学模式，吸引各个年龄段人群参与太极拳学习，建议培养高水平太极拳社会体育指导员，优化教学资源地域分配，社区太极拳活动由居委会负责承办组织。第三，从太极拳学员方面，建议学员选择专业的太极拳学习平台和渠道，加强在学习过程中的持续性和毅力，多参与太极拳相关社会活动提升理论和实践技能。太极拳的社会推广是个长期过程，需要不断实践，不断优化，以促进我国太极拳文化的发展。

本纪录片从第二方面展现讲述了太极拳对于中老年人体魄健康、社交方式、心态性格等多方面生活状态的现实意义。从体魄健康而言，在主人公的生活状态中可以体现出来，主人公通过太极拳的练习在同龄老年人中身体素质更好，并且结合运动养生也更加注意饮食养生的重要性。特别是后疫情背景下，中老年的身体素质与免疫力都更加受到重视，太极拳作为适合中老年人的一项体育运动，就更加具有推广和普及的社会价值。从社交方式而言，纵观主人公的人生经历，融入太极拳的社交圈子，让她通过太极拳相关活动、比赛、课程等实践结识了更多志同道合的朋友，同时也激发了她学习新鲜社交媒体与朋友进行交流的动力。扩大社交圈子的同时也拓展了融入社会的渠道。从心态性格而言，通过纪录片展现出主人公的性格由直率刚硬逐渐转变为亲和淡然，通过练习太极拳并学习太极拳理，让她逐渐感受到修习太极拳逐渐达到修身养性、运动养生、生活养生三者合一的功效。太极拳运动养生不仅能提升人的身体素质，还能改善人的性格特点，可谓是内外兼修，因此对大众养生具有很好的促进作用，值得进行推广和普及。

本纪录片从太极拳“坚持、传承、改变”的价值传递而言，在主人公的体育人生的点滴讲述中都细致入微地体现出来。“坚持”的价值方面，影片既展现个人学习太极拳的持之以恒的坚韧品质，又展现了太极拳社会体育指导员这一群体在坚持推广太极拳这一运动和文化的赤子之心。“传承”的价值方面，影片既展现了太极拳作为主人公一条凝结家庭精神的纽带，又展现了主人公作为太极拳社会体育指导员的社会传承作用，使得自己与学员都因为太极拳有了新的联结。“改变”的价值方面，影片展现了太极拳可以强健体魄、拓宽社交圈子、修炼豁达的心态性格，太极拳受传统哲学渗透影响，具有哲理性，充满辩证思想，对于中老年人的思维方式也会有良性的引导。

（二）关于纪录片创作方面

从纪录片的定义而言，我们认为纪录片是一种观点的记录，不仅重在真实性的记录，同时也注重艺术性的修饰表达，但是纪实性还是记录的首要原则，它的本质特征是视听形象的纪实性。所以在本纪录片创作过程中，更加注重纪实性记录与艺术性表达的结合，所以本纪录片采用交错式与阶梯渐进式相结合的结构叙事来呈现主人公的故事。在交错式渐进结构叙事中对于人物故事叙事分为两大部分，一部分是当下的生活状态表达，一部分是回忆叙事采访表达，因此对于影片的叙事方式采用了纪实性记录拍摄、图像叙事、采访相结合的方式，以此更加充分进行人物故事的表达。在阶梯渐进式结构叙事中，对于人物故事叙事主线是时间递进性的表达方式，本纪录片按何指导太极拳学习生涯、比赛生涯、教练生涯、退休生涯四个板块进行分析，以何指导的人生脉络为逻辑顺序，展开情节的延伸，让观众有个深入浅出的观看过程，一种循序渐进讲述的叙事结构。采用这两种结构叙事相结合，正是注重纪实性记录与艺术性表达的体现。

从体育纪录片的定义而言，体育纪录片是以体育运动、体育运动重大事件和体育工作者或是与体育相关的人或事为题材的影片，该影片中要传递体育精神、融入体育文化和表达体育情怀，实现体育价值多样化表达。在本纪录片中主要是以河北省石家庄市太极拳社会体育指导员何兰芝这位体育工作者为拍摄对象，对何指导练习太极拳过往经历进行采访，并对太极拳学习、比赛、教学照片素材进行整合。本纪录片通过何兰芝指导员的体育人生，第一，展现太极拳在社会推广的现实困境，从而强调太极拳社会体育指导员坚守的价值和意义，以此突出体育精神。第二，讲述太极拳对于中老年人体魄健康、社交方式、心态性格等多方面生活状态的现实意义，以此突出体育价值多样化表达。第三，通过何兰芝指导员的体育人生展现出太极拳“坚持、传承、改变”的价值，以此突出体育文化和体育情怀。

从体育类纪录片的发展现状而言，一方面，体育类纪录片从时间维度来看是不断与时俱进的，无论拍摄方法技巧、拍摄主体选择、拍摄理念文化都是在不断随着技术更新迭代、推陈出新的。本纪录片在拍摄方法技巧上更多采用慢节奏的镜头叙事；在拍摄主体选择上聚焦对老年人这一群体的体质健康关注、社会体育指导员这一特殊职业群体的关注、太极拳学习群体的关注；在拍摄理念文化上更加凸显出回忆叙事表达，采用时空交错对比剪辑的方式，以此记录和讲述人物故事，在回溯过往的同时也记录了当下。另一方面，体育类纪录片，需要关注中国人的体育故事和体育生活，在本纪录片的创作中，我们需要将镜头对准更加多元化的社会群体，希望以此鼓励不同的群体参与到体育活动当中来，用镜头记录下他们的体育精神和体育文化，展示出一个更有朝气、更健康的中国体育人形象。

从体育人物类纪录片创作手法相关研究而言，本片中很多体育人物类纪录片的前期拍摄规划、拍摄技巧和后期剪辑叙事方法是有经验可循的。第一，前期的拍摄规划，拍摄人物调研方面要进行充分的人物资料搜集；拍摄环境调研方面，进行综合环境分析和拍摄规划；拍摄手法调研方面，结合优质人物纪录片学习，进行前期脚本设计；拍摄学术文献调研方面，实践指导与思想指导并重。第二，拍摄技巧，准备多机位拍摄丰富镜头景别，拍摄运镜处理要有导演思维，拍摄后及时进行当天素材整理筛选。第三，后期剪辑叙事方法，对于故事性弱、碎片化强、回忆性强的叙事素材可以采用阶梯渐进式结构叙事，用多样丰富的表现效果处理，同时也可以采用交错式渐进结构叙事，采用双线索交叉叙事。

【参考文献】

[1] 唐权威，李逸豪，谢惠玲．八法五步太极拳社区发展现状及推广意义研究 [J]. 武术研究，2020,5(4):65-67.

[2] 潘勇．太极拳发展现状及其态势研究 [J]. 中华武术（研究）,2019,8(4):43-45.

[3] 张金龙．邯郸国际太极拳运动大会的“5W”传播模式研究 [D]. 北京：首都体育学院，2019.

[4] 杨静，程硕．太极拳普及现状与对策研究 [J]. 中国健康教育，2019,35(10):923-926.

[5] 周敏．关于太极拳在社区推广中遇到的问题及对策 [J]. 中国校外教育，2014(9):148.

[6] 杜国友，姚琼．简化太极拳在社区体育中的教练法 [J]. 体育师友，2000(2):47-48.

[7] 贾克斌．传统文化视角下太极拳养生思想体系研究 [J]. 武术研究，2019,4(11):20-24.

[8] 王立金．全民健身视域下太极拳的健身价值及推广策略 [J]. 中华武术（研究）,2018,7(10):39-41.

[9] 朱晓庆．太极拳养生与健身原理分析 [J]. 当代体育科技，2020,10(9):207+210.

[10] 王振．体育纪录片的现状及发展趋势 [J]. 新闻战线，2018(14):29-30.

[11] 王茹．浅析我国体育电视纪录片的审美艺术 [J]. 新闻战线，2016(20):41-42.

[12] 郭杨，刘永宁．媒体融合时代国产体育纪录片观赏性的提升路径 [J]. 体育学研究，2020,34(2):81-86.

[13] 王圆方．新媒体环境下体育微电影的传播特点 [J]. 记者摇篮，2018(9):67-68.

[14] 贺幸辉．产业融合语境下中国体育纪录片的转型发展 [J]. 当代电视，2019(12):83-86.

[15] 赵彻．中国电视体育人物纪录片研究 [D]. 河北：河北大学，2016.

[16] 李瑞丰，贺幸辉．张朝夕系列大型电视体育纪录片的叙事结构分析 [J]. 中国电视（纪录）,2012(9):17-20.

[17] 张雪午.用镜头记录点滴生活——体育人物纪录片拍摄探析[J].视听纵横,2019(6):93-95.

[18] 代滨,李福臻,庄璇."健康中国"理念下全民健身运动路径探索与创新[J].食品研究与开发,2021,42(1):232-233.

[19] 丁小歌."全民健身"背景下我国农村老年体育的发展研究[J].当代体育科技,2020,10(20):173-174+177.

基于项群训练理论运动对女性睡眠质量的研究

张　茜*

摘　要：项群训练理论是指导运动训练的重要理论基础，同时为女性睡眠质量研究提供了运动训练理论基础。本研究以项群训练理论为基础，对相关文献进行归类、整合。研究表明，运动对于女性睡眠质量的改善作用已受到学术界广泛认可。本研究可应用于运动与女性睡眠质量的相关研究，为制定规范的运动干预方法提供参考。

关键词：项群训练理论；运动；睡眠；睡眠质量

前　言

睡眠是人类生命活动的重要组成部分，对于身体各类机能的调节与恢复起到重要作用，而优质睡眠更是女性健康的重要保障。但随着社会节奏加快和生活压力提高，全球大部分人群正面临日益严峻的亚健康问题。世界卫生组织(World Health Organization，WHO）在2018年的一项全球性预测调查中发现，处在亚健康状态的人全球占75%左右[1]。其中，以长期失眠为代表的睡眠障碍作为亚健康形成和发展过程中易出现的一类典型症状，会导致机体生理功能的紊乱、衰退以及心理状态失衡，出现躯体疲劳不适、认知能力降低等日间功能障碍[2]，并使得亚健康状态进一步加重。因此，针对如何提

*　作者单位为首都医科大学医学人文学院。

高睡眠质量这一问题的研究具有重要的意义以及较强的应用价值。

通过检索文献，精读梳理发现，对现阶段提高睡眠质量的方法以干预手段进行分类，主要可以概括为两类：药物干预和非药物干预。药物干预以镇静催眠类药物为主，效果明显，但具有停药易反复、副作用大、依赖性强和受众群体有限等一系列缺点[3]，不宜在大众群体中广泛使用。

一、项群训练理论对睡眠质量影响的研究现状与应用

运动干预对睡眠质量改善作用的研究十分活跃。运动干预属于非药物疗法，研究显示运动干预能缩短睡眠潜伏期、增加总睡眠时间和入睡后觉醒时长，可提高睡眠效率，且有很好的推广性、普遍性和可接受性[4]。目前认为运动能改善睡眠障碍的主要作用机制是通过调节神经递质改善睡眠节律[5]。相比其他非药物干预方式，运动干预具有受场地限制小、可操作性强、经济适用等优势，更贴合广大群体的需求，且更易推广[6]。

田麦久教授提出项群训练理论，它可以在一般训练理论和专项训练理论之间架起沟通桥梁。项群训练理论主要针对训练目标、训练内容、负荷量度及如何组织训练四个关键问题进行研究，同类项群可表现出相似的体育精神、技术品格和竞技特征等。根据运动项目特征，主要分为体能主导类项群和技术主导类项群。项群训练理论在竞技体育或者学校体育教学中的应用主要集中在：指导竞技体育训练方法，竞技运动项目的分类与建立，把众多基础理论学科的科学知识综合起来指导运动训练实践[7]。

二、项群训练对不同人群睡眠质量的影响

针对不同人群研究视角着手，发现大部分睡眠质量的研究集中在患病人群部分，疾病种类以慢性代谢性疾病、肿瘤、内分泌营养和代谢疾病、血液及造血器官疾病、精神和行为障碍等疾病为主。针对大众群体的研究主要集中于健康老年人和大学生群体，运动干预手段以民族传统体育项目为主，如太极拳、八段锦、导引养生功（运动与睡眠质量相关性研究进展，中国健康

教育)。国内外对于运动员睡眠质量的研究主要聚焦于训练强度与睡眠质量、睡眠总时间之间的交互影响。

(一)健康女大学生

研究表明，规律运动除了能提升女大学生睡眠质量，还有缓解焦虑、抑郁等不良情绪的作用，可以有效地缓解和释放压力[8]。汪浩等通过实验发现，中低运动量的有氧运动，如跳绳、慢跑、健身操等在提高大学生睡眠质量方面有促进作用，并且能改善大学生的焦虑等心理症状，对大学生的心理健康起到积极的作用[9]。弓宇婧等[10]研究表明，有氧运动干预显著改善了女大学生睡眠质量和负性情绪水平，负性情绪在运动改善睡眠质量过程中起部分中介作用。

(二)项群训练理论与睡眠质量关联可能机制

体能主导类项群以发展肌肉力量与心肺机能为主。在全身关节和肌肉协调配合下，机体的疲劳程度能够更好地达到适度水平，从而加快入睡效率，有效地调节个体生物节律。表现难美类项群是以运动员技能中的表现难度和优美程度为竞技能力的主要决定因素的项目群组，按竞技能力主导因素对竞技项目划分的分类体系中技能主导类里的一个亚类，主要包括体操、技巧、蹦床、跳水、花样滑冰、花样游泳、自由式滑雪、冰上舞蹈和武术套路等项目。该类项群注重呼吸与动作的统一，以引气导行的方式抑制中枢神经兴奋度，并通过冥想、集中意念等方式来释放内心压力，维持神经系统的动态平衡，调节焦虑和紊乱的情绪，使大脑得到充分放松，从而使入睡时间缩短，缓解睡眠障碍，改善个体睡眠效果。

运动可以对睡眠障碍起有效的预防作用，它可以促进大脑分泌内啡肽，而这种激素可以促使个体产生满足感、愉悦感及成就感，达到缓解焦虑、释放压力的效果。此外，运动还能升高脑前区5-羟色胺(5-HT)含量，释放到中脑和间脑的5-HT可通过主动抑制非5-HT脊髓系统诱导正常睡眠，起到对抗失眠的作用。其他研究显示，有氧训练能明显降低中缝背核(DRN)5-HT受体水平，以缩短觉醒水平，进而促进睡眠，如图1所示。

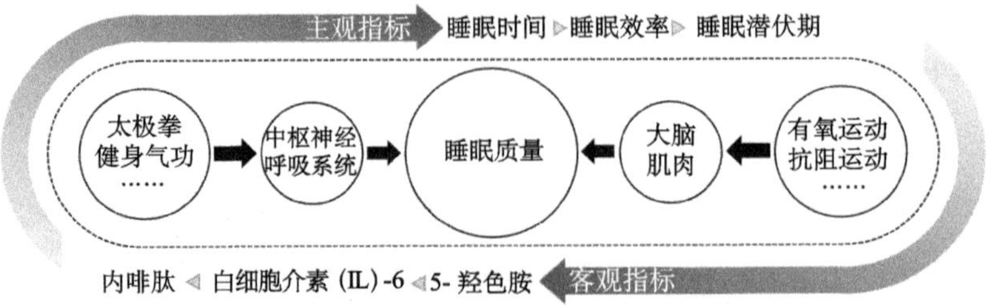

图1　运动对于睡眠质量影响的可能机制

（三）睡眠质量测量工具与评价手段

本实验通过匹兹堡睡眠质量指数（Pittsburgh Sleep Quality Index，PSQI）、由多导睡眠监测技术支持的多导睡眠图（Polysomnography，PSG）、卡罗林斯卡困倦量表（The Karolinsha Sleepiness Scale，KSS）、身体功能性运动筛查（Functional Movement Screen，FMS）、体育活动等级量表（Physical Activity Rating Scale-3，PARS-3）等量表来测评受试者的睡眠质量。

三、总结与展望

在女性睡眠质量研究层面，运动干预作为睡眠障碍的非药物干预中的重要组成部分，具有深入研究的价值和广阔的应用前景。以项群训练理论作为运动干预的理论基础，可促进相关研究取得科学、理性的持续性进展。统一同种项群内不同运动干预方法的共性，有助于控制性别、年龄、营养、压力、环境等变量，为进行运动与睡眠相关性的研究提供更确切的结论；对比不同项群间运动干预方法的差异，研究运动与睡眠的交互作用以及中介因素的作用机制，有利于拓宽研究视野，使睡眠质量研究效果优质显著。

体育学与生理学、生物力学、电子信息科学、心理学、社会学等多门学科可形成双向互动，存在一定的综合性和跨学科性。项群训练理论的出现，不仅有序地整合了各个运动项目单元，为体育科学相关的综合性研究奠定了基础，还具有学术桥梁的性质，使体育学实现与多门学科交叉互通。将项群训练理论映射到医疗、健康、教育等众多领域，对于促进体育学在各个科学研究领域的应用有着积极作用，并为“健康中国 2030 战略”“体医结合”提供有力的理论依据。

必须开展新的女性健康基础研究，并了解运动在促进女性健康受试者和患者睡眠方面的益处。女大学生的睡眠也经常管理不善，这对认知表现、努力感知和运动引起的疾病都有消极的后果。为了提高身体表现，我们需要更好地了解人们对睡眠不足的生理反应。

【参考文献】

[1] Ghebreyesus T A. World Health Statistics 2018[R]. World Health Organization, 2018.

[2] JD Jiménez-García, Hita-Contreras F, Torre-Cruz M, et al. Effects of HIIT and MIIT Suspension Training Programs on Sleep Quality and Fatigue in Older Adults: Randomized Controlled Clinical Trial[J]. International Journal of Environmental Research and Public Health, 2021,18(3)：1211.

[3] Lemoine P , Nir T , Laudon M , et al. Prolonged-release melatonin improves sleep quality and morning alertness in insomnia patients aged 55 years and older and has no withdrawal effects.[J]. Journal of Sleep Research, 2010, 16(4)：372-380.

[4] 丁雪，耿新玲．非药物疗法改善睡眠研究进展 [J]. 北京生物医学工程，2016, 35 (5): 544-548.

[5] 贾海波，王春葳，辛红，等．加味安神养血汤联合艾司唑仑对心脾两虚型亚健康失眠症患者睡眠质量的影响 [J]. 辽宁中医杂志，2021,48(6)：143-147.

[6] 杨源，邵铭铭，蒋长好，等．运动与睡眠质量相关性研究进展 [J]. 中国健康教育，2018, 34(11)：1016-1019.

[7] 田麦久．运动训练学 [M]. 北京：人民体育出版社，2000：21-43.

[8] Milne S, Elkins M R . Exercise as an alternative treatment for chronic insomnia (PEDro synthesis) [J]. British Journal of Sports Medicine, 2017, 51(5)：478-479.

[9] 汪浩，李洁．健身操对大学生睡眠质量及情绪的影响 [J]. 体育学刊，2007, 14 (2) : 60-62.

[10] 弓宇婧，张艺帆，杨馨怡，等．运动对焦虑女大学生睡眠质量及负性情绪的干预效果 [J]. 中国学校卫生，2019,40(4)：542-545.

足球育人视角下北京普通高校校园女子足球参与动机的调查研究

马　良　史　钿*

摘　要： 本研究旨在从足球育人的视角下，分析足球为校园普通女子足球运动员带来的变化以及探讨影响校园普通女子足球运动员参与足球训练的因素。通过采用问卷调查法和访谈法对北京市21所普通高校校园女子足球运动员足球参与动机进行调查，经问卷星和SPSS26.0统计结果显示：第一，93.12%的普通高校校园女子足球运动员认为“获得快乐”是参与足球运动后最大的变化；第二，足球中的团队协作是足球促使普通高校校园女子运动员身心发生变化的首要原因；第三，对足球的兴趣是普通高校校园女子足球运动员参与足球运动的重要动机，占80.52%；第四，足球教练的教学方式是影响普通高校校园女子足球运动员参与足球训练的首要因素。针对上述结论提出建议：增强校园女子足球宣传与风貌展示，以兴趣为导向持续扩大女足参与度；加大对校园女子足球的经费投入，筑建女足发展经费保障；加强校园女子足球师资队伍建设，提高足球教练教育教学水平。

关键词： 足球育人；校园足球；女子足球

一、问题的提出

2020年，中共中央办公厅、国务院办公厅印发的《关于全面加强和改

---

* 作者单位为中华女子学院（全国妇联干部培训学院）。

进新时代学校体育工作的意见》（简称《意见》）指出："学校体育是实现立德树人根本任务、提升学生综合素质的基础性工程，是加快推进教育现代化、建设教育强国和体育强国的重要工作，对于弘扬社会主义核心价值观，培养学生爱国主义、集体主义、社会主义精神和奋发向上、顽强拼搏的意志品质，实现以体育智、以体育心具有独特功能。"体育隶属于教育领域下的子领域学科，同教育一样，具有育人功能。而足球运动作为体育运动项目之一，其运动本身也天然地具备了育人的功能。足球是一项深受广大人民群众喜爱的体育运动。振兴和发展足球，可以提高全民健身参与程度，增强群众身体素质，是提高全民族身心健康水平的重要支撑[1]。足球对于个体发展而言，具有增强学生身体素质的育体价值，具有增长学生足球知识与技能等的育智功能，更具有磨炼学生意志，促进自我价值感实现的育心功能。可以说，足球运动在落实国家立德树人的教育根本任务上具有重要价值。

动机是一种个体内在存在的、迫使个体采取行动的驱动力[2]。因此足球参与动机是个体参与足球运动的内在动力。足球育人功能的有效发挥关键在于个体对足球项目的积极参与。通过参与足球运动，从足球运动中收获改变，进而反向个体对足球的进一步参与。本研究旨在通过问卷调查法和访谈法，了解北京普通高校校园女子足球运动员足球参与动机，从足球育人的视角下分析足球为校园女子足球运动员带来的变化以及探讨影响普通高校校园女子足球运动员参与足球训练的因素，进而提出优化策略。

二、研究设计

（一）研究对象

如表 1 所示，为调查女子足球参与动机，本研究采用问卷调查法以及访谈法，选取了北京大学、清华大学、北京外国语大学等 21 所普通高校中的女子足球队的运动员为研究对象。

表1　研究调查对象

学校类别	学校名称	频次
教育部直属双一流（10所）	北京大学（综合类）	11
	清华大学（综合类）	10
	北京师范大学（师范类）	23
	北京外国语大学（语言类）	26
	北京语言大学（语言类）	16
	北京化工大学（理工类）	14
	中国人民大学（综合类）	17
	中国传媒大学（综合类）	19
	中国地质大学（北京）（理工类）	16
	中国矿业大学（北京）（理工类）	12
市属高校（8所）	北京工商大学（财经类）	27
	北京联合大学（综合类）	10
	北京农学院（综合类）	11
	首都经济贸易大学（财经类）	9
	北京物资学院（财经类）	9
	北京服装学院（艺术类）	4
	北京建筑大学（综合类）	26
	北京信息科技大学（理工类）	18
属国家民族事务委员会（1所）	中央民族大学（民族类）	51
公有民办高校（1所）	北京城市学院（综合类）	14
属工业和信息化部（1所）	北京理工大学（理工类）	6
总计		349

（二）研究方法

1.问卷调查法

本研究参考学者解超《男子大学生足球运动参与动机量表的编制与检验》[3]，根据研究目的以及研究需要编制了《足球育人视角下北京普通高校女子足球参与动机调查问卷》。该问卷由普通高校校园女子足球队运动员基本信息以及足球运动参与动机量表两个部分共40道问题组成。问卷第一部分为北京普通高校校园女子足球队运动员的基本信息，其问卷题型有四类，分别是填空题（如“您所在的高校名称是什么？”）、选择题（如“您的学历是什么？”）、多选题（如“您认为参与足球训练给您带来了哪些变化？”）以及排序题（如“您认为影响您参与足球训练的因素有哪些？”）。问卷第二部分是北京高校普通校园女子足球队运动员参与动机量表，共包含兴趣爱好、强身健体、情绪体验、自我价值、社会交往五个方面。量表采取李克特五点计分，选项从“完全不符合”到“完全符合”分别按照从1分到5分进行计分。此量表已经在前人研究中使用[4]，具有良好的信效度。经过检验，量表KMO值为0.947，各维度内部一致性系数均为0.926，可以继续研究。

2.访谈法

研究采用半结构化的访谈方式，选取本次调研的普通高校女子足球运动员以及足球教练，在征得受访者同意后对受访者进行访谈，访谈平均时长为20分钟。访谈结束后对访谈资料进行及时分类整理，最终将访谈资料作为问卷调查的辅助资料，为本研究提供结果分析依据。根据受访者角色不同，研究对受访者进行分类与编码：学生受访者1号则编码为：受访者S1；足球教练受访者1号则编码为：受访者T1。受访者具体情况如下。

表2　研究访谈对象情况

学生编码	学校	学历	教练编码	学校
S1	中国传媒大学	研究生	T1	中央民族大学
S2	中央民族大学	本科生	T2	北京建筑大学
S3	中央民族大学	研究生	T3	北京师范大学
S4	北京师范大学	研究生	T4	北京外国语大学
S5	北京工商大学	本科生		

（三）问卷的发放与回收

通过问卷星发放问卷，最终共回收353份问卷，剔除答案逻辑相矛盾或填写错误等无效问卷后，有效问卷为349份。被试的具体情况如表3所示：研究所调查的21所北京市普通高校校园女子足球运动员主要以本科学历的女大学生为主，占81.09%，依次排序为硕士研究生（14.04%）、博士研究生（3.72%）和专科生（1.15%）；校园女子足球队涵盖12个专业，其中来源于工学专业的女生最多，为68人，占19.48%；其次为文学（16.62%）、管理学（12.32%）、经济学（11.46%）、教育学（11.46%）；年龄主要集中在19～21岁，占61%。

表3　调查对象人口学信息

项目	组别	人数	百分比
学历	专科	4	1.15%
	本科	283	81.09%
	硕士研究生	49	14.04%
	博士研究生	13	3.72%

续表

项目	组别	人数	百分比
专业	法学	31	8.90%
	工学	68	19.48%
	管理学	43	12.32%
	教育学	40	11.46%
	经济学	40	11.46%
	理学	32	9.20%
	历史学	3	0.90%
	农学	5	1.40%
	文学	58	16.62%
	医学	3	0.90%
	艺术学	24	6.84%
	哲学	2	0.60%
年龄	19岁以下	46	13.20%
	19岁	80	22.90%
	20岁	60	17.20%
	21岁	73	20.90%
	22岁	35	10.00%
	23岁	18	5.20%
	23岁以上	37	10.60%

（四）数据的处理与分析

研究通过问卷星发布问卷，采取网络匿名在线填写的方式。问卷数据整理与分析阶段，研究者对问卷进行筛选后，采用 SPSS26.0 对所获得的数据进行分析。

三、研究结果与分析

（一）北京普通高校校园女子足球运动员足球参与的基本情况

1.93.12%的普通高校校园女子足球运动员认为“获得快乐”是参与足球运动后最大的变化

如图1所示，首先，通过参加足球运动和足球训练，普通高校校园女子足球运动员认为足球对自身带来的变化由大到小分别是获得快乐＞结交到许多朋友＞学习到很多关于踢足球的知识＞身体变得更加强壮＞懂得团结的重要性＞变得敢于面对挫折。

可以看到，93.12%的普通高校校园女子足球运动员认为踢足球带给自己最大的变化是“获得快乐”，第二是通过足球运动“结交到许多朋友”。“足球是一项集体项目活动，会接触很多志同道合的朋友，这是足球带给我的一个变化。”（受访者S1）这是足球给个体在心理上所带来的诸多变化，可见足球对个体发展产生了育心的价值。第三是“学习到许多关于踢足球的知识”。“足球是有智慧的，其实你到场上去就像个战略分析家，你要去洞察场上的形势。”（受访者S1）可以看到，这是足球给个体在知识上所带来的变化，体现足球的育智价值。第四是“身体变得更加强壮”。此外，研究者在访谈时，有受访者表示，踢足球能帮助释放压力：“（踢足球）踢着踢着就会出汗，你运动完之后整个人就会稍微释放掉一些压力。”（受访者S3）综上均体现的是足球的育体价值。第五“懂得团结的重要性”和第六“变得敢于面对挫折”都体现了足球对个体意志品质的磨炼，体现足球的育心价值。有受访者表示：“足球会让我变得更加勇敢，足球场上可能会面对一些很强大的对手，你要真的有勇气站在足球场上，就是你知道会失败，但你还是会全力以赴。”（受访者S4）

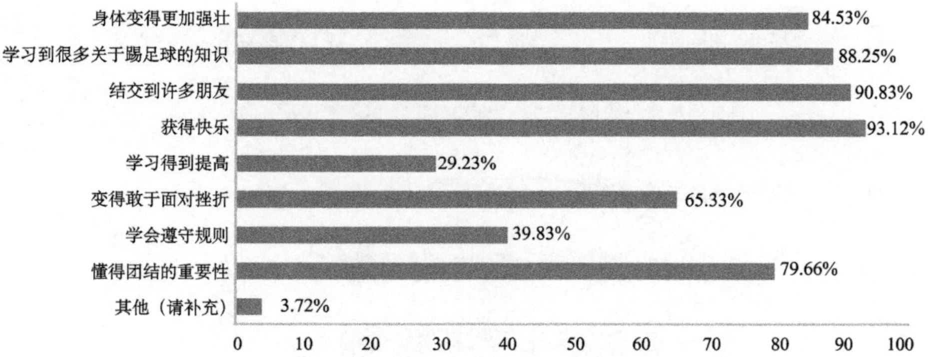

图1　参与足球运动后的变化（排序题）

2.足球中的团队协作是足球促使普通高校校园女子足球运动员身心发生变化的首要原因

如图2所示，在谈及足球给普通高校校园女子足球运动员带来的变化中，哪些方面促使这些变化产生时，排名第一位的是“足球中的团队协作”。“足球毕竟不是一个人的运动，不同于田径赛跑，（足球）需要大家一起配合，然后一起进球。”（受访者S5）“我觉得足球和田径最大的差别在于团队精神，因为田径总是一个人在奋斗，但是足球要和整个团队一起，包括教练、队员。”（受访者S4）。其次从大到小排列分别为“自身的热爱”“教练的教学方式”“足球策略的掌握以及运用”“自身训练的频次”“其他”。

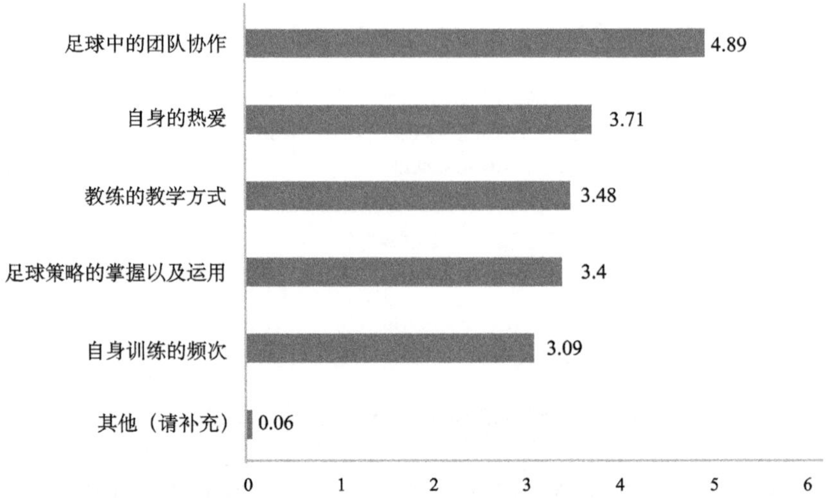

图2　在足球给您带来的变化中，您认为哪些方面使您产生这种变化

（二）北京市普通高校校园女子足球运动员足球参与动机情况

研究对北京普通高校校园女子足球参与动机的总体以及各个维度的数据进行描述性分析，分析结果如表 4 所示。

表4　女子足球参与动机各维度分析情况

	N	最小值	最大值	均值	标准差
兴趣爱好	349	2.33	5.00	4.4131	.55213
强身健体	349	2.17	5.00	4.4069	.59559
情绪体验	349	2.50	5.00	4.2693	.54700
自我价值	349	1.80	5.00	4.1713	.66201
社会交往	349	2.40	5.00	4.3645	.54887

普通高校校园女子足球运动员足球参与动机各维度均值从大到小分别是兴趣爱好 > 强身健体 > 社会交往 > 情绪体验 > 自我价值，并且各个维度间的得分差距不大。

从各维度的均值排名上来看，排名第一是“兴趣爱好”，说明对于北京普通高校校园女子足球运动员来说，兴趣爱好是其参与足球项目的最大动机。研究者在访谈的过程中，受访者 S1 认为："(足球) 平时的训练更多是一个夯实基本功的问题，你抱着球一个人对着一面墙在那里踢就行，可能会有些枯燥，但是这个时候就只能是队员内部自发完成训练。因为你热爱这项运动，想取得成绩，那你肯定也需要付出相应的努力。" 受访者 S4 则表示："一开始踢足球是觉得有趣，但是随着年龄的增加，就会感觉从这项运动中收获很多。" 排名第二是 "强身健体"。足球运动能够增强心肺功能，提升学生的速度和灵活性以及增强学生的耐力[5]，起到强身健体的作用。排名第三是 "社会交往"。体育锻炼能够提供一种社交的环境，满足社交需要，并且还能够增加人与人之间的接触机会，促进良好人际关系的获得[6]。"我身边从小到大的最好的那些朋友，都是足球带给我的。"(受访者 S1) 排名第五是 "自我价值"。自我价值是个体被尊重以及自我实现的需要。有受访学生表示，通过足球运动，"我觉得足球让自己变得更加自信"。(受访者 S3)

（三）影响北京市普通高校校园女子足球运动员足球参与动机的因素

1. 对足球的兴趣是普通高校校园女子足球运动员参与足球运动的重要动机

如图 3 所示，普通高校校园女子足球运动员对于足球参与的动机主要来源于 "对足球感兴趣"(80.52%)，其次依次是 "增强体质"(8.02%) 以及 "受到足球明星的影响" (6.59%)。兴趣是动力的源泉，有研究表明，体育兴趣对学生体育活动强度、方向、持续时间有着直接影响，是学生体育活动主动性和自觉性的重要标志之一[7]。"从精神层面上说，就是你有一个很热爱的东西，你回去想把它做好，这种内在的动力会使你外在变得更好，可能会更坚强。"(受访者 S4)

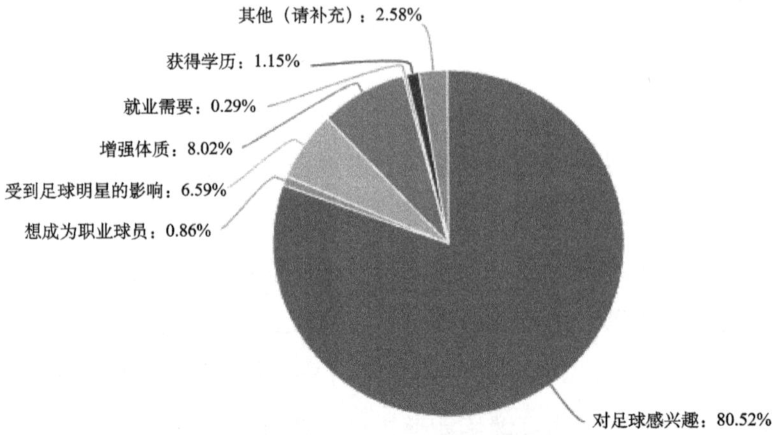

图3　参与足球运动的原因

2.足球教练的教学方式是影响普通高校校园女子足球运动员参与足球训练的首要因素

如图4所示，影响普通高校校园女子足球运动员参与足球训练的因素，排名第一位的是“足球教练员的教学能力、教学方式等”。教练员作为运动员的直接领导者以及关系亲密的合作伙伴，其不同的行为方式是激励运动员积极投入到训练比赛、提升竞技能力的外部主要动机之一[8]。“教练员对于球队上不上心应该是决定女足发展最关键的事儿。”（受访者S1）“大一是因为喜欢踢足球进了校队，但是到了（校队）那儿，我不太喜欢我们教练的带队方式，就只是传球，没有战术上的指导或者有效的训练方式。后来我们换了一个教练，这是我最喜欢也是接触最多的教练，很能够调动球员积极性，并且教练自身也很有魅力。”（受访者S3）

排名第二位的是“学校领导对于校园女子足球的重视程度（如经费投入等)”。有受访学生认为：“学校女子足球发展改善问题上，第一个肯定是经费的投入，我们上次出去比赛还穿着夏天的队服；第二个就是希望学校能够多举办一些足球比赛或者足球活动，让更多的女生能够参与进来。”（受访者S2）“就我们学校女子足球的改进问题的话，我觉得学校中的（足球）比赛

会少一些，男生的话他们的院系之间会举办比赛，但女生人少就没有；还有一个就是宣传不到位吧。”（受访者S5）

排名第三位的则是“与足球教练员的关系以及相处的融洽程度等”。有研究表明，教练员的领导风格和社会支持行为对运动员的心理状态有着重要影响[9]。在访谈的过程中，受访学生表示自己和球队中的教练关系好、交流多，教练自身的人格魅力也会影响和感染学生。

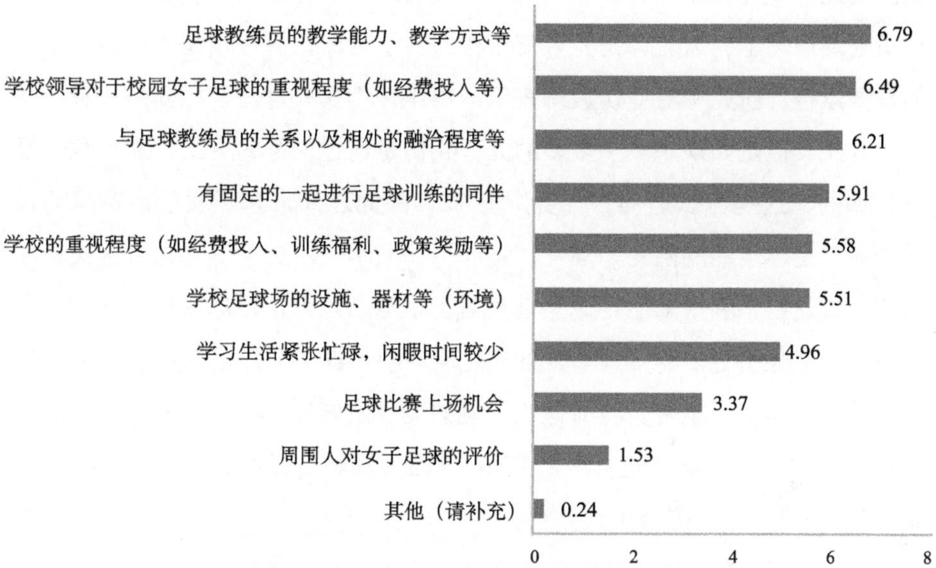

图4　参与足球训练的影响因素（排序题）

四、结论与建议

本研究通过问卷调查法和访谈法了解北京普通高校校园女子足球运动员足球参与动机情况以及影响因素，结论如下：首先，通过足球运动获得快乐是普通高校校园女子运动员参与足球运动后最大的变化；其次，足球中的团队协作是足球促使普通高校校园女子足球运动员身心发生变化的原因；再次，对足球的兴趣是普通高校校园女子足球运动员参与足球运动的重要动机；最后，足球教练的教学方式是影响普通高校校园女子足球运动员参与足球训练的重要因素之一。基于上述结论提出以下建议。

（一）增强校园女子足球宣传与风貌展示，以兴趣为导向持续扩大女足参与度

发展普通高校校园女子足球，加强对女子足球的宣传是关键。上述研究表明，对足球的兴趣是普通高校校园女子足球运动员参与足球运动的重要动机。因此，通过以建立女大学生对女子足球的兴趣为导向，展示女子足球运动员在足球场上的风貌，是有效宣传校园女子足球，促进校园女子足球发展的重要途径。研究中有受访教练表示“每年开学初九月份，招新是一种（宣传）方式。但是如果想吸引更多的人，我们是通过训练的方式，展示我们是干什么的，这是什么运动。”（受访者 T2）除此之外，基于女子足球运动员自身对于足球运动的热爱，建立“运动员—同学—室友”等周边人际关系的口碑宣传途径，利用女子足球运动员对于足球的热爱，足球带给自身的改变等正向价值吸引更多的女大学生参与足球运动，真正发挥足球育人价值。“你只有让队伍里的人本身觉得有意义，她热爱（足球），这也是一种口碑宣传。包括她对同学、室友有这样一种宣传。（因为）她自己亲身体会过了（足球带来的好处）。”（受访者 T2）

（二）加大校园女子足球经费投入，筑建女足发展经费保障

促进校园女子足球的发展，离不开足球经费的保障。在访谈过程中，就足球经费问题，足球教练基本上表示校园女子足球发展经费有限：“就我们学校而言，（专业）运动队和普通学生组成的运动队，学校会有一定的政策。但是就平时学生参与训练保障的话，实际上这个费用是比较低的。”（受访者 T4）“学校经费也比较有限。”（受访者 T1）“总体来讲，经费力度不能完全保障或者满足足球队的正常运行，（经费的问题）不光是一个学校的问题，也是一整个国家的战略问题，我觉得要从教育部体育总局对女子足球的发展给予重视，以及龙头校园对于女子足球的宣传和帮扶。”（受访者 T3）因此，应当加强对校园普通女子足球的重视程度，增加经费投入；可以通过女足赛

事展示女足风貌，引进和增加社会赞助，为女子足球的发展注入源头活水，筑建经费保障屏障。

（三）聚焦校园女子足球师资队伍建设，提高足球教练教育教学水平

足球教练肩负着足球理念的传播、足球知识的传授、足球技能教学、足球训练指导等多种角色[10]。普通高校女子足球的运动员不同于专业出身的运动员，相对于专业运动员而言其足球基础较为薄弱，并且同一支足球队中，不同女生的身体素质、足球的学习情况存在差异。这种情况下，对于足球教练的要求更高，需要“教练针对每个学生的情况进行因材施教，但这也正是最难的地方”。（受访者 T3）因此应当通过培训、进修等方式加强校园女子足球教练师资水平，提高足球教练的教育教学水平，从总体上提升校园女子足球的教学水平，吸引更多女生参与足球，促进普通高校校园女子足球的发展。

【参考文献】

[1] 中国足球中长期发展规划（2016-2050）[EB/OL].（2024-01-19）.https://www.ndrc.gov.cn/fggz/fzzlgh/gjjzxgh/201705/t20170511_1196746.html.

[2] 孙晓强 . 体育参与的约束因素、参与动机与参与行为之关系研究——中国青年一代的实证分析 [J]. 体育科学 ,2006(7):55-59.

[3] 解超 . 男子大学生足球运动参与动机量表的编制与检验 [D]. 辽宁：辽宁师范大学 ,2010.

[4] 陆恒 . 徐州市高校大学生参与足球运动动机及其影响因素调查研究 [D]. 北京：中国矿业大学 ,2022.

[5] 危智坚 . 足球教学对高校学生身体形态和体能素质的影响研究 [J]. 内江科技 ,2023,44(12):129-130.

[6] 王春霖 . 参加体育锻炼对心理健康的影响：社会交往与自我效能感的链式中介作用 [J]. 福建体育科技 ,2021,40(6):7-12+17.

[7] 周雪 , 商海伟 . 如何提高大学生在体育教学中的兴趣 [J]. 宏观经济管

理 ,2017(S1):261.

[8] 高圆媛 , 李垚 , 曹大伟，等 . 教练员领导行为对运动员运动投入的影响研究——教练员 - 运动员关系的中介效应 [J]. 沈阳体育学院学报 ,2021,40(5):98-106.

[9] 阎明宝 . 教练员角色领导对足球运动员运动表现的影响——基于心理准备和运动焦虑的中介作用 [J]. 当代体育科技 , 2023, 13 (28): 190-193+198.

[10] 杨勇 . 高职院校女子足球开展的意义和举措 [J]. 现代职业教育 ,2016,(31):70-71.

高校女生体育强国思政育人探析

孙　琴　李淑芳*

摘　要：高校女大学生是确保新时代中国特色社会主义事业兴旺发达的后继人。“育人为本、德育为先”，加强和改进高校女生思想政治教育，培养新时代的接班人，塑造女生强烈使命感、荣誉感、责任感，厚实人文底蕴、提升身体素质，把实现个人价值与为国家作贡献紧密结合，对于全面实施体育强国和人才强国战略、确保我国在激烈的国际竞争中始终立于不败之地、加快推进社会主义现代化建设宏伟目标具有重大而深远的意义。

关键词：高校女生；体育强国；思政

在以习近平同志为核心的党中央的坚强领导下，中国坚持中国特色社会主义发展道路，踔厉奋发、锐意进取，“五位一体”总体布局全面进入社会主义新时代。教育改革作为先手棋，充分立足国情、五育并举，做凝聚人心、塑造灵魂、振兴民族的强基教育。新时代新征程新要求，国家对人才培养目标提出德智体美劳全面发展的新召唤。而女大学生素质的提高，更是整个中华民族的未来和希望。为了更高质量实现我国人才培养目标，习近平总书记于 2020 年 9 月 22 日在教育文化卫生体育领域专家代表座谈会上提出“要全面深化教育领域综合改革，增强教育改革的系统性、整体性、协同性”[1]。

学校体育作为党的教育事业整体布局中的重要组成部分，对建设社会主义现代化强国、实现中华民族伟大复兴起着百年大计作用。体育教育正是凝

---

* 作者孙琴单位为北京物资学院体育部，李淑芳单位为北京体育大学重竞技教研室。

聚民族精神、爱国情怀和坚强意志的天然佳径。为了实现培养新时代社会主义接班人为立命本身，遵循习近平总书记“要全面深化教育领域综合改革，增强教育改革的系统性、整体性、协同性”的指导方针，从“以学生为中心”理念为发心，精准挖掘体育教育中的显性及隐性因素、扩大思政育人的主干道、完善人才培养闭环模式；形成由点到线再到面，继而螺旋上升到学校教育立体空间，系统性、整体性、协同性“三性一体”整体实施高校体育强国思政综合改革，切实践行为党育人、为国育才的初心使命，为实现国家宏伟蓝图和远景目标明德、铸魂、育人！

一、体育强国思政育人立命本身价值意蕴

“敬教劝学，建国之大本；兴贤育才，为政之先务。”尊重教育是建国的根基，而体育教育则是教育之基础，没有好的身体，一切都是徒劳。习近平总书记十分重视体育在国家振兴和青少年身心健康发展中的重要作用。体育不仅能夯实青少年儿童的健康基石，更深层的意义是蕴含在体育中爱国、拼搏、奋进、合作、不计回报的付出等隐性教育价值，更是需要通过体育课程教学这个主渠道源源不断地输送到青少年的骨血和气质里。“蒙以养正，圣功也。”当前中国进入社会主义新时代，积极推进体育课程思政的建设，用习近平新时代中国特色社会主义思想明德育人，对建设社会主义现代化强国起着举足轻重的作用。青少年是祖国未来发展的希望，“少年强则国强”，女性素养的提高则更是重中之重。体育课程思政建设工作要高举旗帜，坚定不移地培养全面发展的社会主义建设者和接班人，以社会主义核心价值体系为指导，以体育内涵和体育精神为引领，挖掘体育的教育价值和精神榜样功能，从中华体育精神中提取特色育人资源，形成有特色、显实效的德育举措。大力开展爱国主义和民族精神教育，让女大学生了解中国体育事业的振兴与发展，引导她们对体育人生和体育中国产生深层领悟与思考，最终实现：培养出来的女大学生具有高标准的人文修养和科学素养，养成文明、健康、科学的生活方式，拥有积极、健康、进取的心理品质，拥有集体观念和

爱国情操；不断提高社会适应能力，正确面对挫折和处理人际关系，成为身心和谐发展、德技并进的栋梁之材。

（一）国家层面：体育课程思政是实现“健康中国”和“体育强国”发展战略的孵化器

自古以来，“为天地立心，为生民立命，为往圣继绝学，为万世开太平”以及“格物、致知、诚意、正心、修身、齐家、治国、平天下”的人生价值观和体育对于人格的培养同出一辙。1917 年，毛泽东同志在《体育之研究》中提出，文明精神与野蛮体魄同出本源，并且精神文明自然呈现在体魄健全过程中。在他看来，“体育之效，至于强筋骨，因而增知识，因而调感情，因而强意志”。[2] 从“文明其精神，野蛮其体魄”到“发展体育运动，增强人民体质”，再到“强体魄、修心智”同建设体育强国，其本质内涵一脉相承。

如今，体育已被赋予全新的内涵和外延，它是社会发展和人类进步的重要标志，是综合国力和国家软实力的重要体现。习近平总书记强调：“体育承载着国家强盛、民族振兴的梦想。体育强则中国强，国运兴则体育兴。”[2]“体育强国”战略目标标注出新时代体育的全新价值定位，即实现健康中国；而要实现“健康中国”国之发展战略，又离不开全中国人民的身体健康。身体健康要通过体育运动来获得，从全民健身到健康中国，把体育健身同人民健康结合起来，这刚好实现与国家“体育强国”发展战略内在融合统一，两大国家战略叠加夯实体育强国之基。

高校体育课程思政建设正是培育两大国家发展战略的孵化器。女大学生在大学阶段所获得的运动知识和养成的运动习惯能伴随其终身，步入社会后也是全民健身的生力军，为健康中国奠定庞大的群众基础。通过体育思政引领，引导女大学生自觉增强体育锻炼和体育学习的使命感，把在体育课堂上所习得的体育技能、思想及精神同建设体育强国的国家发展战略联系起来，使女大学生能正确意识到身体健康、体魄强健不仅仅是关乎个人的事情，更是和国家前途命运相关联，与民族振兴和国家富强相关联。通过体育课堂这个天然载体，源源不断孵化出为实现体育强国和健康中国不断努力奋发、拼搏有为的一代又一代接班人。

（二）学校层面：体育课程思政是学校顶层设计与德育培养目标协同互促的融合剂

教育是民族振兴、社会进步的重要基石，是功在当代、利在千秋的德政工程。《大学的理念》作者约翰·亨利·纽曼曾说过："只有教育，才能令他阐明观点时有道理，表达时有说服力，鼓动时有力量。"[3] 高校育人顶层设计目标即为培养社会主义建设者和接班人，从理想信念、爱国情怀、品德修养、奋斗精神和综合素质上下功夫。在德育培养目标上，要求学生听党话、跟党走，扎根人民、奉献国家，成为有大德大爱大情怀的、刚健有为、自强不息的爱国青年。这些德育目标与体育课程思政引领的德育目标协同一致，体育课程思政成为学校立德树人顶层设计和德育目标实现的载体和融合剂。

体育课程思政建设即体育的德育教育建设。体育德育工作既是高校德育工作的重要组成部分，又是国家体育教育事业的一笔宝贵财富，德育工作从根本上决定着高校人才培养的质量，关系党和国家事业是否能源源不断地获得德才兼备的人才支撑，关系到从体育大国向体育强国迈进的战略实施。体育课程本质属性的知识目标、能力目标和德育目标正是与课程思政的要求协同一致、同向同行。知识目标引导女大学生在体育学习中勇于探索真知，知行合一；能力目标教授学生获得正确技能、培养终身体育健康观；德育目标塑造学生爱国、拼搏、合力、奋进。[4] 体育课程是思政的天然载体，体育课程思政的建设致力于培养全面发展的人，配合学校顶层设计的思想政治教育的总体要求，遵循学生德育在体育教学过程中的整体性和系统性，充分发挥体育教育在五育并举中的重要价值，强化"立德树人"在学校体育领域的实践根基和育人源动力，与学校德育教育形成育人合力。

（三）个人层面：体育课程思政是体育迁移价值实现育人功效的最直接途径

体育的迁移价值理论是马约翰先生 19 世纪 20 年代提出的："在体育运动中产生的优秀品质是可以迁移到日常生活中的，体育是培养优秀公民最有趣、最适当和最有效的办法。"[5] 女大学生阶段是人生的"拔节孕穗期"，这一时期心智逐渐健全，思维进入最活跃状态，最需要精心引导和栽培。因此把握住这个时期的思想教育，能对人才的培育起到事半功倍的效果。高校培养出来的女大学生应是全面的综合性优秀人才，“以生为本”即国家和社会需要什么样的优秀人才，学校就将学生塑造成岗位所需。而优秀女大学生内涵是多方面的，既包括思想品德、学习成绩、动手能力、创新能力、领导力等，也包括身体健康、体魄强壮、人格的健全，而体育课程思政正是实现国家育人方针和培养综合能力强人的自然佳径。

根据体育迁移价值论：“体育运动的教育价值，不只限于运动场上，且能影响整个社会。”[5] 人类生活一切最美好的准则在体育运动中均能体现，都能通过体育课程思政该载体导入学生的精神与灵魂中：体育教学中学习体育技能——尊重人体运动科学，格物致知！体育比赛前的升国旗、奏国歌——爱国、祖国利益高于一切！体育活动中的团队配合——团结互助、牺牲自我、服从大局！体育比赛中的公平竞争——遵守规则、追求卓越、超越自我！[6] 所有的这些体育精神及体育道德，都是我们为人、行事、处世、治学的基本准则，也是一个人行走天下的最宝贵的名片，更是国家和社会用人单位所看重的个人最重要的品质。

教育是为了人的发展，今天高校女大学生的全面素质，承载着国家未来的整体实力，也奠定社会整体幸福感程度。高校教育是女大学生从学校到社会的过渡。高校体育更是对女大学生在体格、品性、情商、智商等方面有正向迁移的意义。体育课程思政刚好符合教育的要求——培养女大学生终身运动习惯、责任担当、克服困难的勇气以及高雅的情志。

二、高校体育课程思政建设系统性：给体育课程思政育人目标树魂

（一）始终坚持用马克思主义原理引领课程面向未来，引导学生树立科学唯物主义辩证观

马克思主义理论是我国社会主义事业的总理论，思政建设需要用马克思主义来树魂。体育课程思政建设的研究、实践和创新，应以面向未来教育教

学为目标，始终坚持将马克思主义基本原理作为课程的价值导向。在教学实践过程中，应把体育课程思政建设作为引导教学实施的方向和方法。克服体育技能教学和思政教育“两张皮”，应把马克思主义原理融入体育教育教学的整体研讨中，克服在混合层次的泾渭分明，使之在融合层次以润物细无声的方式得以化解，再到化合层次因生成全新的体育课程思政体系而完全解决。学生在课程学习的过程中感悟马克思主义基本原理的认识论、方法论，学会用辩证唯物主义价值观来认识世界、改造世界，并科学领悟体育课程中身体运动的本质和规律，从而养成良好的锻炼行为习惯和健康的生活方式，提高自身综合素养。

（二）以打造“思政金课”为抓手，强化体育课程思政教学系统持续升级，使学生树立为国家强盛而运动健身的思想格局

“高质量”建设是近年来的高频词，建设金课、一流课程就在于实施高质量建设，它是中国教育未来发展的关键。体育课程思政课建设要明晰方向、提升方法、不断升级。要在改进中加强、在创新中提高，从体育课程的教学目标、教学大纲、教学内容、教学形式、组织方法、师生双向教学评价等各环节体现对学生教育的思想和价值观展示、塑造，形成闭环系统。及时更新教学内容、丰富教学手段，不断改善体育课堂教学状况，防止思政教育的形式化、表面化等。对体育课程的教材和参考书目也要升级迭代更新，寻找教材内容鲜活，针对性、可读性、时效性强的教学参考书目，支持和鼓励教师自行出版体育思政教材和马克思主义理论研究和建设工程教材，使体育课程思政教学改革从标量变成有方向的矢量。通过系统化的建设，提升体育课程思政的教学质量，使学生通过课程学习自觉树立为国家强盛而努力健身、坚持锻炼的思想格局，将崇高品质和高贵气质融入精神和骨血中。

三、高校体育课程思政建设整体性：给体育课程思政育人目标塑型

为响应国家培养新时代需求的德智体美劳全面发展的社会主义事业建设者和接班人的号召，作为传承文明的体育教育工作者应充分发挥和利用体育课程这个育人主渠道、主阵地，将体育思政中的血性、精神、灵魂等注入学

校顶层规划、学生培养方案、体育课堂内外、体育赛场上下、师生双向评价体系和校园体育文化各方面，真切体现中国教育改革的系统性、整体性和协同性，“三性一体”协同推进改革。高校体育教育应坚持社会主义办学方向，把立德树人作为教育根本任务的抓手，从学校的顶层设计层面（学校发展规划、学生培养方案）到体育课堂教学、体育课外活动、体育群体竞赛、校园体育思政文化氛围的营造和思政平台的搭建，由线到面形成一个统筹整体。加强体育课程思政的整体性建设，从而促进学生努力成长为德智体美劳全面发展的社会主义事业建设者和接班人，培养学生爱国情怀、社会责任、创新精神、实践能力，实现中华民族伟大复兴的中国梦。

四、结　语

以高校女大学生为中心，落地落实高校“立德树人”的根本任务，推进高校体育课程思政系统性、整体性和协同性“三性一体”综合改革，为实现体育强国战略育才、奠基、铸魂。

【参考文献】

[1] 习近平．教育文化卫生体育领域专家代表座谈会讲话 [Z]. 新华社，2020-09-22.

[2] 杨祥全．铸魂育人：体育课程思政建设的紧迫性与自身优势探究 [J]. 天津体育学院学报，2020,35(1):13-16.

[3] 陈富学，陈蔚，王杰，等．“立德树人”视域下体育课程思政建设的五重维度及实践路向研究 [J]. 武汉体育学院学报，2020,54(4):80-86.

[4] 常益，张守伟．高校公共体育课程思政的价值意蕴、目标指向及实践路径 [J]. 北京体育大学学报，2021,44(9):24-32.

[5] 赵富学，李壮壮．习近平总书记体育重要论述融入体育课程思政建设研究 [J]. 武汉体育学院学报，2021,55(3):12-19.

[6] 王静仪，刘建进．社会主义核心价值观融入高校体育的逻辑、价值和路径 [J]. 体育学刊，2021，28(1):14-19.

高校女大学生推动体育产业发展研究

刘　壮*

摘　要：体育产业是在经济全球化和信息技术革命的推动下，由体育产品及其服务和相关的组织、机构所构成的体育经济实体。体育产业是以市场为导向，以经济效益为中心，以资源开发和经营为重点，融生产、流通、服务等为一体，具有较强竞争力的产业体系。体育产业是一个新兴的产业，与经济发展息息相关。在我国体育事业迅速发展的同时，也逐渐兴起了一批体育经营企业，如体育用品店、体育场馆等。但是由于我国人口基数大，女性参与体育活动较少，所以女性参与体育活动的人数比例不高。在我国高校中，女大学生作为一个特殊群体，有着自己独特的优势。

关键词：女大学生；体育产业；经济效益

一、女大学生的生理、心理特点

女大学生是指 18 ~ 25 岁的女性，她们是一个特殊的群体，其生理、心理特征有着不同于男性大学生的特点。生理方面：女性与男性相比，更容易出现月经不调、痛经、乳房疾病等，而这些身体上的问题更容易引发心理问题，如抑郁、焦虑、自卑等。心理方面：女大学生的生活环境和教育背景对其心理状况有很大的影响。如：教育背景良好的女性学生具有更积极乐观的情绪，在面对生活和学习中遇到的困难时更容易化解；而教育背景一般的女

* 作者单位为中华女子学院（全国妇联干部培训学院）体育部。

性学生则往往对未来缺乏信心，容易产生自卑、悲观等消极情绪。女大学生正处于人生成长时期，面临着升学、就业等压力，因此她们希望得到来自家庭和社会更多的帮助与支持。

女性参与体育活动不仅可以缓解压力，还可以增强体质。虽然我国大学生体育人口比例较低，但从长远来看，随着我国体育事业的发展和国民身体素质的提高，体育人口比例会不断上升。而我国人口基数大，这就为我国体育产业提供了巨大的市场空间和潜在消费人群。目前，我国大部分地区居民收入都处于中等水平，而收入水平决定了居民消费能力和消费意愿，这就为体育产业发展提供了巨大的潜在市场。

二、女大学生有较高的消费能力

对于女大学生来说，体育消费具有很大的潜力。从研究结果来看，女大学生在日常生活中对于体育运动的消费，可以从自身的实际情况出发，进行合理的消费。在日常生活中，女大学生对于运动服装和相关体育器材的消费是比较大的。在高校中，女生们通常穿着时尚，有着较高的审美眼光。因此，在高校中发展体育产业可以增加体育器材和服装等相关产业的销量，增加就业机会。从学校本身的角度来说，学校可以通过宣传和引导女大学生合理地进行体育消费。在学校内发展体育产业，还可以缓解学校内部设施不足的问题。因为高校内拥有较多的体育场馆和运动场地，这为体育产业的发展提供了基础条件。从国家整体角度来看，国家还需要对高校进行合理的规划和管理，提高学校体育设施的利用率。同时，还可以通过发展体育产业来带动其他产业的发展。

（一）以大学生为主要消费群体

从研究结果来看，在体育消费的群体中，女大学生是最大的消费群体，这说明了女大学生群体具有较高的体育消费能力。女大学生在日常生活中对于运动服装和运动器材的购买是比较多的，这说明了女大学生有较强的体育消费欲望。这为在高校中发展体育产业提供了良好的基础条件。

根据调查结果可以得出，服装是高校学生消费最多的产品。同时也可以看出，在高校中发展体育产业需要以高校学生为主要消费群体。在学校中发展体育产业还可以促进其他相关产业的发展，这就使得高校中能够实现资源利用最大化。

（二）发展体育产业需要相关部门的支持

高校是我国教育体系中的重要组成部分，在推动体育产业发展方面，高校具有不可替代的作用。从研究结果来看，在高校中发展体育产业具有较好的优势。在高校中，体育器材和场地等资源是非常丰富的。对于高校来说，可以通过各种方式来开发利用这些资源，为学校的教学提供必要的帮助。从国家整体角度来看，发展体育产业需要相关部门的支持。因为在体育产业发展过程中，还存在着一些困难和问题。例如，国家需要对高校中的体育场馆进行合理的规划和管理，同时还需要对学校的设施进行适当的调整，以满足学生们的实际需求。国家还需要对高校体育产业的发展制定相应的政策和措施，以促进体育产业更好地发展。从学校自身角度来看，学校需要不断加强对学生体育消费意识的引导和教育，让学生在日常生活中合理地进行体育消费。通过各种方式来增强学生对于体育产业的认知度和参与度，增加女大学生对于体育产业的认知程度，采取各种措施来培养女大学生的体育意识和消费意识。

（三）女大学生需要不断提高自身素质

对于女大学生来说，她们不仅需要掌握基本的体育知识，还需要不断地提高自身的素质，培养体育兴趣。体育兴趣是女大学生进行体育消费的重要基础，女大学生只有对体育产生了兴趣，才能够更好地进行体育消费。女大学生的体育兴趣是通过运动培养出来的。因此，女大学生需要对自己进行合理的规划，在大学期间选择自己喜欢的运动项目进行锻炼。同时，女大学生还需要加强对自身健康的管理，通过合理的方式进行锻炼。在进行体育锻炼时，女大学生需要注意身体和心理两个方面。在身体方面，需要根据自己的实际情况选择适合自己的运动项目和运动方式；在心理方面，需要积极地参与到体育运动中去，保持良好的心态。

三、女大学生具备体育消费的心理需求

体育消费是指人们为了满足个人生活、健身、娱乐、审美、交往等方面的体育需求而购买体育产品和服务的一种行为，也是人们参加体育活动所发生的支出。体育消费不仅是个人为满足自身生活和健身需求而进行的一种经济支出，更是一种复杂的社会现象，它是社会文化现象和精神现象的反映，是人们为了满足自身需要而进行的各种物质生产和精神活动。

体育消费的实质就是体育需求。女大学生作为一个特殊的群体，有着自身独特的心理需求，包括审美需求、健康需求、娱乐需求和交往需求等。

审美需求是女大学生进行体育消费时所表现出的一种心理状态。审美是人对现实世界中事物的美和丑，以及人在对美的体验和感受过程中形成的一种独特思维方式和审美观照模式。女大学生在参与体育运动时，会通过对美的追求来表达自己对生活以及体育运动中美和丑、健康与疾病等问题的看法。女大学生在参加体育活动时会根据自己的审美需求来选择所需要购买或消费的体育产品和服务。

娱乐是人在休闲时间中通过各种方式来满足精神需要和审美需要，而休闲则是无目的、无约束、无拘束、无压力地参与到社会文化生活中，具有愉悦身心、放松身心以及排遣压力等作用。女大学生在进行体育消费时会根据自己对体育活动中所能获得的乐趣以及满足感的追求来选择所需要购买或消费的体育产品和服务。

交往是人与人之间在社会交往中形成一种心理关系，并以物质和精神产品为中介，以满足精神需要为目的而进行活动的一种心理状态。随着经济水平的提升，人们对精神生活品质也有了更高要求。在休闲时间中，人们会选择能够提供更好生活体验以及精神享受的场所，如咖啡厅、电影院、体育场、展览馆等。这些场所提供给人们休闲娱乐所需要消费的体育产品和服务，并且这种场所已经成为一种流行趋势。在休闲时间中，人们会选择到这

些场所进行体育消费。在这种情况下，就会出现大量体育经营企业和体育用品商店，它们为人们提供了一个休闲娱乐、学习锻炼以及社交的场所，因此就会吸引更多人进行体育消费。

四、女大学生有良好的信息获取能力

女大学生掌握了较多的体育理论知识，并对其进行了深入的学习。在这个信息时代，女大学生的知识面十分广泛，这是她们获取体育知识的一大优势。同时，她们对国内外体育事业的发展动态也非常了解，可以根据自己的需要，选择相关的信息和资源。利用这一优势，女大学生可以将国内外优秀的体育产业经营理念与自己所学专业相结合，促进自身的发展。在大学生群体中开展“大众健身”活动，让学生们在学校里就能接触专业的体育知识。而且女大学生具有较强的表达能力、组织能力和人际交往能力，这都有利于她们更好地将自己所学的知识运用到实践中。高校里有许多学生都参与到了体育俱乐部或社团中，这就为女大学生提供了一个良好的发展空间和平台。在这样一个平台上，女大学生可以进行交流与学习，充分发挥自己的才能。例如学校可以利用这一平台，开办一些针对女大学生的体育培训班、体育讲座等，这不仅丰富了学生的业余生活，还给她们提供了一个锻炼身体、充实自己的机会。

（一）合理引导女大学生对体育产业的认知

女大学生作为一个特殊的群体，她们对体育产业的认知也有所不同。因此，学校应引导女大学生对体育产业有一个全面的认识，从而帮助她们树立正确的体育观念。学校可以通过举办各种讲座、知识竞赛等活动，来引导女大学生对体育产业的认知。例如，可以邀请相关专家来学校为学生们讲解体育产业相关知识；或者组织女大学生参观一些优秀的体育企业或体育场所，让她们亲身感受到体育产业带来的收益。学校还可以让学生们了解中国体育产业发展的现状和趋势，并为其提供一定的信息资源。此外，学校还应为女大学生提供参加国内外赛事的机会，通过参加各种赛事来增加她们对体育产业的认识。这样一来，女大学生不仅能提升自身的文化素养和专业技能，还能提高她们对体育运动和体育产业的认知。当然，学校还可以在课程设置上进行调整，使女大学生能够从不同角度去认识体育产业。此外，学校还可以组织学生参加一些社会实践活动，让女大学生能够在实践中了解体育产业。

（二）以高校为载体，开展女大学生的“大众健身”活动

对于女大学生来说，体育活动是她们课余生活中非常重要的一部分，她们需要在这些活动中得到锻炼。目前，大多数女大学生对体育的参与意识非常强，而且她们喜欢自己组织一些小型的体育活动，例如打羽毛球、乒乓球等。而学校是女大学生进行体育锻炼的主要场所，因此学校应该以此为契机，开展一些“大众健身”活动。例如，举办一些运动会等活动，这些活动能够丰富女大学生的课余生活，让她们的身心得到放松。在这些运动会上，女大学生可以展示自己的体育才能，也能锻炼身体，增强体质。通过这一系列活动的开展，可以促进女大学生参与到体育活动中来。学校还可以在学校中设置一些大众健身场馆、健身俱乐部等，为学生们提供一个锻炼身体的场所。同时，学校还可以开设一些专门针对女大学生的体育培训班，让女大学生在课余时间里学习体育知识。

（三）建立和完善体育产业服务体系，发展体育产业

体育产业是一种新的产业形式，它有着较高的附加值，因此可以成为推动国民经济发展的重要力量。在国家大力支持体育产业的同时，女大学生也可以通过自身的努力，推动体育产业的发展。在体育产业中，有许多需要专业知识和技能才能完成的工作。因此，女大学生在学习期间也可以努力学习相关专业知识，为将来从事体育产业工作做准备。同时，女大学生也可以在课余时间进行兼职，这不仅丰富了她们的课余生活，还为她们提供了经济来源。例如，学校可以为女大学生提供一些勤工俭学的机会，让她们通过自己的劳动获得报酬。此外，学校也可以为女大学生提供更多与外界沟通、交流和学习的机会，这将有利于她们将来在体育产业中实现更大发展。

五、女大学生体育消费的自我意识增强

在现代社会中，消费不仅仅是人们生存所需，更重要的是人们对自己生活质量的追求。所以，体育消费也越来越成为人们生活的一部分。体育消费是指为满足个人的体育需要而进行的一切消费活动，包括购买、使用和享用体育用品和服务的行为。女大学生作为一个特殊的群体，参与体育活动不仅仅是为了强身健体，更多的是为了获得精神上的满足。因此，她们在消费过程中会更加注重自己所追求的精神价值。因此，这就成为女大学生体育消费中最具吸引力和最富有创造性的部分。

（一）女大学生体育消费的基本情况

在被调查的女大学生中，有 74.17% 的学生每周参加一次体育锻炼，有 22.67% 的学生每周参加两次体育锻炼，有 12.83% 的学生每周参加三次体育锻炼，还有 15.5% 的学生每周参加四次以上体育锻炼。同时，有 22.67% 的女大学生每周运动次数在 2 ～ 5 次。从以上数据可以看出，女大学生对于体育锻炼的频次是比较高的。但值得注意的是，这并不代表女大学生是一种盲目消费，也不代表女大学生对体育锻炼持一种积极的态度。在调查过程中发现有不少女大学生每周参加一到三次体育锻炼，其中有一部分学生属于被动参与体育活动，所以在调查过程中要充分考虑到女大学生对于体育锻炼的态度与实际参与情况。

（二）不同性别之间的差异分析

调查数据显示，女大学生在体育消费中所占比例最大的是服装、鞋、健身器材等用品，这也意味着这些产品也成为她们体育消费的主要商品。女性是一个特殊的群体，随着社会发展，市场上为女性提供了更多丰富多样的体育项目和课程，如瑜伽、普拉提、有氧舞蹈等，吸引了女性参与并消费，而女性也对自身健康的关注度不断提高，更愿意投入资金在体育活动和相关产品上，以维持良好的身体状态和形象，这也就决定了她们在体育消费中所占比例会明显高于男性。

（三）影响女大学生体育消费的因素

体育消费的影响因素主要包括个体因素和社会因素两个方面。其中，个体因素主要包括性别、年龄、体育知识水平以及消费行为等，社会因素则主要包括经济条件、学校条件以及家庭环境等。就目前而言，我国女大学生的体育消费水平还不够高。而这与其社会经济的发展水平息息相关。通过对北京和上海两所高校的女大学生的体育消费情况进行调查研究，可以发现两所学校的女大学生体育消费水平都处于中等偏上。此外，还有一部分学生由于家庭经济条件有限，从而放弃了参与体育消费活动。由此可见，我国高校女大学生参与体育消费活动还受到社会经济条件的制约。因此，在未来发展过程中，要想进一步促进我国体育产业的发展，就必须大力提高女大学生的体育消费水平。

六、女大学生具备体育价值取向的多元需求

随着时代的进步，人们对体育的价值取向也发生了变化。体育价值取向是在体育活动中，人们对体育活动所具有的积极意义的认识和评价，它包括动机、目标、态度以及价值观等内容。高校女大学生由于自身生理、心理方面的特点，使得她们参与体育活动时更注重自身健康和自我价值的体现。高校女大学生对体育价值取向表现出多元化的需求：一是自我价值需求，二是身体健康需求，三是休闲娱乐需求，四是人际交往需求，五是社交需求，六是社会价值需求。这为体育产业在高校发展提供了一定条件。

（一）女性参与体育活动的动机和目的呈现多元化

女大学生参与体育活动的动机是多方面的，其中包括锻炼身体，增强体质，提高自我价值感和实现自己的理想等。从调查中可以看出，女大学生参与体育活动的动机非常简单，她们主要是“为了保持身材”“为了提高运动能力”等。其他动机还有：一是对健康的需求，如“增强体质，提高免疫力”；二是对交往的需求，如“锻炼社交能力”；三是对自我价值的需求，如“增强自信，提高社会地位”；四是对休闲娱乐的需求，如“放松身心、

缓解压力、释放心情”；五是对社会价值的需求，如“体现个性、彰显自我、展示才华”。可见高校女大学生参与体育活动目的呈现出多元化趋势。

（二）女性参与体育活动有利于身心健康

随着社会的发展，女性的社会地位得到了显著提高，越来越多的女性在职场中获得了成功，但是很多女性都会面临职业发展和家庭生活的双重压力，她们需要更多的时间来缓解和释放压力。体育产业能够满足女性的身体健康需求，因此在高校里发展体育产业对于促进女大学生身心健康发展具有重要意义。

随着社会的进步和发展，人们对身心健康越来越重视，体育运动能在很大程度上缓解人们的心理压力，调节人们的情绪。同时体育运动还能增强人与人之间的沟通能力和理解能力，从而在社会中形成和谐友好的人际关系。此外，体育运动还能帮助人们缓解心理压力，让人们更加积极向上。

随着经济全球化和信息化时代的到来，现代女性在工作和生活中面临着更多的挑战和压力。她们需要通过体育锻炼来缓解压力、释放情绪，从而使自己能够拥有更好的精神状态投入到工作中。同时她们也需要通过体育锻炼来提高身体素质、增强免疫力，从而为她们创造更加健康舒适的工作和生活环境。

现代社会竞争激烈、生活节奏快、工作压力大，女性经常会感到身心疲惫，身体健康状况不佳。体育产业不仅可以丰富女性业余生活，而且可以提高女性身体素质和心理健康水平。因此在高校里发展体育产业有助于缓解女性工作和生活中所遇到的压力，促进女性身心健康发展。

（三）女性对体育产业发展前景充满信心

女性与体育的关系，可以用“天然”和“美丽”来概括。比如从生理特性看，女性往往具有较好的柔韧性和协调性，这使得她们在体操、瑜伽、舞蹈等体育项目中展现出独特的优势，和这些项目相关的体育产业在女性中受到较大的关注。女性对体育的热爱程度也影响着她们参与体育的积极性，对体育产业的发展也起着重要作用。

在日常生活中，很多女性喜欢锻炼身体，目的各不相同。在学校中，很多女大学生除了参加学校的社团活动之外，也会积极地参加学校举办的各种活动来丰富自己的课余生活。例如，运动会、篮球赛、足球赛等活动都吸引着女大学生参加。女大学生可以通过这些活动来培养自己健康的身体素质，同时也能增强她们对体育运动的兴趣。

许多女性特别是年轻女性都有自己喜欢的运动项目或特长，比如，篮球、足球、乒乓球、羽毛球等运动项目。许多年轻女性对这些运动项目表现出较大兴趣和热情。在现代社会中，越来越多的女性开始注重自己的形象和气质，很多女大学生都想要拥有良好的形象，因此，她们喜欢参加一些运动来保持健康的身材。

七、高校女大学生有着健康的生活方式与追求时尚生活的理念

当代社会生活方式与以往相比发生了很大的变化，高校女大学生有较高的知识层次和文化素养，有更强的社会适应能力。她们追求时尚生活，享受体育锻炼的乐趣。而随着市场经济的发展，体育产业发展越来越受到人们的重视。体育产业作为这些年一个新兴的产业，对于促进经济发展，提高人们的生活质量具有重要作用。而体育产业的发展将直接促进我国经济的发展，因此对其进行研究具有重要意义。另外，高校女大学生在追求时尚生活方面有着很强的消费能力，同时她们消费意识强，这为我国体育产业提供了巨大的潜在市场。所以高校女大学生作为我国体育产业市场中一个特殊群体，其优势是不可替代的，我国体育产业要抓住这一机遇，努力提高自身竞争力，推动其更快、更好地发展。

高校女生参与羽毛球运动的影响因素分析及对策研究

周山山*

摘　要：近几年来，我国羽毛球运动迅猛发展。羽毛球运动兼具娱乐性和趣味性的特点，运动强度因人而异，在高校受到广大师生群体的欢迎，尤其受到女大学生的青睐。由于生理和心理等因素的影响，女大学生在参与羽毛球运动中有其自身的特点。通过对普通高校女大学生参与羽毛球运动情况进行调查与分析，结果发现：高校女大学生参与羽毛球运动的动机呈现出多元化，大部分在校内进行，场地设施是影响高校女大学生参与羽毛球运动的重要因素。

关键词：女大学生；羽毛球；影响因素；对策研究

一、羽毛球运动的特点

羽毛球作为我国传统体育项目之一，也是大众所喜爱的运动项目之一。一是羽毛球安全性高，相比较于篮球、足球这些对抗性较高、容易发生运动损伤的球类运动而言，羽毛球运动是隔网对抗，基本不发生身体上的碰撞，所以在安全性方面要高很多。二是羽毛球对场地、器材的要求不高，既可以在专业的羽毛球场馆练习，也可以在室外练习，这就使得大家可以随时利用空闲时间进行锻炼。三是对羽毛球技术要求不高，很多人都可以接到球，两

* 作者单位为中华女子学院（全国妇联干部培训学院）体育部。

个人可以连续地对打球。羽毛球的入门门槛较低，这就增加了羽毛球运动的连续性和趣味性，使得大部分人可以坚持进行羽毛球运动。

二、高校女生对羽毛球的认知现状

（一）羽毛球运动在女大学生运动中的地位

根据相关调查研究表明，在乒乓球、网球、健美操、篮球等众多选项中，羽毛球运动项目在女大学生中的地位要高于其他运动项目。女大学生对参加羽毛球运动表现出了极大的兴趣。羽毛球运动不仅趣味性强，还能陶冶情操，改善人的生理机能、心理状态，而且对增强体质、培养自我挑战意识以及积极进取的优良品质都有帮助，因此备受女大学生认可。

同时，女大学生会积极主动参与羽毛球公共选修课及一些羽毛球协会。学生会自发建立一些羽毛球微信群，闲暇时间和一些球友相互切磋技术。有些学生会主动购买一些相关的羽毛球器械及装备，课上课下也会主动请教老师与同学，这部分同学基本上已经形成良好的运动习惯，并能够持续进行。

（二）高校女大学生参加羽毛球运动的动机

很多女大学生在大学上羽毛球课之前都接触过羽毛球，有一定的运动基础，也有一小部分学生进行过专业学习，这说明羽毛球的普及性很高。在大学阶段，女大学生在参与羽毛球运动过程中动机出现多元化。占前三位的分别是锻炼身体、陶冶情操与自我展示以及增加社交活动。大部分女大学生参与羽毛球运动主要是为了自身的身体健康，同时需要通过这一时尚的体育运动培养自我挑战的意识和克服困难的精神，在进行运动的同时结交一些志同道合的球友。多元化的动机，使不同性格、不同目标的女大学生对羽毛球这一项目产生了浓厚兴趣。

（三）女大学生参与羽毛球活动的时间与频率

虽然羽毛球备受女大学生的喜爱，但是她们参与羽毛球运动的时间却不多。根据调查得知，有 70% 的女大学生每次参与羽毛球运动的时间少于 45 分钟，有 25% 的女大学生每次参加活动的时间为 45 ～ 90 分钟，仅有 5% 的女大学生每次参与羽毛球活动的时间在 90 分钟以上。数据表明，大多数的女大学生还不能达到群众体育人口锻炼的国家标准。

根据调查得知，女大学生每周参与 3 次以上羽毛球运动的比例为 30%，1 ～ 2 次的比例 55%，1 次以下的比例为 15%。在此项调查中发现，虽然女大学生喜欢羽毛球运动，但高校场馆设施是影响她们去运动的最主要因素。很多高校场地设施有限，仅能在有限的条件下满足学生的需求，这是硬件条件所限。

三、高校女生羽毛球课程教学现状

（一）羽毛球考核方式

目前，高校体育课程都包含身体素质考核和技术考核，羽毛球选项课的考核包括身体素质测试以及羽毛球基本能力测试。体育课还是以结果性考核为主，新冠疫情期间线上课程的教学，也促进了体育课程中过程性内容的占比，但总体来讲还是结果性考核为主。有的学生有基础，在最终考核中不用特别努力就可以拿到高分，而有些学生零基础，通过自己的努力有了一些进步，但仍然比有基础的同学成绩低。

（二）羽毛球课程授课模式

男女生由于身体素质相差较大，因此男女生共同授课难以满足所有学生的要求。每个学生的身体条件和羽毛球基础不一样，一些身体素质一般且学习能力差的女生往往跟不上进度，慢慢就丧失了学习的积极性。有的女生性格内向，和男生一起上课做动作时有顾虑，会担心同学笑话，教学效果不好。有些场地、教师资源丰富的学校能够做到男女生分班上课，或者按羽毛球水平分班上课，这样形式的教学效果就比不分班上课有显著提高。

（三）课外羽毛球锻炼形式

羽毛球课程对于女大学生来讲只是一个入门的普及，而且由于场地、器材的限制，很多学生是选不上羽毛球课程的，这就需要增加课外羽毛球锻炼的方式，以此来增强羽毛球运动的技术和氛围。课外羽毛球锻炼基本上有以下几种方式：学生羽毛球队、学生羽毛球社团和学生自发建立的组织等。虽然社会上各种羽毛球组织很多，但是女大学生的活动区域基本上还是以校内为主，一般很少到校外的羽毛球馆进行活动。

四、影响女大学生参与羽毛球运动的因素

（一） 场地、器材是影响女大学生参与羽毛球运动的重要因素

随着羽毛球运动的发展，越来越多的人参与到羽毛球运动中来，这就导致羽毛球场地需求高与羽毛球场地不足的矛盾越来越显著。学生除了上课，课余时间基本集中在中午、晚上等固定的时间段，场地肯定不能同时满足所有学生的需求，那么就需要合理利用场地。学生如果能够随时查到羽毛球场地的利用情况，并根据自身的情况，合理利用场地，将会大大解决场地不足的问题。有的女大学生主动性不强，如果总是不能参与到羽毛球运动中，长久下去，就很难形成良好的运动习惯。目前，很多高校都通过场地微信小程序、公众号等信息渠道进行推送，让学生能够了解场地利用情况，尽力营造良好的羽毛球活动氛围，推动羽毛球运动的开展。

（二）女大学生的性格特点也是影响她们参与羽毛球运动的因素

女大学生在体育锻炼的过程中，对体育场地、运动环境、运动教练等方面需求相对较高。虽然羽毛球可以室外进行，但是刮风、下雨、雾霾等天气都会导致不能进行羽毛球运动。所以良好的运动场馆是保证女生进行羽毛球运动的大前提。同时，女大学生更愿意在有他人陪同的情况下进行锻炼，喜欢结伴而行。相比于独自练习，女大学生更喜欢通过有人组织、团队练习的形式进行运动。现在社会上有很多羽毛球组织，不论水平高低，女生都能在这些羽毛球组织里找到和自己水平相当的同伴一起进行羽毛球运动。但是就高校来讲，这种羽毛球组织也仅限于社团、羽毛球自发组织微信群等方式，大家上课时间不同，羽毛球活动时间不固定，这就导致有些女大学生找不到同伴一起打球，从而就不去打球。如果学校里在社团这方面多一些支持，将会提升女大学生参与羽毛球运动的渠道，打破约不到同伴的困境。

（三）兴趣是影响女大学生参与羽毛球运动的推动因素

兴趣是所有运动的重要推动因素，女大学生在课余时间参与羽毛球运动的主观能动性与女大学生对羽毛球运动是否具有兴趣存在着密切关系。女大学生能够持续地进行羽毛球运动，形成一定的运动习惯并养成终身体育锻炼的意识，在很大程度上都决定于女大学生对羽毛球运动喜爱的程度。兴趣是坚持下去的动力，兴趣是影响女大学生参与羽毛球运动的重要推动因素。

五、建　议

（一）加强对羽毛球运动的宣传

很多女大学生对羽毛球运动的理解还不全面，仅仅将其当作一项简单、娱乐、安全的运动项目，因此学习动机不强烈。其实，羽毛球运动的优点远不止这些，它不仅可以提升身体协调性，改善心肺功能，同时可以调节情绪，在紧张的课业之余放松自己的心情。羽毛球也是一项比较“绅士”的运动项目，经常进行羽毛球运动可以培养女生的气质，对着装等也有一定的要求。另外，业余羽毛球基本上以双打为主，讲究团队配合，以此可以培养学生的团队协作和沟通能力，这也是当今社会对大学生一个非常重要的能力方面的要求。通过羽毛球还可以结识志同道合的球友，锻炼女大学生的交际能力，扩展女大学生的业余生活。只有全面了解羽毛球的特点，才能真正激发女大学生从事羽毛球这项运动的兴趣。

（二）加大高校内部场地设施的建设投入

对于女大学生来讲，在选课过程中对室内场馆项目的倾向性明显较强，室内羽毛球馆是羽毛球爱好者运动锻炼的必备条件。要想发展羽毛球运动，就必须加大高校室内运动场馆的投入。很多高校也有室外场地，但是室外场地很容易受到风的影响，建议在此基础上完善室外羽毛球场的修建与维护，在四周修建围墙，减少天气情况对羽毛球运动的影响，为学生羽毛球运动锻炼提供优良的环境。

（三）加强羽毛球社团建设

高校应该借鉴社会上羽毛球组织的发展思路，在校内加强羽毛球社团的建设。前面调查显示，女大学生在进行羽毛球运动时，更倾向于有人组织、结伴运动，而羽毛球社团就起到了带领的作用。羽毛球社团基本上都是大学生基于对羽毛球的热爱自发组织起来的，互相之间交流较为顺畅、和谐。这样可以吸引更多学生喜欢上羽毛球、参与到羽毛球运动中，使羽毛球教学从课堂延伸到课外，让羽毛球运动在高校校园蓬勃发展。

（四）积极举办羽毛球公共活动及赛事

丰富的赛事活动，可以吸引更多女大学生了解、参与到羽毛球运动中来。除了一些专业的羽毛球赛事，还可以开展趣味羽毛球比赛、羽毛球团体赛等形式多样的比赛。规模可以从小到大，逐步形成有校园特色的成熟的赛事、活动体系。这样可以提高羽毛球运动的影响力，普及的程度就会越来越高，参与到羽毛球运动中的学生也会越来越多，形成一个良性循环，从而促进女大学生羽毛球运动的开展。

六、结　语

女大学生是高校体育教育的主体，高校羽毛球运动集健康、文化、社交等多种元素价值于一体，受到了广大女大学生的喜爱。高校应大力发展羽毛球运动，根据女大学生的特点和不同院校的实际情况，结合羽毛球运动的特点与价值，提升羽毛球运动所需的硬件设施。积极探索羽毛球运动的发展模式，适应当代女大学生的身心特点，为她们形成终身体育锻炼习惯创造有利条件。

【参考文献】

[1] 刘晓琳．基于全民健身的成年人体育锻炼意识与行为分析 [J]．大众健身与服务，2023(6):28-30.

[2] 孙胜灵．沈阳高校女大学生参与羽毛球运动的调查研究 [J]．辽宁体育科技，2015(4):103-105.

体育对女性社会化的影响

周惠娟*

摘　要：通过研究体育对女性社会化的作用、20世纪早期女性参与体育的阻碍因素、现今体育领域里社会性别的争议，认为参加体育运动对女性进入社会生活有良好的促进作用，但同时阻碍的思潮和社会环境因素仍然很多且很强大，某些情况下体育可能反而加强了社会性别刻板印象，尽管随着时代发展，女性在体育运动领域取得了诸多成就，但仍有许多方面需要改进。

关键词：女性；社会化；体育

一、前　言

社会化是指人由自然人到社会人的转变过程。幼儿之间的游戏活动可能是人类最早的社会化活动，体育游戏是体育运动中特殊的有价值的活动，很多研究都指出体育对人的社会化有重要的促进作用，体育是社会化过程中不可或缺的内容。

对人的社会化的理解可以非常宽泛，一般狭义的社会化指的是个体一种特殊的学习，在此理解的体育社会化，是指通过体育进行社会化的过程，即人们通过参加体育活动，发展身体运动能力，培养社会角色，掌握体育的价值规范，促进个性形成与发展的个体社会化过程。

---

* 作者单位为中华女子学院（全国妇联干部培训学院）体育部。

二、体育对女性社会化的重要促进作用

在父系氏族社会的文化体系里，女性被视为家庭财产，女性生活社交的空间被限制在家庭内，极少的女性能够参与社会活动，成为官员、军人以及职业劳动者等，对女性的教育培养目标是使她们成为合格的妻子、母亲。人们提倡男孩参加体育运动，认为在体育活动中为男孩传授重要的价值观并培养重要的能力，包括团队合作、履行承诺、领导力、决断力，如何从挫折和失败中恢复，如何在压力下表现出色等。现在人们认识到这些特质对女性同样重要。

体育可以为女性带来心理、学业、职业上的好处。根据北美地区的研究文献，高中女生如果参与体育运动，会取得更好的成绩，毕业率更高，更容易进入大学。体育与更高水平的自信和自尊、积极的身体形象、长期目标的动机、更低的抑郁发生率、更少的自杀想法和倾向相关。只有很少一部分人会从事职业体育，但在任何级别的体育运动中学到的经验，都可以转化为职业成功。2014 年的一项全球调查显示，94% 的高级商界女性是体育人口，她们中 52% 的人参加了大学水平的比赛。EY Women Athletes Business Network（EY 女性运动员商业网）和 espnW 调查了四大洲的 400 名女性高管，2017 年完成的报告《为什么女性运动员可以成为成功的企业家》呈现，74% 的受访者认为，体育背景可以加速女性的职业生涯，66% 的人认为对一个职位来说，运动员是出色的候选人，75% 的人表示竞争力是她们领导风格的一项资产。

体育为女性提供了参与积极关系、建立社会网络和在安全空间聚集的机会。体育促进社会包容、融合和性别平等。通过让女性活跃在公共场所，增加流动性，获得领导机会，树立强有力的榜样，体育有利于打破性别刻板印象，并提供挑战歧视的路径。随着女子体育成为全球性的现象，在发展中国家，体育机会的出现“代表着对女性特质传统定义的颠覆”。

参加体育运动能够改变女性对自己的看法，进而改变别人对她们的看

法。来自印度的证据表明，整个社区都受益于包容性，在印度的哈里亚纳邦，所有学生都强制性参加体育运动，几位女性体育佼佼者崭露头角，与此同时，女性被杀、女孩死亡率等也有所下降。哈里亚纳邦研究者发现，“公民对女性的态度正在改变……社会的变革不可能在一夕之间发生，但它正在发生”。

三、20世纪早期女性参与体育的阻碍因素

女性运动员通过展示她们的身体能力、精神韧性和战术意识，提供了强有力的和可见的榜样。但直到今天，关于女性脆弱、软弱和被动的刻板印象仍然存在。

20 世纪早期社会舆论反对女性参与体育运动的理由主要归纳为三个，医学理由、美学理由以及社会理由，即使进入 21 世纪，这些理论仍在继续产生影响。

医学理由。许多反对女性参加体育运动的论点都首先预设女子在生理上体质脆弱，并且女子的终极义务是生育和抚养健康的孩子，而体育运动可能对女性生殖功能造成影响。1898 年《德国体育杂志》指出“身体的剧烈运动会导致子宫位置的改变、松脱和出血，从而导致不孕，这会破坏女性生活的真正目的，即生下强壮的孩子”。女性精力有限，不能把精力浪费在体育（或高等教育、政治或其他的追求）上。这种态度广为流传。在英国，女子足球在第一次世界大战期间受到参与者和观众的欢迎，然而从 1921 年到 1971 年，英国足球协会禁止女子球队进入俱乐部场地，理由是这项运动“非常不适合女性”。在足球王国巴西，1941 年国家体育委员会颁布法令，规定女子“不得从事与女子天性不相容的运动”，直到 1979 年，巴西女性才可以合法地再次踢足球。

美学理由。美学理由大致有三种观点。一是漂亮女性不擅长体育，例如体育作家保罗·加利科在 1939 年出版的《告别体育》一书中写道，相对而言，长相平平的女孩是优秀的运动员，漂亮女孩则不是，丑小鸭们把运动当

作一种逃避和弥补，因为她们缺乏性感、迷人的天然美丽。二是参加体育运动会让女性失去女性吸引力，体育运动会收缩女性胸部，形成可怕的发达的肌肉，1936 年一位记者评价说在田径等“男性化”的运动中，女性的魅力几乎为零。三是女性参赛会造成难看的不优雅的场面，代表人物是现代奥林匹克运动之父法国人顾拜旦，1908 年，他在谈到女性参加雪橇运动时：“看到一位女士以这种姿势撩起裙子，手握两个尖尖的棍子驾驭雪橇，那种景象对于眼睛来说是一种真正的冒犯，这简直丑得难以想象。”

社会理由。当时的社会价值观认为，体育实际是彰显男子气概的，与理想化的女性气质相反，体育将女性运动员“男性化”，混淆性别角色，这会导致社会道德观毁灭。1912 年，萨特金博士在为《妇女家庭杂志》撰写的文章中写道，体育运动会让女孩变得阳刚，运动“往往会使肩膀变宽，胸部变深，臀部变窄，手臂、背部和腿部肌肉发达，这些都是男性特征”。反对女性参加体育运动的社会理由并不仅仅是关于女性的，而是认为应当保留体育作为男性的领地，并将阳刚气质视为男性独有，例如，顾拜旦坚持认为“奥林匹克必须为男性保留”。人们的忧虑概括为“体育毁了女人，而女人毁了体育”。

四、现今体育领域里社会性别的争议

在现代奥林匹克运动发展的一个多世纪的时间里，女性通过一系列的斗争，能够参与更多的体育项目，获得更多的资源，不仅是成为运动员，也包括参与体育领域的诸多岗位，教练、记者、管理岗位等。但对女性气质的焦虑一直持续至今，虽然现代社会对女性参加体育运动更加包容，但对于运动项目哪些仍然有性别气质的观念，“适合性别的运动”在学校体育中也仍然是讨论的话题。在不同文化背景下，适合性别的体育项目有所不同，但普遍来看，一些倾向于不涉及参赛者之间身体接触，但强调优雅、美丽和艺术表达的项目被认为是适合女性参与的项目，比如女性参加网球、体操、花样滑冰等运动的争议较少。拳击、橄榄球、摔跤等突出了攻击性、碰撞和暴力的运动被认为是最具男子气概的运动项目。即使在今天，研究表明，相比参加“男性化”运动的女性，参加“女性化”运动的女性运动员得到了大众媒体、赞助商和粉丝群体更多的关注。同样，参加所谓“女性化”运动的男孩也常常成为被嘲笑的对象。某种角度来看，体育强化了社会性别刻板印象，反过来又影响了人们对体育的参与。

在塑造“理想的女性运动员”形象过程中，媒体是一股强大的力量。西方学者研究结论显示，在北美、欧洲、大洋洲、非洲和部分亚洲地区，包括报纸、杂志、广播、电视和新媒体等平台上报道女性运动员的信息仅为1.8% ~ 10%。2015 年，美国的研究者调查了电视体育媒体，发现女性运动员的新闻地位在过去 25 年里没有提高。而让女孩们看到女运动员的媒体形象是很重要的，美国国家橄榄球联盟（NFL）的首位女性教练维尔特（Welter）谈道，“如果一个女孩在体育运动中看不到与男孩同等数量和程度的女孩，她怎么会觉得自己属于这项运动呢”。社交媒体开辟了女性运动员塑造自我形象的新领域，2012 年，伦敦奥运会被一些研究者视为“第一届社交媒体大赛”，大量运动员在推特和脸书平台发帖，女运动员利用这些平台自塑形象，发展个人品牌，收获社会影响力及商业利益。在中国情况有所不同，虽然没有详尽的数据，但普通观众并未感觉在体育新闻报道比重中存在严重的性别差异，在高水平竞技体育领域，中国的女性运动员比男性运动员更早取得优异的成绩，甚至在某些时期和项目中还被调侃“阴盛阳衰”，报道中也一直不乏优秀的女性运动员榜样。

五、总结与展望

如前所述，参加体育运动对女性顺利适应社会生活有良好的促进作用，参加体育运动能够促进健康，使人更自信，学会合作，学会处理挫折和失败，培养领导能力，能够在学校里表现更好，在求职时更有竞争力，并因此在社会和经济上享有更大的上升空间。但同时阻碍的思潮和社会环境因素仍然很多且很强大，不论是在发达国家还是在发展中国家，在许多地区，女性